DAS MORGEN IM GESTERN

GERD
SCHUMANN

DAS MORGEN IM GESTERN

ERKUNDUNGEN
EINES WESSIS IM OSTEN

neues leben

Verlag und Autor danken dem Verlag 8. Mai GmbH für die freundliche Genehmigung des Nachdrucks aus der Tageszeitung *junge Welt* und dem Kulturmagazin *Melodie & Rhythmus*.

INHALT

VORWORT

ENTDECKUNGEN
Von Florence Hervé

Dreißig Jahre sind historisch betrachtet eine kurze Zeit; zugleich aber auch eine lange, wenn – wie im Fall eines gesellschaftspolitischen Umbruchs von einiger Dimension – des Geschehens, der Veränderungen und des gelebten Lebens gedacht wird.

Zurückblicken lohnt sich. Es bedeutet, sich aus der Gegenwart heraus auf eine Reise in die Vergangenheit zu begeben – mit Blick auf die Zukunft. Mit seinen literarischen und politischen Reportagen nimmt uns Gerd Schumann auf diese entdeckungsreiche Tour durch den Osten in memoriam des Ostens mit. Er ist einer, der genau hinschaut, treffend beschreibt, vergleicht und die Menschen selbst zu Wort kommen lässt. Das erlaubt ein differenziertes Bild und regt an, sich ohne Scheuklappen mit der DDR auseinanderzusetzen. Wie war es damals? Was war besser, was nicht? Wieso sind wunderbare Musik, Literatur, Kunstwerke, Filme den Jüngeren heute unbekannt? Warum sind internationale Initiativen und Solidarität weitgehend vergessen? Wieso interessiert es die meisten Medien kaum, wie es den Menschen erging, die sich plötzlich in einem ihnen fremden Land zurechtfinden mussten? Jene Geschichten eben von Brüchen und Umbrüchen in den »blühenden Landschaften«?

Für mich als Französin waren das Verhältnis zur DDR und die Wahrnehmung des Ostens natürlich anders als in der Bundesrepublik bei denjenigen, die »Wessis« genannt werden. Es war der Blick einer Außerhalb-Stehenden, verbunden mit einer gewissen Distanz zum Sujet, geprägt von einem anderen Kräfteverhältnis international und einer anderen Politik im eigenen Land.

So musste ich mich wundern, als ich Anfang der sechziger Jahre, während meines ersten Studiensemesters in der Bundesrepublik, die Litanei von den »armen Brüdern und Schwestern in der Zone« hörte. Grau in grau und trüb in trüb war es auf der anderen Seite der Elbe, so das suggerierte Bild. Selten waren Stimmen zu hören, die Positives berichteten. Ich erinnere mich an einen Bericht in der Illustrierten *Stern* von 1965 über Frauen in der DDR. Das darin Beschriebene stand schon ziemlich allein da: »Das Wunder drüben sind die Frauen«, war zu lesen – es gab also anscheinend doch etwas Gutes, wenn auch weitgehend ungehört.

Meist hieß es doch: Drüben müssen die Frauen arbeiten und ihre Kinder in öffentliche Einrichtungen stecken – wie furchtbar! Und ich, die ich als junge, 23-jährige Mutter von zwei Kleinkindern in der BRD nicht studieren konnte und es unter schwierigen Bedingungen kaum schaffte, freiberufliche Tätigkeit mit Familie und Kindern »zu vereinbaren«, blickte auf Frankreich zurück, aber auch neidisch auf die DDR, wo dies eine Selbstverständlichkeit war.

Anfang der siebziger Jahre dann, als ich gegen den Paragrafen 218 Unterschriften sammelte – in der DDR war die Fristenregelung 1972 bereits Gesetz – oder für die Ostverträge demonstrierte, erlebte ich des Öfteren aggressive Bemerkungen wie: »Gehen Sie doch nach drüben, wenn es Ihnen hier nicht passt!« Warum diese Wut, ging es doch um Menschenrecht und Entspannung?

Der Umgang mit »Drüben« verlief in Frankreich anders. Auch wenn die DDR erst 1973 von der Regierung in Paris anerkannt wurde: Es gab bereits ab Ende der fünfziger Jahre einen regen kulturellen Austausch. Es entstanden Freundschaftsgesellschaften, Patenschaften zwischen französischen und DDR-Städten; es folgte Anfang der Achtziger die Gründung von Kulturinstituten. Eine lebendige wissenschaftliche Forschung über die DDR entwickelte sich beispielsweise an »meiner« Pariser Universität in Vincennes ab 1972, verbunden mit der Zeitschrift *Connaissance de la RDA*. An der Universität Paris Saint-Denis wurde ein Dokumentationszentrum über die DDR eingerichtet, das zu einer bedeutenden Informationsquelle wurde.

Und ich freute mich, dass wichtige literarische Werke wie Vercors' »Das Schweigen des Meeres«, Louis Aragons Lyrik und »Die Glocken von Basel«, oder Elsa Triolets »Die Liebenden von Avignon«, weitgehend ignoriert im Westen, wenigstens in DDR-Verlagen erschienen. Und dass es dort die Forschung zu Clara Zetkin gab, einer der bedeutendsten Vertreterinnen der Frauen- und Friedensbewegung, der Initiatorin des Internationalen Frauentags, die ansonsten stiefmütterlich behandelt wurde.

Und heute in Deutschland? Vieles scheint vergessen zu sein oder bewusst ignoriert zu werden. Ist etwa das Vergangene die Gegenwart, und der Kalte Krieg läuft auf ideologischen Hochtouren? Klischees werden weiter oder erneut bedient, positive Aspekte oft ins Gegenteil verkehrt – wie der Antifaschismus der DDR zum Beispiel. Der kann ja nur »verordnet« gewesen sein – auf diese Art wird eine schädliche Politisierung der Erinnerung erzeugt. Oder die Rechte der Frau in der DDR, der hohe Bildungsstand, die Qualifikationen – das fiel häufig unter »Pflicht« oder »Zwang« und wird somit ins Negative verkehrt.

Auch die Verfolgung von Kriegsverbrechen und Verbrechen gegen die Menschlichkeit: 1983 beispielsweise wurde in der DDR der einzige Prozess auf deutschem Boden gegen einen am Massaker von Oradour beteiligten SS-Mann durchgeführt. Ein ganzes französisches Dorf war 1944 von der SS in Schutt und Asche gelegt worden – 642 Menschen erschossen, verbrannt. Selbst die Tatsache, dass ein solcher Prozess, der längst fällig war, überhaupt stattfand, wurde in der BRD interpretiert als Popanz. Er solle der DDR dazu dienen, hieß es, sich als Vorbild für die NS-Strafverfolgung zu stilisieren.

11

Weshalb allerdings staatlicher Antifaschismus oder Erinnerungspflicht schlechter sein sollen als die bundesdeutsche Verhinderung der Verfolgung von Naziverbrechen bleibt mir rätselhaft. Von derartigen Beispielen, die schon vorgestern im Rahmen der Auseinandersetzung mit der DDR-Wirklichkeit eine Rolle spielten, aber sonderbarerweise auch aktuell und wahrscheinlich sogar in Zukunft noch stehen, gibt es viele.

Gerd Schumanns Beschreibungen und Gedanken dagegen widersprechen einfachen Mustern und Zuschreibungen. Sie laden zum Nachdenken ein. Und das ist gerade heute wichtig.

Florence Hervé, geb. 1944 und aufgewachsen in Ville d'Avray bei Paris, ist promovierte Germanistin, Journalistin, Dozentin. Autorin zahlreicher Bücher (zuletzt: »Wasserfrauen« und »Oradour: Geschichte eines Massakers«), Mitherausgeberin des Kalenders »Wir Frauen«. Erhielt 2011 den Clara-Zetkin-Frauenpreis. Verweigerte das Bundesverdienstkreuz. Lebt im Rheinland und im Finistère.

EINLEITUNG

Revolution
Ist das Morgen schon im Heute
Ist kein Bett und kein Thron
Für den Arsch zufriedner Leute
Denn sie lebt in dem Sinn
Dass der Mensch dem Menschen wert ist
Dass der Geist der Kommune
Dem Genossen Schild und Schwert ist.
(Gerulf Pannach/Renft, 1973)

Einerseits:
DAS MORGEN IM GESTERN

Wären auf dem Boden eines seit 1990 zur Geschichte gewordenen Staates, der das Experiment »Freiheit von Ausbeutung und Krieg« gewagt hatte, tatsächlich die vom Sieger ausgelobten »blühenden Landschaften« entstanden – kaum jemand würde sich noch groß Gedanken über ihn machen. Doch es kam anders – und mittlerweile ist Wolf Biermann weltweit so ziemlich der Einzige, der meint, »die blühenden Landschaften im Osten sind entstanden ...« (*Der Spiegel* 39a/2017)

Kohls Quadratur des Kreises blieb Propaganda, und bald 30 Jahre nach dem Anschluss der DDR an den Kapitalismus, dessen staatliche Verfasstheit »Demokratie« genannt wird, existiert der »große Graben zwischen Ost und West« (*FAZ*, 2.10.2017) immer noch. Die Arbeitslosenquote im Osten ist höher, die Produktivität niedriger, und die Betroffenen wundern sich, dass sie so viel weniger leisten als ihre Kollegen »drüben« im Westen. Wie konnte das angehen? Inzwischen geben sich die Berufssoldaten-Ost Mühe aufzuholen, indem sie schneller schießen und robben. Na toll ...

»Nachwendezeiten« werden die Jahre, die der gesellschaftspolitischen Rolle rückwärts folgten, gerne genannt. Oder es wird gesagt: »zu Ostzeiten«, »in der damaligen DDR«, gar vom »ehemaligen Osten« ist die Rede – es geht jedenfalls um ein »Ex«, ganz so, als müsste betont werden, dass es nicht mehr ex-istiert. Dagegen bezeichnen manche, bei denen sich die Erinnerung zum Lebensgefühl verdichtet, das verschwundene Land in einer Mischung aus Nostalgie, Wissenschaft und Erfahrung als »bisher größte Errungenschaft der deutschen Arbeiterbewegung«. Umfragen indes behaupten, für die übergroße Mehrheit überwiege dreißig Jahre nach dem Mauerfall »das Positive«.

Letztlich wird die Geschichte den Stellenwert des Ex taxieren. Dies ist derzeit nicht möglich, da sie von jenen geschrieben wird, die die DDR als »Unrechtsstaat« dauerhaft etablieren möchten, zu diesem Zwecke immer neue Diskreditierungs-Register ziehen und den Trend zur Subjektivierung des behandelten Gegenstands permanent verstärken – auf dass dieser Grundgedanke in den Köpfen der Noch-Andersdenkenden sicher platziert werde.

Das alte, durch die Zeiten erprobte Schema, wonach einzelne Personen den Lauf der Dinge bestimmen und Hierarchien den Rest regeln, diente durchweg der Erhaltung aktueller Herrschaftsverhältnisse und der Geschichtsdeutung als Mittel zum Zweck. Dass der Mensch ein gesellschaftliches Wesen und zugleich Denker und »Schöpfer« (Victor Jara) ist, spielt keine Rolle. Und wenn die seit nine-eleven so beliebte Frage auftaucht, über deren scheinbar weltbewegende Dimension schon ganze Romane verfasst wurden, nämlich, wo man am 11. September gewesen sei, weiß jeder: 2001 ist gemeint – und nicht 1973 der Faschistenputsch mit CIA-Logistik in Chile. Nach 1973 wurde Victor Jaras »Te recuerdo, Amanda« in der DDR zum meistgespielten Song, einer der schönsten der Welt, von DT64 rauf und runter gedudelt, aufgeführt auf dem Festival des politischen Liedes. Zwangsverordnete Solidarität. Das Bild von Amanda, wie sie, wartend auf Manuel, vor dem Fabriktor steht – das hatte Symbolkraft.

Oder der 9. November, eleven-nine, der zum Schicksalstag der Deutschen wegen des Mauerfalls stilisiert wird. Nein, nicht etwa der 9.11., an dem 1938 jüdische Synagogen abgefackelt, Läden geplündert und Menschen gedemütigt wurden.

Das Ganze zudem – bittere Ironie der Geschichte – exakt 20 Jahre nach Karl Liebknechts Proklamierung einer »freien sozialistischen Republik Deutschland«, die blutig niedergehalten worden war. Die vom Sozialdemokraten Philipp Scheidemann eilends ausgerufene »Deutsche Republik« obsiegt und beseitigt zwei Monate später mit Liebknecht und Luxemburg die Hoffnung auf eine Wende zum Guten. Die Frage, was aus einem Deutschland mit Rosa und Karl – vielleicht also in der Konsequenz sogar ohne die Nazi-Herrschaft – geworden wäre, wird nicht aufgeworfen, im neuen Westen erst recht nicht.

Trotzdem saß im März 2005, als Namibia den fünfzehnten Jahrestag seiner Unabhängigkeit von der Apartheid feierte, auf der Ehrentribüne in Windhoek Margot Honecker. Die vormalige DDR-Ministerin, die in Chile Exil gefunden hatte, wurde dann auch nach Managua und Havanna eingeladen, und die Einheimischen erzählten von Solidarität und Internationalismus, die sie durch die DDR erfahren hätten. Weltsichten. Manches davon bleibt – in den Köpfen vor allem.

Vielleicht gilt eines Tages auch hierzulande, dass die in DDR-Schulen gelehrte Sicht auf die Welt richtig war. »Spaniens Himmel« und »Ich war neunzehn«, Ernst Busch und Konrad Wolf – und nicht die Storys von Gernika-Legionären und wie die Kanzlerin sich 2015 dem »Tag der Befreiung« in Moskau verweigerte. Da war Faschismus längst zu Nationalsozialismus gesprachregelt worden, rot zum schlimmeren braun erklärt und vereint per verordneter Gleichmacherei als »Reiche des Bösen«. Von Deutschland war inzwischen wieder Krieg ausgegangen. »Nie wieder Auschwitz« – unter dem Ruf des grünen, dünn gelaufenen Außenministers mit

Herrenring machten deutsche Aufklärer Ziele ausfindig, die sie schon 1941 ausfindig gemacht hatten. Diesmal erledigten in Belgrad Tarnkappenbomber den Rest.

Da rieb sich mancher von denen, die ihren Traum vom Reisen endlich verwirklicht hatten, verwundert die Augen. Oder auch nicht. Jedenfalls hatte sich der Weg vom Willkommensgeldempfänger zum unerwünschten Fremden als erschreckend kurz erwiesen. *Der Spiegel* warnte schon Anfang 1990: »Mindestens 500 000 DDR-Bürger werden in diesem Jahr in die Bundesrepublik übersiedeln, Hunderttausende kommen aus den Ostblockstaaten. Wer soll die Einwanderer bezahlen? Der Kampf um Jobs und Wohnungen wird härter; Renten- und Krankenversicherungen sehen sich enormen Zusatzforderungen ausgesetzt.« (*Der Spiegel*, 4/1990)

Flüchtlinge sind nicht alle gleich, lebendig nicht und nicht als Leich; vor 89 ist nicht nach 89; Fluchthelfer sind keine Flüchtlingshelfer.

Das Kapital indes wird niemals vergessen, geschweige denn vergeben, dass ihm viereinhalb Jahrzehnte hindurch die Verfügungsgewalt über seine Produktionsmittel vorenthalten worden war. Es wird alles, auch ideologisch, dafür tun, damit ihm dieser Schmerz nie wieder zugefügt wird. Ein gefährlicher Gedanke am Rand zum Unfassbaren – und manchmal wird gar suggeriert, das »DDR-Unrecht« käme der kapitalismusimmanenten Holocaust-Variante von Herrschaft nahe.

Umso wichtiger wird es, der Manipulation von Geschichte entgegenzutreten – mit Aufklärung beispielsweise, mit dem Mittel der Information, der Nachricht, aber auch der Macht des Erlebten und Gelebten, der Erfahrung derjenigen, die sich erinnern wollen. Mag dieses auch noch so subjektiv sein, so öffnet es doch einen Blick auf die Folgen des Verlustes und drängt auf ein vielfältiges Bild vom »real existierenden Sozialismus« mit seinen Stärken und Schwächen, und wie es passieren kann, dass die Vernunft auf der Strecke bleibt. Davon handeln die in diesem Buch zusammengesammelten Texte aus drei Jahrzehnten.

Ein Teil davon wurde bereits in verschiedenen Medien veröffentlicht – vor allem in der Tageszeitung *junge Welt* und im Kulturmagazin *Melodie und Rhythmus*. Diese boten dem Autoren die Möglichkeit, jenseits des bürgerlichen Mainstreams zu schreiben, sonst wäre manche Story vielleicht nicht zu Papier gebracht worden, manches Gespräch nicht geführt, manches Feature nicht gelebt worden – Vergangenes passiert Revue.

Sich erinnern bedeutet immer auch nachdenken darüber, was war, warum es so war und wie es hätte sein können, wenn ... Die Frage nach dem Wenn eröffnete erst die Möglichkeit, Fehler zu erkennen, um es besser zu machen, es gut zu machen – irgendwann einmal oder niemals. Frei nach Renft: zwischen Wehmut, Zorn und Sehnen.

Andererseits:
EIN WESSI IM OSTEN

Die jahrzehntealte Erfahrung lautet: Es kann in der Regel wenig Interessantes herauskommen, wenn ein Wessi über die DDR schreibt; und auch nicht über die Nach-DDR, also das, was die alte BRD aus ihr gemacht hat. Als zu groß haben sich die Vorurteile erwiesen, die in der damaligen Bonner Republik bezüglich des Ostens über die Jahrzehnte angehäuft wurden. Zunächst in den Wirtschaftswunderjahren der Ära des Kalten Krieges, als der Antikommunismus im Vergleich zur faschistischen Herrschaft, leicht modifiziert, zu den ideologischen Säulen der Gesellschaft gehörte. Später dann, nachdem sich die irrationale Bananen-Trabbi-Euphorie im Zuge der Maueröffnung zu legen begann, und die Ossi-Migrationswelle die überkommen-bequeme wie egoistisch-eitle Lebensweise des Westens wegzuspülen drohte.

Da blieb der Wessi doch lieber unter sich, fühlte sich wieder überlegen und machte keinen Schritt über die alte Zonengrenze – das fremde Land jenseits der Elbe –, es sei denn als gefühlter Völkerkundler. Oder um sich auf Tour in

Sachen Einkauf/Verkauf zu begeben und Schnäppchen im Verhältnis drei oder fünf zu eins zu schlagen. Oder um Jobs zu ergattern, die im Westen nicht zu haben waren, sondern nur ebendort, wo ein Staatsapparat zerschlagen und ein völlig neuer errichtet werden sollte – nach altem, vorgegebenem Westmodell. Und wer sollte das besser können als jene Spezies Westdeutscher, die im eigenen Land nur zur zweiten oder dritten Garnitur gehörten?

Der Westdeutsche, der in diesem Buch seine Erlebnisse erzählt, ist also nicht typisch, sondern im Gegenteil privilegiert, seinen Senf zur Lage zu geben. Er war schon als junger Erwachsener ziemlich DDR-affin, hegte schließlich Sympathien für einen vorurteilsfreien Umgang mit dem Nachbarn und gewann den Eindruck, dass dieser in mancherlei Beziehung besser drauf war als das Land seiner Väter. Diese Meinung wurde bestenfalls mit Verachtung oder Ignorieren, schlechtestenfalls mit psychischen Nackenschlägen bestraft. Hinterfragende in Sachen »Sowjetzone« erhielten zu dunkelsten «Westzeiten» in den Fünfzigern, und über die hinaus, Zuchthaus aufgebrummt, unter Willy Brandt dann Berufsverbot.

Unser Wessi blieb trotzdem bei seiner Auffassung. Er hatte schließlich durch die Jahrzehnte seine Erfahrungen mit der DDR gemacht, sich dort umgesehen, viel erfahren – wenn auch vielleicht hier und dort auszugsweise und eingefärbt, aber doch, wie er meinte, von der Tendenz her durchaus glaubwürdig, vor allem was Frieden, Soziales, Solidarität und sowas betraf – also Existenzielles. Er beharrte sogar, nachdem ein verwirrt scheinendes Mitglied des Politbüros von einem Zettel die eher unscheinbaren Wörtchen »ab sofort« abgelesen hatte, dass letztlich auch nach Rückschlägen die Vernunft den Ausschlag geben würde.

Vielleicht wie bei ihm selbst, damals um 1970 herum, als es darum ging, dem Vietnamkrieg und den Notstandsgesetzen und dem alten faschistischen Ungeist entgegenzutreten. Viele versuchten es auf ihre eigene Art und Weise und lebten ihre

Vorstellung von Woodstock und ihre Träume vom Frieden, ohne Waffen und Ausbeutung einfach – was dann allerdings diejenigen, die das Fundament aus Gier und Missgunst bildeten und immer noch ausbauten, letztlich nicht zuließen.

Also blieb alles wie gehabt. Neil Young sang erst »Helpless« und später »Hippie Dreams are over« und fand sich schließlich auf den Schultern von Giganten stehend wieder, bei denen es sich dummerweise um unerkannte Wesen aus Silicon Valley, von der Wallstreet und der parasitären Autoindustrie handelte.

Unseren Mann aber zog es wider den Trend in den sich nunmehr zur »DDRBRD« wandelnden real existierenden Osten, um zu erfahren, was aus den Überresten des Versuchs, ein vernunftgeleitetes Land zu bauen, übriggeblieben war. Dabei trieb ihn die Erinnerung an seine eigenen Vorstellungen an. Es gab da das immer wieder gern benutzte, nicht genau zuordenbare Zitat, wonach, wer in seiner Jugend nicht Kommunist war, kein Herz hat; und wer es im Alter geblieben war, kein Hirn besaß. Er verzichtete auf dessen so weise klingenden Teil zwei. Aus Überzeugung im Übrigen, denn der Jugend gehörte schließlich die Zukunft, wie es immer so schön gesagt wurde von denen, die dann letztlich nicht so viel von derselben hielten und seit Ewigkeiten doch nur bewirkten, dass alles so blieb, wie es war – auch das ganze Elend.

Der Autor war sich ziemlich sicher, dass es die Alten verbockt hatten. Zunächst die Generation, die nach dem Krieg den Schwur von Buchenwald ignorierte oder verdrängte; dann die Lernenden von 68, die eben dieses »Nie wieder» nicht ernst genug nahmen; und schließlich auch seine eigenen Genossen und er selbst. Sie, die sie vor lauter Bäumen, die sie fällten, nicht merkten, dass der Wald verschwand.

Ohne Wiederaufforstung aber, meinte er schließlich, bedeutet »Zukunft« Wüste.

I. UNTERWEGS

Nicht mit den Füßen inner Wolke: Gerhard Schöne 1989

»DE CARA AL PUEBLO«

Mit dem Gesicht zum Volke: Was Gerhard Schöne in Nicaragua 1987 erlebte und wie er darüber ein für die DDR wegweisendes Gänsehautlied schrieb – vergeblich

Es heißt, am meisten schmerzen die Wunden, die sich die Revolution selbst beigebracht hat. Sie können sogar, wie nicht zuletzt hierzulande erfahren, tödlich sein.

In Nicaragua 1990 allerdings stürzten die Sandinisten nicht in erster Linie über ihre Fehler, sondern zuallererst über eine aus der allgegenwärtigen, von der CIA importierten Gewalt resultierenden Erschöpfung. Letztlich blieb nur noch ein Ziel: den Krieg dauerhaft zu beenden, und sei es durch Wiedereinführung der alten Herrschaft, jener, die den US-gestützten, von Präsident Ronald Reagan persönlich verfügten Bandenterror der »Contras« im Land getragen hatte.

Also wählten 60 Prozent des Volkes im Februar 1990 ihre Befreier von 1979 ab und die Reaktion an die Regierung: Ausbeutung und Unterdrückung wurden mit der alten Ordnung re-etabliert, die Volksversammlungen als eine Form wöchentlicher Rechenschaftslegung abgeschafft. Anders als im März 1990 bei der fast zeitgleichen Abwahl der DDR kam in Nicaragua die bürgerlich-demokratische Macht aus Gewehrläufen. Dabei wurde der Zeitensprung zurück, der sich diesseits und jenseits des Großen Teichs vollzog, auf unterschiedliche Weisen durchgesetzt, angepasst den jeweiligen inneren Bedingungen der Staaten.

Davon erzählte Gerhard Schönes »Mit dem Gesicht zum Volke«.

Von einem zweiwöchigen Nicaragua-Aufenthalt 1987 bringt der DDR-Liedermacher eine elementare Erfahrung mit. Diese verarbeitet er – etwas »verklärt«, wie er später einräumt – zu einem Song, den er im Februar 1988 auf dem

18. Festival des politischen Liedes in der Hauptstadt der DDR aufführt. Der Text, vorgetragen auf dezent-entspanntem Reggae-Rhythmus, handelt von den öffentlichen wöchentlichen Versammlungen der sandinistischen Regierung: »De cara al pueblo« – Mit dem Gesicht zum Volke. Schöne hat ein solches Meeting selbst erlebt, und jede und jeder, die an diesem Abend im großen, wie immer ausverkauften Saal des Palasts der Republik den Auftritt verfolgen, denken nur eines: Von Nicaragua lernen heißt siegen lernen! Schöne singt:

> Ich saß in einem weiten Saal ein bisschen eingezwängt / Zu viele Menschen hatten sich noch durch die Tür gedrängt / Das Podium vorn noch menschenleer von Neonlicht erhellt / Mit Tischen, Stühlen und mit Mikrofonen vollgestellt / Und ohne Zeremonienkram von Beifall kurz begrüßt / Betrat nun der Regierungsstab das Podiumsgerüst / Der erste Mann des Staates sprach, das Mikro in der Hand / Er sei auf alle Fragen aus dem Volke nun gespannt / Gleich flogen ein paar Arme hoch, die sprachen, standen auf / Was auch die Leute fragten, vorn gab's eine Antwort drauf / Mal sprach eine Ministerin und mal ein Kommandant / Die Antwort gab stets einer, der das Sachgebiet verstand / Nur ich verstand nicht allzu viel, mir reichte, was ich sah / Ich träumte nicht, ich saß dabei in Nicaragua. Und die Versammlung hieß: Mit dem Gesicht zum Volke / Nicht mit den Füßen in 'ner Wolke, nein / Mit dem Gesicht zum Volke.

Szenenapplaus, auf der Festival-LP deutlich zu hören, doch er erreicht nicht das Politbüro im ZK-Gebäude um die Ecke, Lichtjahre entfernt. Schöne singt weiter.

> Hier las kein Mensch vom Zettel ab, hier sprach man alles aus / Oft gab es Zwischenrufe und Gelächter und Applaus / Das findet immer wieder statt und jeder darf da rein / Und keine Frage ist zu heiß und kein Problem zu klein.

Und die Versammlung heißt: Mit dem Gesicht zum Volke /
Nicht mit den Füßen in 'ner Wolke.

Klatschen im Takt, nein, nicht im Reggae-Takt, mehr auf
Deutsch, also müsste es doch die grauen Eminenzen erreichen. Im ZK brennt noch Licht.

Der Genosse Honecker arbeitet, und wenn er jetzt nicht
handelt, dann kritisiert im nächsten Jahr Billy Bragg wie
schon 1986 die Lage des zerbröselnden Landes und führt
wieder »Between the wars« auf – diesmal als Vision von
neuen Kriegen nach Ende der Bipolarität der Welt.

Doch Erich hört nur auf Lindenberg, nicht aber Gerhard
Schönes Song, dieses »freundliche und friedliche Plädoyer
für eine bessere DDR«, so Lutz Kirchenwitz, Zeitzeuge und
Experte in Sachen politisches Lied – eine »weitverbreitete
Haltung damals«. Schöne singt die letzte Strophe:

Ach kleines Nicaragua, so stolz und so bedroht / Noch
brauchst du fremde Hilfe, sonst wär bald eine Hoffnung
tot / Doch gib du nicht nur Wolle, Fleisch, Kaffee und
Silber fort / Nimm auch noch etwas anderes mit auf in
den Export / Und ich meine:
Mit dem Gesicht zum Volke [gellend-zustimmendes Pfei-
fen, frenetischer Applaus] – Nicht mit den Füßen in 'ner
Wolke.

Bis sich Egon Krenz später – zu spät! – als neuer Staats-
und Parteichef auf Betriebsversammlungen und in öffentlichen Diskussionsrunden zeigt und dabei eine mehr oder
weniger unglückliche Figur abgibt, ist das Problem DDR
für das westdeutsche Kapital schon fast erledigt. Auch in
Nicaragua neigt sich die Volksherrschaft ihrem Ende entgegen. Die Frente Sandinista de Liberación Nacional lässt
abstimmen und verliert. Die geeinte Opposition inklusive
bewaffneter Konterrevolution verspricht Frieden. Das reicht.
Totgerüstet – bis zu 80 Prozent der Staatseinnahmen flossen

zuletzt in die Contra-Bekämpfung – und verarmt werden die Versammlungen »De cara al pueblo« abgewickelt wie die sandinistische Demokratie, ersetzt nun von der bürgerlichen Demokratie (»Volksherrschaft«) in einem von nationaler Bourgeoisie und internationalem Kapital dominierten Staat.

Neben den Porträts von FSLN-Gründer Carlos Fonseca und dem legendären Guerillaführer Augusto Sandino hing ein drittes Plakat hinter denjenigen, deren Gesichter zum Volke gewandt sind. Auf ihm wird Sandino zitiert: »Die Souveränität eines Volkes diskutiert man nicht, man verteidigt sie mit der Waffe in der Hand.«

Das Lied »Mit dem Gesicht zum Volke« erschien auf »Gerhard Schöne live: Du hast es nur noch nicht probiert«, Amiga 1988; »Das Beste aus 20 Jahren Festival des politischen Liedes 1979–1989«, Amiga 1989.

PORNOS UND
GARTENZWERGE

Januar 1990: Reise zur letzten Montagsdemonstration in Leipzig, nach Schwerin und Grabow sowie in den kleinen Ort Bellin bei Güstrow

Egon Krenz erklärt vor dem Runden Tisch, es habe noch nie freie Wahlen in der DDR gegeben. Ich schalte von »Stimme der DDR« auf Berliner Rundfunk. »Rockhaus« singt: »Wir tanzen über die Mauer in den November«. An die Mauer am Dresdener Neumarkt ist »DemagoGysi« gesprüht.

DDR im Januar 1990. »Deutschland, Deutschland«-Rufe hallen über den Ring rund um den Karl-Marx-Platz. Hieß es hier vor zwei Monaten »Wir sind das Volk«, ist heute nur noch »Wir sind ein Volk« zu hören. Martin, Seemann aus Rostock, interpretiert die Stimmung: »Jahrzehntelang wurde geduckmäusert von ganz unten bis oben. Die Leute mit ihrer Gartenzwergmentalität brachten nicht die Courage auf, den Kopf zu heben. Und jetzt ist eine Macht da, die heißt Deutschland, und die lässt man für sich kämpfen. So, wie der Fußballfan, der oben irgendwo sitzt, seine Mannschaft die eigenen verlorenen Schlachten für sich ausfechten lässt. Genau das findet mit dem Deutschland-Begriff statt. Und darin liegt das ungeheuer Aggressive.«

Als sich eine kleine Gruppe von etwa hundert Gegendemonstranten zeigt – sie bezeichnen sich selbst als »Autonome« – wechseln die Sprechchöre von »Deutschland, einig Vaterland« auf »Rote aus der Demo raus« – gesungen nach der Melodie »Ja, mir san mit'm Radl da«. Die Hatz beginnt, »Stasi-Kinder«, »Ihr müsst erst mal arbeiten lernen«, »Wandlitz-Kinder«. Auch wenn »Geht doch rüber« fehlt – Andersdenkende, Andersaussehende, Ausländer

Auf dem Weg in den Westen: Kiosk in Leipzig, Januar 1990

unerwünscht. »Nimm die Perücke ab« wird einem Mann mit kleiner DDR-Fahne und langen Haaren ins Gesicht geschrien. Dem zaghaften Ruf der Gruppe nach »Meinungsfreiheit« folgt eine wilde Verfolgung durch die Straßen in Richtung Mensa, wohin sich die Leute flüchten. Ich mit dabei, werde den Autonomen zugerechnet.

»Soll das alles gewesen sein, dass ihr euch neue Herren sucht«, stand auf ihrem mitgeführten Transparent. Es liegt im Dreck, passt nicht ins Bild vom ordentlichen Leipzig-Demonstranten, der nebst überdimensionaler Deutschlandfahne Familie und Flachmann mitbringt. Die Jäger stammen aus der DDR-Arbeiterklasse, deren Vorhut hier nicht zu entdecken ist. Ihr größter Fehler, so lese ich später bei Karl-Eduard von Schnitzler in der *taz*, sei es gewesen, dass die Partei eben nicht mit der Arbeiterklasse verbunden gewesen sei.

Sozialismus? Katja, Martins Angetraute, dazu: »Der Arbeiter will Konsum, und wie er den erreicht, ist ihm egal.« Martin selbst: »Bisher gab es die bunte Fahne, die für die parlamentarische Demokratie in der BRD stand, und es gab die rote Fahne für den Sozialismus. Beide haben die Wirklichkeit umhüllt.« Er weiß nicht, was er mit seiner »an sich« antikapitalistischen Grundhaltung einerseits und andererseits seiner Ablehnung dessen, »was bisher unter Sozialismus lief«, machen soll. Einen dritten Weg gebe es nicht.

Das *Leipziger Tagblatt* berichtet am nächsten Tag unter der Überschrift »Für Einheit ohne radikal« von 125 000 Teilnehmern. Am Verlagsgebäude haben sich Menschentrauben gebildet. Eine sechs Tage alte Ausgabe der *Hannoverschen Allgemeine* hängt aus. Nebenan am Zeitungskiosk blickt eine nackte Poster-Schöne mit leicht gespreizten Beinen auf die Lesenden herab. Wird sie demnächst von den Playgirls und Pets des Monats Konkurrenz bekommen? Die *Märkische Volksstimme*, bis vor anderthalb Monaten SED-Organ in Potsdam, heute »Unabhängige Tageszeitung«, zitiert auf Seite eins Bauers *Neue Revue*: »Wie ist der DDR-Bürger im Bett?« Ganz oben auf der Sex-Wunschliste stehe eine Freigabe der

Pornografie. Überraschend groß sei die Zustimmung für eine offizielle Zulassung der Prostitution. Auf der Anzeigenseite sucht die Bremer »Candy«-Vermittlung junge Mädchen für Film, Foto, Video – auch ohne Ausbildung.

»Heute gehen wir zu Beate Uhse«, freuten sich die drei Männer neben Katja, als sie erstmals im November nach Westberlin rüberfuhr, eng gedrängt im Bus, ihre Kinder Julia und Jan an der Hand. »Ich hab mich geschämt für meine Landsleute«, erzählt sie. Die hätten morgens um sieben erst einmal einige Biere geknackt und sich eine geraucht. Im Kaufhaus drüben habe sie schnell eine Barbie-Puppe für ihre Kleine gekauft und sei zurück. Westreisen stehen auf dem Pflichtprogramm – auch für Menschen, die nicht wollen. Frau Starnasky erhielt eines Tages Besuch von der Lehrerin ihrer Kinder. Sie solle sich einen Stoß geben und wenigstens kurz rüberfahren. »Ihre Kinder werden von den Mitschülern bereits als Rote beschimpft.« Frau Starnasky ist Mitglied der SED-PDS, die Barbie-Puppe das neue Statussymbol an den Schulen.

In Bellin nahe Güstrow oben im Mecklenburgischen besuche ich Rainer Goltz, Direktor des Swapo-Heims für namibische Kinder. Sie waren 1977 nur knapp dem Massaker südafrikanischer Truppen in einem Flüchtlingslager im angolanischen Kassinga entgangen. Goltz freut sich, mich zu sehen, doch seine Stimme klingt niedergeschlagen. Als ich vor knapp zwei Monaten hier war, traf ich einen agilen und enthusiastisch für die 140 drei- bis siebenjährigen Waisen engagierten Mann. Heute weiß er nicht, wie es weitergehen soll, nur, dass es schwerer wird. Man habe vor Kurzem einen »Tag der offenen Tür« durchgeführt, das Interesse sei groß gewesen. Auch seien allein im Januar 25 000 Mark Spenden eingegangen. Aber: »Große Unsicherheit gibt es bei den erwachsenen Namibierinnen, die hier bei uns als Kindergärtnerinnen arbeiten. Die sehen die Entwicklung in der DDR und fragen sich: Kommt nicht eines Tages auch die Forderung, dass wir gehen müssen?«

»Ausländer raus«-Forderungen hörte ich vor der Leipziger Oper, wo sich im Anschluss an die Demonstration BRD- und DDR-Neonazis versammelt hatten. Die Jugendorganisation der »Nationaldemokraten« verteilte Wiedervereinigungs-Plakate. Diese fanden ebenso wie Republikaner- und NPD-Flugblätter reißenden Absatz. Mancher posierte als stolzer Deutscher mit erhobenem Arm und hochgestreckten Daumen, Zeige- und Mittelfinger. Um die hundert Mitglieder seien die Rep-Leipzig stark, und von Montag zu Montag würden es mehr, war von einem FDJ-Sekretär zu erfahren. Zehn Gruppen seien eindeutig der neonazistischen Szene zuzurechnen. Das Potential werde von ihnen selbst auf mindestens 14 000 allein in Leipzig geschätzt.

Studentenpfarrer Barthel betet für die Überwindung von Deutschtümelei und dem »alltäglichen Rassismus« in den Köpfen. »Die Einheit wird bestimmt nicht – und ich hoffe dies ausdrücklich – eine Katastrophe sein.« Doch der Zweifel wächst. Wer von Arbeitslosigkeit im Westen spricht, wird ausgepfiffen. Kinder tragen das Transparent »Weg mit den Wohnungsämtern – freier Wohnungsmarkt.« In der Oppositionsbewegung, die maßgeblichen Anteil an der Wende vom SED-Machtmonopol zu demokratischen Freiheiten hat, wächst die Ratlosigkeit. Jochen Lässig vom *Neuen Forum:* »Viele Menschen sitzen auf gepackten Koffern, weil sie nicht wissen, wie es hier weitergeht.«

Die Opposition in der Zwickmühle. »Wiedervereinigung kann nicht Thema Nummer eins sein, auch nicht auf der Leipziger Montagsdemo«, erklärten *Demokratischer Aufbruch, Neues Forum* und SPD noch am 1. Dezember 1989. Christa Wolf schätzte im Oktober ein: »Mich beeindruckt die politische Reife in den Gesprächen und Diskussionen, die ich erlebe und von denen ich gehört habe.« Beide Äußerungen überdeckt mittlerweile ein beängstigender Nationalismus von ungeahnten Ausmaßen. Wo ist der – auch von mir – so vielgepriesene Antifaschismus geblieben?

Ob ich den Lehrplan in den Schulen kenne, werde ich

von Paul und Veronika, er Arzt, sie Studentin, gefragt, bei denen ich in Leipzig übernachte. Knüppeldickevoll sei der mit Klassentheorie von der Urgesellschaft bis heute, ohne dass Zusammenhänge deutlich würden. Völlig einseitig, wie im Wildwestfilm mit ausschließlich Gut und Böse. Von Psychologie keine Spur. Eingetrichtert von autoritären Lehrern sei bei vielen nur sehr wenig hängengeblieben, was bei dieser Art von Pädagogik nicht verwundert: mit drei Jahren vor einem Ehrenmal strammstehen und mit zehn anonyme Leichenberge im KZ präsentiert bekommen.

»Wenn dir dann noch erzählt wird, das da drüben sei sterbender faulender Kapitalismus, und von dort kommen die geliebten Kaugummis und die schönsten Pullover – das haut auf die Dauer nicht hin.« Veronika fügt hinzu: »Es schlägt ins genaue Gegenteil um, wenn der Dreck bekannt wird, den die Antifaschisten in der Partei- und Staatsführung am Stecken haben.« Für die habe der Zweck die Mittel geheiligt und letztendlich hätten die Mittel den Zweck vollständig vergessen lassen.

Die Empörung der beiden in Stichworten. Wandlitz: »94 Lastwagenladungen mit Luxusgütern wurden rausgeschafft.« Residenzen: »20 Prozent der Gesamtfläche Neubrandenburgs war Jagdrevier für Funktionäre«. Partei: »Ohne Mitgliedsbuch gab es ab einem gewissen Punkt kein berufliches Weiterkommen mehr.« Ministerium für Staatssicherheit: »200 000 Leute sorgten für ein nahezu lückenloses Spitzelnetz.« Zahlen rotieren, schwarz auf weiß, verewigt.

Und noch einmal SED: »Die ist vollständig diskreditiert. Von denen nimmt keiner mehr ein Stück Brot. Egal, wie die einzelnen Mitglieder drauf waren, egal was sie sogar positiv bewirkt haben – an ihnen bleibt der Stallgeruch.« Auch an Modrow und Gysi, weswegen beide keine Chance hätten. Eine Genossin aus dem Gesundheitswesen: »Ich werde angespuckt und angegiftet am Arbeitsplatz.« Aufrechte Kommunistinnen und Kommunisten, nie privilegiert, immer humanistisch denkend und entsprechend handelnd, stehen am

Pranger. Massen sind ausgetreten. Ein großer Teil zieht sich in die Privatsphäre zurück. »Ihr seid das Letzte«, bekommen selbst jene Linken zu hören, die als Erste gegen die SED auf die Straße gegangen sind, »als es noch gefährlich war«, wie Veronika bemerkt.

»Die haben im 19. Jahrhundert gerne für den Herzog gearbeitet. Wer arbeitet heute schon gerne für die Regierung?« Das Fragezeichen hätte sich die Museumsführerin im Schweriner Schloss sparen können – es entspricht nicht der Einstellung zu ihrer Arbeit am ehemaligen Thronsitz des Großherzogs zu Mecklenburg-Schwerin, Friedrich Franz II. Im Londoner *Daily Express* verlautbart Louis Ferdinand, 82-jähriger Enkel des letzten deutschen Kaisers, sein Anrecht auf den Kronprinzenpalais im Neuen Garten. Er sei der rechtmäßige Besitzer. Wie andere Aristokraten fordert er die Rückgabe von Schlössern und Ländereien, die sie »nach 1945 durch entschädigungslose Enteignung in der DDR verloren« hätten.

Schwerin gehört derzeit zu den beliebtesten Ausflugszielen der Hamburger, Ratzeburger, Lübecker. Überall »Bundis«, die sich umschauen, kaufen, essen gehen. Sie sind die neuen Könige, tauschen bei der Staatsbank drei DDR-Mark für eine D-Mark ein, manche zu Hause auch sechs zu eins. Mein Schnitzel mit Kartoffelsalat und eine Tasse Kaffee mit Sahne kostet in der HO-Gaststätte knappe fünf Mark. Fünf geteilt durch drei. Oder die Bockwurst zu 85 Pfennigen durch drei. Oder die Gartengeräte, Salami in der »Hol fix«-Kaufhalle für zwölf Mark. Die blauen Marx-Engels-Bände im Dutzend für 126,50 Mark durch drei.

Werden sie je neu verlegt werden? Karl-Marx-Stadt soll wieder zu »Chemnitz« werden und Leningrad zu »St. Petersburg«. Ausverkauf der Waren und Namen. Was wird passieren, wenn erst die große Reisewelle zu Ostern und im Sommer einsetzt? Verbitterung und Wut der Bevölkerung wird nicht die Touristen treffen. Die Partei – egal, ob sie dann noch existiert – ist schuld.

»Sunshine Tours« aus Flensburg, der Doppeldecker-Bus, steht startbereit am Schweriner Markt. »17 DM« koste die Fahrt in die DDR inklusive Essen, Stadtrundfahrt und Rückreise per Fähre, klärt der Busfahrer auf, der mich für einen DDR-Bürger hält. Noch könne ich nicht mitfahren. Aber schon jetzt gebe es Reiseangebote für DDR-Bürger nach Venedig für 200 DM. Die packen dann unheimlich Stullen ein, weil sie ja nicht mehr Westgeld haben. Der Mann reicht mir einen bunten Prospekt hinaus. »Sunshine Tours – mit Traumflugreise nach Florida.« Zum Abschied winken die mitfühlenden Reisenden mir armen DDR-Bürger zu.

Nachtrag

Wir befinden uns am Anfang des Jahres 1990, noch unter dem Eindruck welthistorischer Ereignisse. Gute zwei Monate zuvor war die Mauer gefallen. Zu Silvester dann betanzt von einer trunkseligen Menschenmenge, herrschte diesseits und jenseits des Bauwerks Euphorie, doch das würde sich schnell ändern. Ebenso, wie sich manche Erlebnisse und kolportierten Storys über Wandlitz und das Bonzenleben in Saus und Braus relativieren würden. Die Quellenlage war unübersichtlich. Sie entsprach Interessengemengen.

In jenen Tagen zitierte das Hamburger Wochenmagazin *Der Spiegel* etwas willkürlich aus meiner Reportage »Pornos und Gartenzwerge – Reise in ein fremdes Land«, in der ich von meiner zweiten Reise in die dem Untergang geweihte DDR Ende Januar 1990 – im November des Vorjahres hatte ich zusammen mit dem Fotografen Güney Ulutuncok das Swapo-Kinderheim in Bellin bei Güstrow besucht – nach Grenzöffnung in der Tageszeitung *Unsere Zeit* schrieb. Zwar unterschlug *Der Spiegel* den Autorennamen, aber immerhin erwähnte er, wo der Beitrag erschienen war:

»In ihrem Parteiblatt UZ fanden Westdeutschlands Kommunisten kürzlich eine Reportage über eine ›Reise in ein fremdes Land‹ (Überschrift), in der zu lesen war, wie es mittlerweile ihren Gesinnungsgenossen in der DDR ergeht. Aus Leipzig berichtet ein UZ-Reporter: ›Nimm die Perücke ab‹, wird ›einem jungen Mann mit kleiner DDR-Fahne und langen Haaren ins Gesicht‹ geschrien. Dem zaghaften Ruf der Gruppe nach ›Meinungsfreiheit‹ folgt eine wilde Verfolgung durch die ›Straßen in Richtung Mensa‹, wohin sich die Leute flüchten ... ›Die Jäger stammen aus der DDR-Arbeiterklasse.‹
In der DDR-Arbeiterklasse stoßen die Warnungen der jungen Wiedervereinigungsgegner vor einem ›Ausverkauf der DDR‹ und vor einem Abbau ihrer ›sozialen Errungenschaften« und ihrer ›antifaschistischen und humanistischen Werte‹ weithin auf taube Ohren.«
(*Der Spiegel*, 8/1990)

»Taube Ohren« gegenüber anderen, »großen« Themen – abgesehen vom »einig Vaterland« – wurden zu einer Erscheinung von Dauer und zu einem Teil der sich verbreitenden Ellenbogenmentalität. Es gab tatsächlich Situationen, in denen, wer vor Schaden warnte, gefährlich lebte. Die Erkenntnis, dass zur Lebensqualität auch Ideale zählen, schwand. Das sich entwickelnde neue Denken verwies auf eine Zukunft, in der es schwerer werden würde für bisher propagierte Werte wie Antifaschismus, Frieden, Humanismus, Internationalismus und Solidarität. Diese gar als Charakterzüge einer Gesellschaftsordnung zu erkennen, wurde zunehmend vor allem durch Relativierung und Diskreditierung verunmöglicht – ein Wertewandel mit unabsehbaren Folgen.

Spiele vor dem Schloss: Swapo-Kinderheim (1979–1990) in Bellin/Mecklenburg

SO NAH, SO FERN

Das Schloss revisited: Zu Besuch im Swapo-Kinderheim nach dessen Schließung
Nachtrag: Margot Honecker, Ehrengast in Namibia. Interview mit Henning Melber

Mein Ziel heißt »Bellin« – »Die Weiße« oder »Die Schöne« –, 400-Seelen-Ort ein Dutzend Kilometer südlich von Güstrow. Ich kehre zurück. Das mittelalterlich-großklotzige Kopfsteinpflaster schüttelt mich durch und weckt meine Erinnerung an den Dezember 1989. Nein, die Aufschrift »LPG Freundschaft« am Abzweig Zehna gibt es nicht mehr, landwirtschaftliche Arbeitsplätze kaum noch, der Bücherbus kommt alle vier Wochen, der Jugendclub ist dicht, die HO-Gaststätte ebenfalls. Das Schloss allerdings thront wie eh und je in gigantischer Pose am Ende eines Parks.

Damals lebten hier 140 schwarze Kinder zwischen drei und sieben Jahre – eine nicht nur auf dem platten mecklenburgischen Land eher sonderbare Belegschaft. Dass dramatische Veränderungen ins Schloss standen, die in einem finalen, hastigen Auszug kulminieren würden, ahnte noch niemand. Der Staat, der die Fremden beherbergt hatte, weil sie in ihrer Heimat unerwünscht waren, hörte genau in jenem Augenblick auf zu existieren, als die Verstoßenen in ihrer Heimat erwünscht waren, weil dort seit Kurzem ein unabhängiger Staat existierte.

Von diesem wahrhaft trockenen Treppenwitz der Geschichte erzählen zwei schicksalhaft miteinander verwobene Handlungsstränge. Der erste beginnt am 4. Mai 1978, einem Tag, den Monica Shikwambi niemals vergessen wird, der Tag, an dem Feuer auf das südangolanische Flüchtlingslager Kassinga herabfiel.

»Mein Sohn Popyeni war gerade seinem Vater hinterher-gelaufen, als sich der Himmel verdunkelte. Die Flugzeuge waren über uns. Der Angriff der Buren begann.« Monica Shikwambi aus dem südwestafrikanischen Lüderitzbucht, damals 35 Jahre alt, überlebte zwischen Leichen liegend, ihr Sohn wurde verletzt, der Mann starb. Als ich Monica in jenem Dezember 89 sprach, lebte sie bereits seit acht Jahren in der DDR, ihr Sohn noch zwei Jahre länger. Zwei von 2000 Überlebenden des Kassinga-Massakers. Monica gehörte zur Swapo, der namibischen Volksbefreiungsbewegung.

Was am 4. Mai 1978 geschah, ging als Kassinga-Massaker in die Geschichte ein. Es forderte 867 Menschenleben, 1000 Verletzte und 300 Verschleppte. Südafrika setzte auf Krieg und Apartheid, und die Swapo organisierte den Flüchtlingstreck nach Norden in das sicherere Zentrum Angolas, nach Kwanza Sul, nicht mehr weit von Luanda. Zudem bat die »South West African People's Organization« Freunde um Hilfe. Sambia nahm Flüchtlinge auf. Angola sowieso.

Und die DDR erklärte sich bereit, verletzte und kranke Kinder, die meisten Waisen und Halbwaisen, zu versorgen. Die ersten 80 der später insgesamt 450 reisten in Begleitung von 15 jungen Namibierinnen, allesamt Erzieherinnen, am 18. Dezember 1979 bei Nacht und Nebel durch den Hintereingang des Flughafens Schönefeld ein. Unterernährte Kleine, viele malariaverseucht, mit Würmern manche, die meisten unter starken psychischen Problemen leidend. Ab nun konterkarierte ihre ganz spezielle Geschichte alles, was den bis dahin gewohnten Gang deutscher Geschichte ausgemacht hatte.

Ankunft im gediegenen Haus von Regina und Rainer Goltz, draußen gepflegter Rasengarten, drinnen dick gepolsterte Couchgarnitur. Die Frau arbeitet in Güstrow, und er will eigentlich nicht mehr von früher reden. »Das bewahre ich in mir drin«, meint der 61-jährige ehemalige Oberstudienrat und Diplompädagoge, als ich ihn nach dem Swapo-Kinderheim frage – der Einrichtung, die er zehn Jahre lang leitete, voller »Ehrgeiz«, wie er heute sagt, nicht zu bremsen.

Er meint es selbstkritisch, als seien seine persönlichen Ambitionen verantwortlich gewesen für seine Weltanschauung, jene »internationale Solidarität«, zwingend vorausgesetzt für die Arbeit als Leiter gerade dieses Kinderheims.

Nein, so habe ich Goltz 1989 nicht kennengelernt, eher als gemütlichen, im Umgang mit Kindern und Erzieherinnen auch energischen, aber doch freundlichen Glatzenträger, der menschlich über Menschen redete, von den Mühen der unerforschten Ebene erzählte, davon, wie die deutschen und namibischen Kindergärtnerinnen miteinander und mit den Kleinen umgingen, von der Unterschiedlichkeit der Kulturen – Morenga statt Thälmann –, und wie Ehm Welk ein besonderes Märchen für die Swapo-Kinder schrieb – übersetzt auf Oshiwambo, Sprache der größten ethnischen Gruppe Namibias, der Ovambos.

»Vor dem Backstein-Schloss Bellin ... spazieren Kinder vom Stamm der Oshiwambo«, schrieb *Bild* am 3. März 1990 sachkenntnisfrei und schlagzeilte ebenso: »Geraubte Kinder. Volle Deckung, wenn der Hubschrauber knattert«. Mit einer reißerischen Boulevardmischung aus militärischem Drill und Kidnapping vollzog die Journaille ihren Auftrag, eine rasante Demontage des Solidaritätsgedankens.

Obskure Menschenrechtsgesellschaften präsentierten namibische Eltern, die ihre angeblich von der Swapo verschleppten Kinder suchten – eine Geschichte, die sich später in Luft auflöste, viel zu spät: »Man kann heute sagen, dass fast alle Kinder nicht in die DDR gebracht wurden, weil ihre Eltern Swapo-Dissidenten waren, sondern weil die Eltern oder die für sie Verantwortlichen meinten, in der DDR seien sie sicher und besser aufgehoben und hätten eher die Chance, eine solide Schulausbildung zu bekommen als zu dem Zeitpunkt in Afrika. In vielen Fällen waren die Kinder durch Kassinga Waisenkinder geworden. Oder die Eltern waren im Befreiungskrieg im Busch oder studierten in einem anderen Land und konnten nicht so für sie sorgen, wie sie es sich vielleicht gewünscht hätten.«

Die zitierte Recherche von Constance Kenna wurde 2001 in einer Publikation eines deutschen Beamten mit dem Titel »Landesbeauftragter für Mecklenburg-Vorpommern für die Unterlagen des Staatssicherheitsdienstes der ehemaligen DDR« zusammengefasst und veröffentlicht.

1990 aber trumpften die Propagandisten des DDR-Untergangs mit täglichen Enthüllungen von der grundtiefen Schlechtigkeit des Systems auf. Reporter von Privatsendern boten dem Belliner Heimleiter Satellitenanlagen für Falschaussagen. Noch gab es keine Westmark, und selbst das DDR-Geld wurde knapp. Für das Belliner Schloss und seine Bewohner wurde DDR-weit gesammelt – der Solidaritätsfonds, aus dem die Einrichtung bis dato mit jährlich anderthalb Millionen Mark finanziert worden war, existierte nicht mehr.

25 000 Mark Privatspenden gingen im Januar ein. Verunsicherung breitete sich unter den Erzieherinnen aus, ob deutsch oder namibisch: Was würde die Modrow-Regierung tun, und wie lange würde sie halten? Alternative Nutzungskonzepte wurden entwickelt. Goltz: »Wir hätten dieses Haus sicherlich immer irgendwie für Kinder nutzen können.« Wenn nicht mehr für Namibia, dann vielleicht als eine Art Kinderkurheim für Bronchialgeschädigte aus den Kohlegebieten oder für Tschernobyl-Opfer oder rumänische Straßenkinder. Klar war damals, dass die bevorstehende Unabhängigkeit des bis dato von Südafrika verwalteten »Südwestafrika« auch ein absehbares Ende der Swapo-Einrichtungen im Ausland mit sich bringen würde. Rainer Goltz damals: »Zur Einschulung der Jüngsten wird es nicht mehr kommen. Also ist spätestens 1992 niemand mehr hier.«

Er täuschte sich. Bereits im August 1990, genau am 27., zogen die letzten der 140 Kinder mit blau-rot-grünen Namibia-Wimpeln und prall-gefüllten Paketen von der DDR-Solidaritätsbewegung durch die große Halle des Frankfurter Flughafens – keine sechs Wochen vor dem Ende der DDR. Dabei hatte es zuvor noch einmal Hoffnung gegeben, im Mai, als ein Swapo-Vertreter davon ausging, dass bereits nach Namibia Zurückgekehrte doch wiederkommen könnten. Aaron Mushimba am 18. Mai 1990: »Die Menschen wollen unbedingt in die DDR zurück, um ihre Ausbildung abzuschließen. Auch für die kleinen Kinder ist es besser, so lange hierzubleiben, bis die Eltern – sofern sie welche haben – sich eine Existenz geschaffen haben. In Namibia wird damit begonnen, Geld zu sammeln, um das Kinderheim Bellin und die Schule der Freundschaft in Staßfurt zu unterstützen und zu erhalten.«

Doch Lothar de Maizière, Kohls DDR-Statthalter, hatte längst abgewunken auf Bonner Druck hin. Die *FAZ* wusste bereits vorher: »Die Abmachungen zwischen der SED und der Swapo sind nun hinfällig« (19.3.1990). Und der ehemalige Schlossbesitzer hatte sich in Bellin umgesehen, schon kurz vor Weihnachten 1989 stand er auf der Matte. Rainer Goltz: »Er war ganz kurz hier. Hat sich gefreut und gemeint, dass es eine gute Nutzung ist. Der hat sich erst mal in Lobeshymnen geäußert, in welch gutem Zustand sich das Gebäude befindet.« Guter Zustand bedeutete: Dunkle Wolken brauten sich über den Schlossbewohnern zusammen.

Was bleibt von den Jahren zwischen 1979 und 1990? Der ehemalige Heimleiter sagt: »Das Dorf hat diese Episode vergessen.« Ich gehe durch den Torbogen des Gutshofes. Ein Mann in Gummistiefeln, derber Cordhose und blauer Arbeitsjacke steigt gerade von einem Traktor. Ich spreche ihn an, »Moin« sagt er. Mecklenburger sind bekannt für eine gewisse Reserviertheit, doch es dauert wirklich nicht lange, bis er von rauschenden Sommerfesten auf dem Gelände erzählt – damals, als das Schloss SED-Parteischule war.

Das war vorbei, als der »Apachenhügel« – »wegen der Roten«, grinst er – in Schwerin fertig war, die Bezirksparteischule. Der Park sei, anders als jetzt, immer »picobello« gepflegt gewesen und frei zugänglich. Als die »Negerkinder« dann einzogen, sei das vorbei gewesen. Strenge Abschottung hinter Zäunen, meint er, nie im Dorf zu sehen. Da taucht seine Frau auf, will ihn zum Mittagessen abholen.

Sie widerspricht: »Die sind doch sogar im See schwimmen gegangen und in Zehna zur Schule.«

Und was meinen die Kassinga-Waisen selbst? Und die, die danach auch aus dem Kwanza-Sul-Camp nach Bellin kamen? »Kindheit, rosarot gefärbt. Wie Geschwister sitzen sie beieinander und reden, wie Schwestern, die sich nach Jahren noch vorhalten, wer wem den Schokoladenosterhasen stahl. Was nicht toll war an der DDR, spielt in den Gesprächen keine Rolle.« Die Zeitschrift *Brigitte* (24/2000) berichtet von Selma, in der »das sozialistische Ideal von der Emanzipation tief verankert« sei. Und: »Die schwarzen Ossis sind wie ein Stamm, von dem außerhalb Namibias kaum jemand weiß.« Dieser »Stamm« dächte oft an Bellin, nicht nur nostalgisch, sondern auch, weil es Namibia nach wie vor nicht leicht hat mit seinen immer noch durchweg weißen Farmern und Brauereibesitzern und Juwelenschürfern. Und wohl auch mit einigen Schwarzen aus der Regierung.

So ließ der verdiente Veteran und Präsident Sam Nujoma eigens die Verfassung ändern, um für eine dritte Amtsperiode Landeschef zu bleiben. Rainer Goltz erinnert sich noch lebhaft an »Meme Sissi«, Nujomas Frau, die jahrelang im Schloss gelebt hat. Nujoma selbst besuchte sie dort wohl zehnmal. Zum 21. März 1990, dem namibischen Unabhängigkeitstag, reiste Goltz noch nach Windhoek. Dann riss der Kontakt ab, das Kinderheim wurde hastig abgewickelt wie Goltz' Arbeitsstelle. »In zwei Minuten waren alle Messen gesungen«, erkannte Goltz nach einem Besuch im Erziehungsministerium der DDR. Den anschließenden Westjob als Personaltrainer einer Versicherung beendet ein lebensbedrohlicher Herzinfarkt. Es folgt die Frührente.

Ich begebe mich auf die Suche nach Herta Jürss, erfahre, dass sie nicht mehr lebt. Als ich sie 1989 besuchte, erwies sich die 87-Jährige als kenntnisreiche Zeitzeugin. Jahrgang 1902 und ihr Leben lang nicht aus Bellin herausgekommen, hatte sie »als junges Mädchen, später nicht mehr, im Schloss gearbeitet«, und um 1910 erlebt, wie Henry B. Sloman kam und mächtig investierte, um sein Anwesen für exklusive Jagdgesellschaften herzurichten. Er hatte sein gesamtes Vermögen in Chile gemacht, indem er Salpeter abbauen ließ und nach Deutschland verfrachtete.

Ein gutes Geschäft, das mit Salpeter, Rohstoff zur Produktion von Düngemittel, aber auch von Schieß- und Sprengstoffen, gut einzusetzen in den deutschen Kolonien zwischen Togo, Kamerun, Südwest- und hinüber nach Ostafrika bis in die Südsee und Kiautschou. Enrique Juan Sloman, geboren 1883, folgte dem 1931 verstorbenen Vater am 1. Juli 1934 als Alleinbesitzer der Güter Bellin und Steinbeck und Vorsitzender der Finanzbank.

Schon früh – »bei der ersten Aufstellung von Adolf Hitler zur Wahl als Reichskanzler« – hatte er den »Führer« unterstützt (Hildegard von Machthaler, »Die Slomans«, Hamburg 1939). Und später bemerkte Herta Jürss Zwangsarbeiter auf den Gütern der Umgebung, bis zu deren Befreiung, die nicht Slomans war: Der verließ Bellin im April 1945. Auf meine Frage, warum der Mann Hals über Kopf alles stehen- und liegengelassen hatte, antwortete Frau Jürss: »Aus Angst auch. Es hat ja Besitzer gegeben, die zu den Gefangenen schlecht waren. Das war er ja nicht.« War er nicht?

Heute verwaltet Angelika Sloman meist von Hamburg aus das Schloss: »Als mein Vater mich fragte, ob ich Bellin übernehmen würde, habe ich mir gedacht: Mach es einfach.« So einfach ist es mittlerweile, Schlossbesitzerin zu werden. Oder Gutsherr wie Friedrich Wilhelm Sloman mit seinen 2000 von der Treuhand gepachteten Hektar Weideland in Bellin und Umgebung, und den 800 Kühen. Seine Tochter vermietet im Schloss neun Apartments zwischen 35 und 180 Quadratmetern, sowie vier Gästezimmer für bis 152 Euro pro Nacht. »Jagd. Hotel. Schloss. Events.« In echter Landluft.

Ich verlasse Bellin, das Schloss als Bild im Rückspiegel, Abziehbild deutscher Geschichte. In ihr leben wir zweieinhalb Jahrzehnte nach Kassinga.

Das freie Namibia, das wenige Monate vor dem offiziellen Ende der DDR seine Unabhängigkeit erklärte, hatte und hat es schwer, unter den neuen welthistorischen Bedingungen auf eigenen Beinen zu stehen. Wie für alle vom Kolonialismus, seit Mitte des vergangenen Jahrhunderts befreiten Länder, verschwand mit der globalen Bipolarität zunächst auch die Möglichkeit, die Konkurrenz zwischen den Blöcken zu nutzen und zu lavieren – einerseits. Andererseits besaßen einige der ehemaligen Kolonien gute bis beste, häufig solidarisch praktizierte Verbindungen zu den sozialistischen Staaten, besonders zu Kuba, als von ehemaligen Sklaven mitgetragenes Projekt, aber auch von der Sowjetunion und – in keinesfalls geringem Maße – von der DDR.

Dr. Henning Melber, 1950 in Stuttgart geboren, 1967 mit seinen Eltern nach «Südwestafrika» ausgewandert, trat bereits 1974 als einer der ersten Weißen der antikolonialen Befreiungsbewegung Swapo bei. 1990 wurde Namibia unabhängig. Melber leitete von 1992 bis 2000 das namibische Forschungsinstitut NEPRU, danach wechselte er als Forschungsdirektor an das Nordic Africa Institute in Uppsala (bis 2006). Bis 2012 war er Präsident der schwedischen Dag-Hammarskjöld-Stiftung. Seit 2012 ist Melber außerordentlicher Professor am Institut für Politikwissenschaft an der Universität Pretoria in Südafrika und zudem (seit 2013) außerordentlicher Professor am Center for Africa Studies.

In Namibia, wo ich das UN-Referendum zur Unabhängigkeit (7.-11. November 1989) als auch die Tage vor und nach der Unabhängigkeit (21. März 1990) erleben konnte, hatte ich einiges über Henning Melber gehört. Zu einer persönlichen Begegnung kam es dann aber erst viel später in Berlin. Das Interview mit ihm entstand 2006, wobei sich unter anderem die Frage nach dem heutigen Verhältnis Namibias zur historischen DDR stellte.

Wie sehen Sie das deutsche Verhältnis zu Namibia ohne DDR,
zu der die Swapo ja herausragend gute Beziehungen hatte?
Es war von Pragmatik auf beiden Seiten geprägt. Eine
Bundestagsentschließung bediente sich bereits 1989 eines skandalösen Euphemismus, als sie von der »beson-
deren historischen Verantwortung« gegenüber Namibia
redete und so den Völkermord verniedlichte. Aber die
Swapo-Regierung hat keinen Anstoß genommen, dass unter Verweis darauf die BRD die größte staatliche Geberin
im Bereich von Entwicklungshilfeleistungen wurde. Die
bilateralen Beziehungen sind kein Liebesverhältnis, sondern ein pragmatischer Pakt unter Regierungseliten. Als
Präsident Sam Nujoma 1996 und 2002 auf Staatsbesuch in
Deutschland war, wurde allerdings auch augenscheinlich,
dass er sich im Osten am wohlsten fühlte, während in der
alten BRD schon seine Körpersprache ein sehr distanzier-
tes Verhältnis zum Ausdruck brachte.

Die Erfahrungen mit dem solidarisch agierenden Realsozia-
lismus prägten die Swapo sicherlich auch programmatisch
mit. Was ist heute, gemessen am ursprünglichen Anspruch der
Swapo, noch sozialistisch?
Nichts. Die Loyalitäten der Vergangenheit existieren auf
einer Gefühlsebene. Es ist die Affinität zu einem System,
mit dem man vertraut war, in dem man sich sicher fühlte.
Verwundete Kämpfer der Swapo wurden in DDR-Kran-
kenhäusern gepflegt. Die DDR war ein Land, dem die Befreiungsbewegung mehrere hundert der eigenen Kinder
anvertraut hat, um sie zu erziehen, zu sozialisieren. Das
Gefühl gegenüber dem Osten ist immer noch anders als
dem feindlichen kapitalistischen Westen gegenüber –
selbst wenn dann die Regierungspolitik der Swapo inzwischen eher einem neoliberalen Programm verpflichtet ist.

Als in Namibia im November 1989 die Volksabstimmung über
die verfassungsgebende Versammlung durchgeführt wurde, fiel

gerade die Mauer in Berlin. Als Namibia im März 1990 unab-
hängig wurde, wählte die DDR gerade eine antikommunistische
Regierung. Es drängte sich seinerzeit der Eindruck auf, als
hätte die Swapo schnell und pragmatisch die Vergangenheit
entsorgt, oder?

Vielleicht. Aber doch tut sich manch Überraschendes auf
der Ebene von emotionalen Affinitäten. So waren zu den
Unabhängigkeitsfeiern 2005, anlässlich derer auch der neue
Staatspräsident Hifipekunye Lucas Pohamba als Nachfolger von Sam Nujoma vereidigt wurde, zwei deutsche
Ehrengäste eingeladen: der frühere BRD-Außenminister
Hans-Dietrich Genscher, der sich aufgrund seiner Integ-
rität bei den Verhandlungen um die UNO-Resolution 435
zur Unabhängigkeit 1989 hohes Ansehen bei der Swapo
erworben hatte, und Margot Honecker. Genscher erschien
aus Krankheitsgründen nicht, doch Margot Honecker, die
aus Chile angereist war, saß bei der Fernseh-Live-Übertra-
gung auf der Ehrentribüne, drei Stunden lang voll im Bild.

Das wird die Bundesregierung nicht gefreut haben.
In der Tat kann man nicht unterstellen, dass die Swapo
mit dieser freundlichen Geste in Berlin etwas gewinnen
konnte. Aber die Einladung von Frau Honecker war trotzdem sehr bedeutsam für die namibische Regierung. Sie
wollte etwas demonstrieren: Es sind alte Loyalitäten,
denen man als gestandene Befreiungskämpfer nicht ab-
schwört. Es gibt also jenseits von Opportunität immer
noch verwurzelte Beziehungen, die damit zu tun haben,
dass der Befreiungskampf der Swapo auch von Formen
einer Solidarität abhängig war, an der sich die DDR damals beteiligt hat – und die BRD nicht.

Auszug aus: »Tatbestand Völkermord«, Gespräch mit Henning
Melber über den deutschen Genozid an den Herero und Nama
und namibische Forderungen nach Wiedergutmachung, über das
Verhältnis Swapo–DDR und einen Besuch Margot Honeckers in
Windhoek.

DAS HÄTTE ERICH NICHT HINGEKRIEGT

Plötzlicher Unfalltod oder langsames Schüttelsterben: zur Jahrtausendwende auf Tour durch den Norden eines verschwundenen Landes

Kai Niemann macht sich seinen eigenartigen Hiphop-Reim auf die Lage in der Nach-DDR und kommt damit ins Radio: »Dass die Mauern im Osten besser halten / dass die meisten hier meistens etwas schneller schalten / dass eigentlich fast alles sehr viel besser ist / als im Westen.« Meint er es ironisch oder strotzt er nur so vor Selbstbewusstsein, der Ossi-Hiphopper, denke ich Wessi? Es herauszufinden schwinge ich mich auf mein Fahrrad von Hamburg Richtung Osten.

Wechselhaftes Wetter, Temperaturen gut über 20 Grad, doch schon hinter dem Hauptbahnhof der Hansestadt schüttet mir Petrus eimerweise Wasser auf den Kopf. Reinbek, Sachsenwald, Waldwege. Aumühle, Friedrichsruh. Bismarck-Mausoleum. Immer an der Bahnstrecke entlang bis irgendwann Schwarzenbek in Sichtweite kommt. Abzweig Büchen. Würde ich überhaupt merken, wenn ich das Gebiet der ehemaligen DDR erreichte? Weiter auf der Alten Salzstraße, dann die Käseroute bis Gudow. Zelt am See aufgebaut. Kostet 13,50 Mark, Richtwert für die Tour, 20 Mark Pfand hinterlege ich für den Schlüssel zu den Duschräumen.

Ein gelbgesichtiger Deutscher versucht dem eher gemütlichen Holländer aus dem Zelt nebenan von der unverschämt bevorzugten Behandlung der »Asylanten« zu erzählen. Denen werde »das Geld hinterhergeworfen« und die hätten sogar »Fernseher auf dem Zimmer.« Und dann sollten sie zukünftig nur alle zwei Jahre kontrolliert werden, ob sie überhaupt »bei uns« sein dürften ...? Der Holländer schweigt, trinkt sein Bier

Zur Jahrtausendwende an der Landstraße: Susi, Köpi, alle übern Jordan

und denkt sich als Originalausländer wahrscheinlich, im falschen Film gelandet zu sein. Später leiht mir seine Frau, die in Erwartung eventueller Regenfälle mein kleines Zelt – 30 Mark bei Obi – mit Besorgnis betrachtet, einen Hammer. Ich solle die Seile doch richtig fest spannen. Gestern sei es stürmisch gewesen, und wenn es noch einmal gewittere, stünde mir eine unruhige Nacht bevor. Ich folge ihrem Rat.

Nach dem Frühstück im Stehen vor einem kleinen Kaufmannsladen frische Croissants, Wasser, alte Bananen und gespritzte Südafrika-Äpfel, Cox Orange. Langsam über die Grenze gerollt, ohne etwas zu bemerken. Elbe-Lübeck-Kanal, irgendein stählernes Denkmal, zwei Flaggen, Europa und Deutschland, kurzer Stopp, kein Schild, nichts. Fest steht trotzdem: Ich bin in Mecklenburg.

Auf den weiten, zaunlosen Feldern schnurren Riesenmähdrescher durch das Getreide, vorne langhalmig, hinten stoppelig – bis zum Horizont reicht der Blick entlang einer schnurgeraden Linie zwischen noch zu Erntendem und Abgeerntetem – Strich wie mit dem Lineal gezogen. Die Fahrer sputen sich, es beginnt wieder zu regnen, die Baumalleen bieten Schutz. Meldungen von der »Erntefront« in Rundfunk und Fernsehen gibt es nicht mehr. Nicht mehr die Frage: Wird die Schlacht um jedes Korn Getreide gewonnen?

Teerstraßen nun, Landwirtschaft unverändert, nur noch schöner, vor allem die Alleen allüberall. Es geht bergauf-bergab, das klassische Hügelprofil, es dunkelt bereits, und ich halte Ausschau nach einem Platz, um irgendwo in freier Natur mein Zelt auszupacken. Da erscheint vor mir die Rettung in Gestalt einer Tankstelle, in der ich nicht nur drei Schokoriegel und ein dickes Eis erstehe, sondern von der netten Verkäuferin auf Nachfrage erfahre: Ja, Sternberg habe einen Zeltplatz – noch zehn Kilometer Landstraße. Das ist machbar.

Dreizehn Mark plus Duschmarken. Unten am See wird gegrillt und gefeiert. Deutsche Schlagermusik am Lagerfeuer. Von »Wegfahren« in die »Südsee« und »ganz ohne Geld« und »nur mit Liebe« wird gesingsangt. Texte wie bei uns und im DDR-Kessel-Buntes früher. Flucht für einige Stunden in die heile Welt der Träume.

Es gibt ein Ziel, als ich durch das morgendliche Sternberg radle. Wenig tut sich auf der Straße, das ortszentrale Denkmal, oft Kranz-Abwurf-Stelle an vorgegebenem Termin, mit dem mittelalterlichen Dom im Hintergrund, wurde längst den neuen Zeiten angepasst und ehrt nun die »Opfer von Krieg und Gewaltherrschaft«, womit blendend »Drittes Reich« und DDR in einem Topf verrührt wären, so dass sich jeder nur einigermaßen Geschichtskundige fragt, wie lange derartiger Humbug Bestand haben wird. Walser mag's gedankt sein und jene unsägliche, die Totalitarismustheorie wiederbelebende »Historiker-Debatte« aus den Achtzigern.

An der Gabelung: entweder Bad Sülzen, da ist auf der Karte kein Zeltplatz verzeichnet, dafür liegt es nur noch neun Kilometer entfernt; oder 23 Kilometer nach Ribnitz-Damgarten, wo Camping möglich sein soll. Gestrandet an der Ostsee – oder vielmehr: kurz davor. Zeltplatz nach Gewaltfahrt durch die Dämmerung, die mit Nacht droht, nicht gefunden. Existiert nicht mehr. Und das ist gut so, denn heute Nacht öffnet der Himmel alle seine Schleusentore, im Zelt wäre ich weggeschwommen, doch unter dem Bahnhofsvordach – die Halle ist blöderweise abgeschlossen, dicht, wie alles hier in diesem von Baustellen übersäten Kaff, außer dem Türken am Markt – finde ich Schutz, sitzend auf einer Bank.

Neben mir zunächst ein betrunkener Jugendlicher, der schnell einnickt, dann kurz vor Abfahrt des schon länger wartenden Zuges gerade noch bemerkt, dass er einsteigen muss und mit schnellen, torkelnden Bewegungen aufspringt und fluchend losläuft. Der Zug fährt ab – mit ihm. Ruhe kehrt auf dem Bahnhof ein. Der Regen prasselt mit Macht auf die Überdachung und bildet davor eine Wasserwand. Ich ziehe einen weiteren Pullover an sowie die wasserfeste Plastikhose. Was für ein Sommer.

Zwei Gestalten in Uniform tauchen auf, wagen belanglose Bemerkungen zum Wetter und eine zaghafte Befragung von wegen, wohin ich denn wolle, doch Papiere verlangen sie nicht. So bleibt mir eine Auseinandersetzung erspart, und ich kann staunend ihre weiteren Aktivitäten verfolgen. Mit Hilfe zweier Ferngläser suchen sie die leeren Gleise nach beiden Seiten in die nächtliche Dunkelheit hinein ab – wahrscheinlich Attentäter oder so, Castor-Gegner vielleicht. Wen immer sie entdecken wollen, sie tun es nicht. Später sehe ich dann ihren Peterwagen auf der anderen Seite der Gleise den Güterbahnhof gegenüber abfahren, geräuschlos auf die Entfernung, und auch, weil der endlose Regen alle Töne schluckt, die nichts mit ihm zu tun haben.

Endlich öffnen die ersten Läden im Bahnhofsgebäude, zum Pott Kaffee gibt es ein belegtes Brötchen, und mein klammes, völlig durchfrorenes Gerippe jubelt hurra, die Knochen werden von der Steifheit langsam verlassen, Bauch und Brust durchströmen Wärme. Nun stehen schon recht viele Menschen auf dem Bahnsteig. Derweil hängt die Zeitungsverkäuferin am Kiosk *Bild* und Illustrierte aus mit irgendeiner Königin sowie Britney Spears auf dem Titel.

Ich schwinge mich auf mein Fahrrad und rausche durch Park und Riesenpfützen am Bernstein-Museum und an einem mächtigen Kloster vorbei, kleine Stadtrundfahrt um halb sechs. Die Müllabfuhr ist auch schon unterwegs, und am Stadtausgang schließlich wird der Verkehr richtig dicht. Die Arbeitstage beginnen – wie schon immer – früh im Osten. Nur die Größe der Autos hat sich verändert und der Geruch: Kein Zwei-Takter-Gemisch steigt mehr in die Nasen.

Auf dem platten Darß mit seinem gut ausgebauten Fahrradwegenetz durch Schilf und Wiese, über holprige Piste, gewellt von ihr Gefängnis aus Teer durchstoßenden Baumwurzeln, rollt mich mein Drahtesel durch die Sonne und einen milden Wind – Bilderbuchmorgen. Das Gepäck fest verstaut hinter mir, das Gefühl von Freiheit in Kopf und Herz, es jubelt und lässt keinen bedrückenden Alltagsgedanken mehr zu. Ich erreiche Barth. Am alten Stadttor aus Hansezeiten liegt, verfallen, das Gasthaus »Zur Börse«, bröckelnder Putz, vernagelte Fenster, »Jeden Samstag Schotten Party« steht auf gelbem Plakat an verriegeltem Eingang.

Raus aus Barth, einige Dutzend Kilometer strampeln an schier endloser Landstraße ohne jeglichen, vom Asphalt separierten, Fahrradweg. Eine Anstrengung, eine Konzentration, ein Krach. An der kleinen Grünanlage, inklusive Wegweiser und Landkarte auf großer Tafel, studiert ein Mann – sein Fahrrad steht auf dem Ständer – die Landkarte. Sagt, er käme von Rügen, genauer aus Binz. Heute früh ist er gestartet, 50 oder 60 Kilometer, Donnerwetter!, nur um bei seiner Tante zu Mittag zu essen. Na ja, relativiert er, habe sie lange nicht gesehen; außerdem habe er Lust gehabt, zu radeln.

Nur dieses verdammte Fahren an der Straße nerve, das Streckensystem sei kaum entwickelt und die Landkarte zum Piepen. Da stimme nichts. Auf Rügen sei die Lage noch schlechter, macht er mir Angst. Zwar habe es nach der Wende einige Fortschritte gegeben, doch die seien nicht weiterverfolgt worden und mittlerweile wieder zugewachsen. Vorrang fürs Auto, sagt er. Und ich: Na ja, nicht nur Schröder ist Autokanzler. Der Dicke wars auch. Er: In der DDR war's besser. Da gab's weniger Autos. Ich: Tja, die Chancen, was für alternative Verkehrsmittel zu tun, so ganz von vorn, waren da. Aber die haben ja wieder Autobahnen gebaut. Da bin ich schon zu ideologisch. Wir verabschieden uns.

Hier hat Aldi auch sonntags geöffnet, fast alle Tankstellen heißen »elf – Bonjour«. Guten morgen, Herr Kohl? Oder Herr Krause? Oder wie war das noch mit der Korruption um die Minol-Kette?

Je näher Rügen kommt, desto stärker setzen mir die in der Sonne blendenden Lackkisten inklusive deren enorm hohe Dezibelwerte zu. Trabbi und Wartburg seligen Angedenkens lässt nun nahezu jeder Ossi die Westmotoren dermaßen brummen, dass in Folge jede Menge Kreuze die Wegesränder zieren, in manchen Varianten und geschmückt mit Plüschtieren aller Art, Blumen aus Plaste – Schkopau? – und in echt, oder auch mit Mini-Bierkrug und Flachmann. Georg,

Anke, Köpi, Maik, Herr Pietsch, Susi, alle übern Jordan. Und die Nachgebliebenen bleifußen weiter, links und rechts alte Chausseebäume mit verwaschenen Kalkmarkierungen.

Doch hat die Geschichte ihr letztes Wort noch nicht gesprochen: So zwölf, fünfzehn Kilometer vor Stralsund beginnt der Stau und mit ihm setzt meine Rache ein. Lächelnd fliege ich, gewandet in einem luftig-flatternden T-Shirt, an der fast schon erstarrten Blechlawine vorbei. Plötzlich gibt es sogar einen Fahrradweg, immer munter hoch und runter, rasant rasend, ganz im Gegenteil zu den Gestauten, die trotz offener Seitenfenster kaum ein erfrischendes Lüftchen erhaschen. Alle haben sie mich vor nicht allzu langer Zeit überholt, und ich singe aus vollem Hals: »Ha ha said the clown, as the king lost his crown.«

Dann über den »Rügen-Damm«, der ja zwei Dämme, oder besser: Brücken ist. Links abbiegen nach Altefähr, wo ich auf einem Campingplatz am Meer das Zelt aufbaue und dusche. Eine Marke reicht. Glück gehabt. Die Seife bleibt nicht in Augen, Ohren, Poritze oder zwischen den Zehen. Abends am Meer, eine Frau um 30, wundergroße Augen, lange braune Haare, platzt sich neben mich, einfach so, »aus Berlin-Ost«, wie sie sagt, auch einfach so. Quatscherei, hanseatische Skyline von Stralsund hinten, weit am Horizont.

»Erinnert mich an damals«, kommentiert die Schöne, als sie und ihre »Clique« in den Sommerferien oder zu Ostern unterwegs waren, großer Grillplatz mittendrin, da trafen sich alle, Abwaschplätze an holprigem Weg, viel Rasen und Sträucher zwischendurch, das Ganze von Wald umgeben, Lagerfeuer mit Ostsee dahinter. Hatte was. Und heute? Irgendwelche Leute haben ihr Auto direkt neben meinem kleinen Zelt aufgebaut, trotz freier Parkplätze am Weg, wohl um es näher an ihrem Luxus-Apartment-Super-Familienzelt zu wissen, in Sicherheit. »F«-Nummernschild, am Main natürlich, nicht an der Oder. Hätten Ossis nicht getan, sagt die Ostberlinerin. Auch das nächtliche Türenschlagen nicht, denke ich, als ich später wach werde.

Gegen Morgen regnet es gemütlich auf die Zeltplane, ungemütlich fürs Abbauen. Aufbruch gegen neun nach provisorischem Frühstück. Steife Brise hinter Büschen direkt am Meeresufer. Erste »BoWu« (Bockwurst) am Rambiner Edeka-Markt, vormals »Kaufhalle«. Neben dem Namen hat sich das Sortiment völlig verändert, »erweitert«, weiß der Wessi, »ich kann mich gar nicht entscheiden«, der Ossi, doch die »Schlager-Süßtafel«, die Kinder einst so gerne zwischen zwei Brotscheiben pappten, gibt es noch, kostete 80 DDR-Pfennige, heute eine gesamtdeutsche Mark achtzig. Geht noch vergleichsweise.

Plattfuß. Hinterrad ausgebaut, Flickzeug aus der Satteltasche geholt, freundlicher Anlieger kommt vorbei, fragt, ob er helfen könne, bringt einen nagelneuen Schlauch, erzählt, dass er »bei Militär« war früher, ich frage »NVA?«, er geht nicht drauf ein, will wissen, woher ich komme. Was, Hamburg? Sein Sohn lebe in Hamburg, Zeitarbeit, aber schon über ein Jahr »fest«, hat »drüben« ein kleines Zimmer, pendelt zum Wochenende »nach Haus«. Ganz schön anstrengend, werfe ich ein.

Acht Jahre war der Sohn bei der Bundesmarine, sagt er stolz. Mein' ich: Lange Zeit. Geht, sagt er, verwundert wohl über meine Skepsis, und überhaupt: Früher bei der Armee, da seien sie viel härter rangenommen worden. Könne ich nicht beurteilen, weil ich nicht »beim Bund« gewesen sei, erkläre ich. Er kontert: »Der Junge hat immerhin einiges gesehen.« »Hauptsache keinen Krieg«, meine ich nur. Er wirkt etwas betreten. »Das wollen wir doch alle nicht.« Der freundliche Helfer verschwindet nun schnell, zieht sich zurück in seine Welt ohne Widersprüche, verabschiedet sich nicht einmal. Immerhin passt der Schlauch gut in den Mantel, finde ich.

Eine Gruppe Saarländerinnen und deren männliche Begleitung leeren ihre erste Tagesration »Lübzer« aus der Dose. Weiter durch Felder auf Plattenwegen mit Löchern drin, schlecht gefugt und verrutscht mit der Zeit. Direkt hinter der Brücke, die die Insel Ummanz mit Rügen verbindet, eine kurze Rast. Restaurant mit fangfrischem Fisch im Angebot, Familienbetrieb, sieben Kopf hoch hocken sie am Mittagstisch und essen. Ich will nicht stören und verzichte auf die Tasse Kaffee, die ich schon länger im Sinn hatte. Weiter zum Zeltplatz in Suhrendorf, ein Riesenflatschen. Der Standplatz wird zugewiesen, GmbH, »videoüberwacht«-Schilder hier und da an Zaun und Wasser, »Betreten für Unbefugte verboten« überall. Am Badestrand schwimmt ein weißer Gürtel aus Schaum und Algen, doch die sanitären Anlagen sind tiptop sauber. Wie im Westen halt.

Zeitung gelesen am Ostseerand. Aufmacher: Noch niemals zuvor wurden dermaßen vielen Arbeitslosen die Leistungszahlungen entzogen wie heute: 90 000 in einem Jahr. SPD-Grün, sie leben hoch! Dreimal. Minister Riester, ehemals IG Metall, ebenso! Dösen am Wasser bis zum Sonnenuntergang, und bis es kalt wird. Gezeltet auf Gras und ganz ruhig. Das kleine Mädchen von nebenan hat sich einen ganz persönlichen, mythischen Ort auf weichem Moos mit zum Kreis gelegten Stöckchen gebaut, Geheimzeichen gegen das Böse, ihr privates Heiligtum unter zwei knorrigen Kiefern. Hölzchenparadies.

Der Himmel lacht irritierend blau. Hiddensee mit Gerhart Hauptmanns Museumsvilla sowie Nina Hagens vergessenem Farbfilm links in der See liegengelassen, ab durch die Inselmitte Richtung Putbus – und wie so oft fehlt eine eindeutige Ausschilderung, was zu Umwegen führt, kilometerweiten häufig, ein Ärger jedes Mal wieder. Diesmal geht, Glück gehabt, zwanzig Meter oberhalb der Gabelung ein Mütterchen, vor sich hinträumend. Blass-blau-schwarz-karierter Kittel, längst graue Haare, und erst erschrickt die Frau etwas, als ich sie anspreche und nach dem Weg frage.

»Da vorn nach rechts«, erklärt sie dann in breitem Norddeutsch – also grandios gerolltem R. Ich sehe nur eine Landstraße und frage: »In dem dichten Verkehr?« Sie verneint. »Noch 50 Meter weiter, ein Feldweg, ganz ohne Autos...« Sie beendet den Satz nicht. Stattdessen weist ihre Hand nach links, und ich sage höflich »Vielen Dank« und verabschiede mich: »Tschüß.« Sie lächelt, und mir will scheinen, einen Hauch von Stolz in ihren Augen und um die Mundwinkel entdeckt zu haben, etwas Selbstbestätigung vielleicht oder Genugtuung, jemandem geholfen zu haben. Ich freue mich nicht nur, weil ich nun den richtigen Weg kenne.

Das Weitere dauert seine Zeit, Kilometerfressen, Kopfsteinpflaster in Kalau, niemand zu sehen, der den Dorfnamen erklären würde, zwischendurch noch das Geburtshaus von Ernst Moritz Arndt, da nähere ich mich bereits dem ehemaligen Besitz des fürstlichen Alleinherrschers über geräumige Ländereien nebst Mensch und Inventar und diversen Schlössern mit dem Zentrum Putbus, das heute eine einzige Baustelle ist. Des Fürsten Prachtbauten sollen wieder schön weiß strahlen.

Fehlt nur noch Seine Hoheit persönlich. Immerhin gehörten bis 1945 dessen illegitimen Nachfolger Malte Friedrich zu Putbus, Urgroßneffe und NSDAP- wie SA-Mitglied, noch beachtliche Ländereien, und auch sonst befand sich die Hälfte der Insel in den Händen weniger Großgrundbesitzer. Rügen galt reichsweit als hinterwäldlerisch. 1932 wählten 42 Prozent braun. In Sagard einen jungen Typen nach dem Weg gefragt, zu spät die metallene Rune unterhalb des steifen Kragens an einem Lederband eng um den Hals gespannt bemerkt. Ein Neonazi – »pfui deibel«, höre ich mich sagen, und »Ritterkreuzträger, wohl, du Held«, fluchend. Der Junge glotzt sprachlos. Er rührt sich nicht. Ist ja auch allein.

Nicht nur konvex-gewölbte Tunnel-Alleen mit ganz oben im Laubwipfel, so scheint es, zusammengewachsenen Knallgrünbäumen gibt es hier noch, auch Knüppeldämme, beispielsweise von Altenkirchen nach Breege oder von Zirkow nach Kiehut, die den gebeutelten Zweiradfahrer schnell zum Armlahmen werden lassen. Allerdings scheint die Landstraße als Alternative wegen der unentwegt von vorn und von hinten herandonnernden Automobile nicht gerade verlockend. Letztlich bleibt die Wahl zwischen plötzlichem Unfalltod und langsamem Schüttelsterben.

Kap Arkona heißt mein Ziel, nördlichster Punkt der alten Republik einst, in der neuen nicht mehr, wegen Schleswig-Holstein. Oben in Rügens Zipfel stehen Dutzende Busse, Scharen von Menschen begeben sich an Caspar David Friedrichs Kreidefelsen auf die Suche nach »Hühnergöttern«, wie die mit skurrilen Löchern ausgestatteten Feuersteinknollen auch genannt werden.

Im Museum neben einem von drei Leuchttürmen in dieser stürmischen Ecke – der vierte liegt landeinwärts und wird von der Bundeswehr betrieben – fragt mich eine junge, leicht korpulente, langgewachsene Frau mit undezenter US-Flagge auf weitem Sweatshirt, ob ich wisse, wie die Löcher in die Steine gelangt sind? Nee, meine ich, und sie erklärt, damit befände ich mich in großer Gesellschaft. Selbst die meisten Einheimischen wüssten nicht, dass früher die Bauern Steine in Hühnernester gelegt hätten, zum Schnabelschärfen, und die Tiere ihrerseits hätten den Kalk rausgepickt.

Wieso und auf welchem Weg diese dann allerdings an den Ostseestrand gelangten, wisse sie nicht, nur dass ihr Bruder ein fleißiger Sammler sei und die Steine »inklusive Löchern« – sie grinst – so für drei Mark das Stück verkaufe. Gutes Geschäft, was mir wenig später an einem touristischen Kitschladen bestätigt wird, der allerlei Krimskrams anbietet, Kettchen, Bröschchen, Ringe und Rasseln, Bernstein und Katzengold – »die Hühnergötter sind so ziemlich das einzige, was von hier stammt«, meint die nette Verkäuferin und lacht.

Regen, Regen, Regen – eine feuchte Berg- und Talfahrt wie aus dem Hochglanz-Landschaftsbilderbuch, nur eben anstrengender. Gut, dass ich den Weg nicht kenne und also nicht weiß, wie weit er noch ist. Dafür entdecke ich, was hinter dem Spruch »Wenn der wüsste« steckt. Einem Wadenkrampf nahe erreiche ich, schon dämmert der Abend, den Wald-Campingplatz Nipmerow. »Zur Spechthöhle« heißt die seltsame Gaststätte mit silbriger Aluhülle, Theke, einigen Tischen und auch der Rezeption. Ich soll einen Zettel ausfüllen, Vordruck mit zu langem Fragenkatalog, Name, Beruf, Anschrift, Ziel, Geburtsdatum, Staatsangehörigkeit … Ich weigere mich.

Muss aber, meint der junge Mann. Ich merke, dass ich wütend werde: Müssen muss ich gar nichts. Eine ältere Frau, die Wirtin, mischt sich aus dem Hintergrund ein. »Wegen der Statistik.« Welche Statistik? Für den Staat? Fürs Marketing? Oder für die Fremdenpolizei zur Verhinderung von Ausländern auf deutschen Zeltplätzen etwa? Die Frau flüstert in mein Ohr, ich könne reinschreiben, was ich wolle. Das tue ich.

Später bestelle ich Bratkartoffeln und Spiegeleier. Sie schmecken gut, die Wirtin hat sich wieder beruhigt, ich auch, es herrscht Wohlfühlklima, etwas verqualmt zwar, die Spechthöhle, aber heimelig. Die Rocker, die auf Harley Davidsons eingeritten sind, bestellen Schnäpse, der angelernte Westberliner aus Bad Segeberg neben mir trinkt seinen dritten Halben. Jeder quatscht mit jeder und jedem, nur der Schüchterne in der Ecke, der mit den langen Haaren, sieht seiner Postkarten schreibenden Freundin andächtig zu.

Alle Wege führen nach Prora, zumindest fehlt es nicht an Wegweisern zum »ehemaligen KdF-Objekt«, wobei vorausgesetzt wird, dass nicht nur die Abkürzung für »Kraft durch Freude« allgemein bekannt ist, sondern auch, was hinter ihr steckt. Grenzenloses Vertrauen der behördlichen Schildermacher ins Erinnerungsvermögen der Bevölkerung wird demonstriert nach dem Motto: Wer bei den Nazis gelernt hat, vergisst das nie. Selbst wer es nicht tat, hat das mittlerweile nachgeholt.

Oder holt es gerade nach, indem er fragt: Was heißt das eigentlich? Notfalls hilft »ein privates Museumsangebot« – so die Werbebroschüre: Das Ganze gehe zurück auf eine Idee des Physikers Prof. Dr. Joachim Wernicke, Berlin, West. »Hier in Prora hatten wir das Angebot, vom Bundesvermögensamt zu günstigen Konditionen diese Räume anzumieten.«

»Günstige Konditionen« also für die Darstellung jenes von faschistischem Größenwahn initiierten Projekts – bis zu 3000

Arbeitskräfte, angetrieben von Firmen wie Philip Holzmann, Siemens, Dyckerhoff und Widmann, Deubau, Hochtief, letztlich doch nicht realisiert. Nichts mit Urlaub für 20 000 auf einen Streich, zwei Wochen zu Prora in acht je 500 Meter langen, aneinandergereihten kasernenähnlichen Bettenhäusern untergebracht, zwölf-Quadratmeter-zwei-Bett-Zimmer, sich ganz klein fühlend unter der einschüchternden Wucht einer Mammutarchitektur, streng genormte Zeit unter ebensolcher Kontrolle, Lautsprecher auf langen Gängen und Fluren.

Als Deutschland Polen überfiel am 1. September 1939 war Schluss mit Urlaubspropaganda, da marschierten die Stiefel ins Polenstädtchen zum Mädchen, dem allerschönsten Kind, das Mann dort find. Das Museum erklärt:»In der NS-Kriegswirtschaft kam die Versorgung der Bevölkerung erst an zweiter Stelle.« Und vorher an erster, oder was?

Wen eigentlich interessiert heute, dass damals allerlei Baumängel aufgetreten waren, wie einbetonierte Rohrleitungen und fehlende Schrägen der Vordächer im ersten Stock? Sie werden nun im »Museum« haarklein aufgeführt. Warum, wieso? Niemand weiß das so recht. Dazu äußert sich der ansonsten geschäftig-erklärende Kurator Uwe Schwartz nicht weiter. Er vermeidet die Prora-Geschichte, weist mich vielmehr auf zwei eher unpolitische Untersparten des Museums hin, in denen allerlei Spielchen um Wasser und Physik herum stattfinden.

Auch eine Diskothek mit dem sinnigen Namen »Miami« gehört zum Komplex, und im Spätsommer bietet sie neben Miss-Wahlen Open-Air-Kino an. Mit »Was Frauen wollen« läuft zum krönenden Abschluss noch etwas fürs feuchte Landser-Höschen, vorher gabs jede Menge Blut mit viel Action im Krieg und auf dem Friedhof: »Tomb Raider«, »Pearl Harbour«, »Die Mumie kehrt zurück«.

Später lande ich am südlichen Ende von Rügen nahe Glevitz. Das Rentnerehepaar, das neben mir im Wohnwagen mit großem Vordach lebt, kommt zwar aus dem recht nahen Greifswald, verbringt aber große Teile von Frühling und Herbst und den ganzen Sommer hier. Er war 38 Jahre bei der Reichsbahn, sie beim »VEB Nachrichtenelektronik«. Doch, kenne ich schon, das Kürzel »VEB«, antworte ich auf ihre Frage: »Volkseigener Betrieb«. Anerkennendes Nicken. Jedoch: VEB gibt es lange nicht mehr, ebensowenig wie größere Teile der Genossenschaften in Fischerei, Landwirtschaft, Handel und Handwerk. Die Brauerei in Greifswald dicht gemacht. Kam ein Wessi, der zahlte 'ne Million oder weniger, garantierte die Arbeitsplätze, und verkaufte das Teil als Immobilie für zehn Millionen oder mehr. Nettes Schnäppchen, oder? Dafür haben wir genügend Tourismus mittlerweile.

»Ist aber nicht alles schlecht heute.« Wie die Altstadt von Greifswald: »Deren Sanierung hätte Erich niemals so gut hinbekommen.« Lob für den Westen und mich Wessi am Ende Rügens. Und doch bemerke ich auch so etwas wie Melancholie: Nachdem das Paar mehrere Jahrzehnte hindurch an »unserer DDR« gebaut hat, »eine bessere Welt« als Ziel, und kaum etwas davon bleibt, brach im zurückliegenden Jahrzehnt viel vom Lebenssinn weg.

Die »Neue Zeit« – untergegangen. Geblieben sind die Kinder – »erwachsen inzwischen« – und Enkel. Aber lebt der Mensch nicht für mehr? Die Frau sagt schließlich, ja schon, nur das mit den gesellschaftlichen Zielen, das haben wir uns abgeschminkt. Es regnet wieder, dabei ist mein Zelt noch ganz klamm von der vorigen Nacht. Das Ehepaar bietet mir einen trockenen Platz zum Schlafen an. Ich danke freundlich und krieche in mein Zelt.

Morgens um halb sechs muss mein anderer Nachbar zur Arbeit. Er wohnt zwar auf dem Zeltplatz, »kommt billiger«, malocht aber in Stralsund. Sein Auto rollt zwei Meter neben meinem Kopf den Hang hinunter, und obwohl er, wie abends zuvor versprochen, »ganz leise« ist, wache ich auf und kann nicht wieder einschlafen.

Durch Greifswald peitscht der Sturm den Regen. In der Marienkirche werden eine Ausstellung der »Friedensbibliothek« gegen den Jugoslawien-Krieg gezeigt und

Textpostkarten verteilt. Auf einer steht von Eli Wiesel: »Es mag Zeiten geben, in denen wir zu machtlos sind, Ungerechtigkeiten vorzubeugen. Aber es darf nie eine Zeit geben, wo wir nicht protestieren.« An Holzwänden in der Innenstadt sind Plakate gegen einen Nazi-Aufmarsch geklebt. Die Universitätsstadt hat sich einen guten Namen gemacht im Widerstand, und selbst der CDU-Oberbürgermeister beteiligte sich an Demonstrationen, so dass Greifswald bei den Ewiggestrigen als heißes Pflaster gilt.

Abends gegen acht erreiche ich Neubrandenburg in strömendem Regen. Ich bin nass bis auf die Haut, auch Füße und Turnschuhe triefen wässrig, und nehme mir ein Zimmer für 70 Mark – um noch länger was Günstiges zu suchen, fehlt die Energie. Es gießt weiter und wird nun schnell dunkel. Eine heiße Dusche frischt meine matten Lebensgeister sofort auf. Meine durchnässten Klamotten finden schließlich allesamt irgendeinen Haken, oder eine Lehne, oder einen Bügel. Haselnüsse, Lakritz, Schokoriegel und viel Tee gibt es zum Abendbrot.

An der Strecke von Neubrandenburg runter nach Berlin heißt die Landstraße »Europastraße«, freie Fahrt für freie Bürger – gilt auch für donnernde Trucks. In Fürstenberg führt ein Kopfsteinpflasterweg links ab zum ehemaligen KZ Ravensbrück. Die Marterstelle für Zehntausende Frauen während des Faschismus.

Kaum noch zu entziffern ist die Gedenkschrift an einem Denkmal mit sowjetischem Panzer drauf. Ich lese Buchstabe für Buchstabe: »Ruhm und Ehre. Am 30. April 1945 wurde das KZ Ravensbrück von Soldaten der Roten Armee befreit.« Dann rechts der See, an dessen Ufer auch Fürstenberg liegt. Auf Sichtweite, problemlos zu erkennen, also ebenso umgekehrt von dort aus das Lager.

Nicht nur das Gedächtnis der Menschheit »für erduldete Leiden ist erstaunlich kurz«, wie Brecht schreibt; »ihre Vorstellungsgabe für kommende Leiden ist fast noch geringer«. Erstaunlicher als das scheint darüber hinaus eine schwer fassbare Ignoranz den Leidenden gegenüber. Der türkische Journalist Nerin E. Gun, der im KZ Dachau inhaftiert war, beschreibt in seinen Erinnerungen (»Die Stunde der Amerikaner«), wie er in den Fünfzigern als Tourist an den Ort des Schreckens zurückkehrt und in einem städtischen Fremdenführer liest, »dass man vom Dachauer Marktplatz aus die Gipfel der Alpen in mehr als hundert Kilometer Entfernung sehen kann«. Und Gun fragt: »Aber das Lager am Ende der Stadt, wo 30 000 Menschen zusammengepfercht lebten, das konnte man also nicht sehen?«

Vor den Toren Berlins bei Oranienburg liegt die zweite Mahn- und Gedenkstätte, KZ Sachsenhausen. Im Flachbau hinterm Eingang erklärt ein Guide ausländischen Besuchern, dass »die Russen« hier nach dem Krieg Deutsche gefangen gehalten hätten, Heinrich George zum Beispiel, den berühmten Schauspieler – Durchhalte-George. Mir fällt der Film »Kolberg« von 1944 mit ihm in der Hauptrolle ein. Kam dann kaum noch zum Einsatz, der Propagandastreifen für den totalen Krieg bis zum Untergang.

Ich soll denken: Erst die Nazis, dann die Russen – alles dasselbe. Und unterbreche den Führer: Erst die Sadisten als Herrschaft, dann eben diese und deren Unterstützer als Gefangene – ist doch okay. Er blickt böse, sagt aber nichts. Fällt ja auch schwer, für die Gleichsetzung von Tätern und Opfern zu argumentieren. Beim Rundgang lese ich von Menschenversuchen, nackt draußen, mit Wasser übergossen, eisige Frosttemperaturen. Wie lange hält das ein Mensch aus? Manche standen zwölf Stunden bis zum Exitus. Der Rekord wurde säuberlich notiert.

Berlin lockt. Also mit Sack und Pack und Fahrrad in die S-Bahn. Ich krame den Zettel aus der Hosentasche. Adresse vom Mädchen aus Berlin-Ost. Sie hat mich eingeladen.

Der Text entstand zehn Jahre nach dem Ende der DDR.

TOM HANKS
IN IRONHUT CITY

Wie das einstige »Stalinstadt« ins US-Fernsehen kam: Eindrücke aus Eisenhüttenstadt vom gut gesponserten Kampf des Kapitalismus gegen die Geister des Sozialismus

Stimmt, manchenorts spukt er intensiver als anderswo, der Geist namens »DDR«. Und Eisenhüttenstadt gehört mit Sicherheit zu den absoluten Favoriten der Untoten – jener legendäre Ort an der Oder-Grenze zu Polen, den *Die Zeit* einst (27.2.2003) als »Mausoleum der Träume vom besseren Leben« ausmachte. Doch, es hat sie tatsächlich gegeben, diese Träume, und hier besonders.

Die Reporterin von Springers Flaggschiff *Die Welt* (9.11.2009), die sich zum 20-jährigen Maueröffnungsjubiläum zielsicher in die »erste sozialistische Stadt Deutschlands« begab, um nach dem Rechten zu schauen, berichtete gar von der Macht der Imagination: Manchem Besucher, so werde kolportiert, stiege der »authentische DDR-Geruch« in die Nase. Der vom Lysol, »mit dem großzügig in S-Bahnen und Gebäuden gereinigt wurde«. Komisch, etwas riechen, »was gar nicht da ist«.

An diesem noch winterlich-kalten Samstag Ende Februar – den Oder-Spree-Kanal bedeckt eine funkelnde Eisschicht – versucht selbst Bürgermeisterin Dagmar Püschel von »Die Linke« wacker, die folgenreichen Wirkungen der kapitalistischen Wiedergeburt im Osten zu ignorieren. Ein »Schrumpfungsprozess« wie der, den ihre Stadt seit nun über zwei Jahrzehnten erdulde, sei nicht ungewöhnlich. Das habe es in der Geschichte schon »immer so« gegeben. Schließlich sei Eisenhüttenstadt ursprünglich auf lediglich 25 000 bis 30 000 Einwohner ausgelegt gewesen, Ende der

Friedrich-Wolf-Theater Eisenhüttenstadt: Gegründet auf dem platten Land

achtziger Jahre lag man dann bei 52 000, und nun gehe es eben wieder runter. Spaß mache das allerdings nicht.

Püschels Stadtplanerin Gabriele Haubold klingt dementsprechend traurig. Man nimmt es ihr ab, wenn sie davon erzählt, wie ihr jeden Morgen graust beim Blick aus dem Fenster ihrer Übergangswohnung: Von dort kann sie den Abriss der Siedlung verfolgen, in der sie 27 Jahre lang gewohnt hat. »Sie können mir glauben«, sagt sie, »das nimmt einen mit.« Fünf- bis sechstausend Wohnungen wurden bisher vernichtet, fast der gesamte »Wohnkomplex VII«, erst Ende der Achtziger eingeweiht. Eisenhüttenstadts Einwohnerzahl sank inzwischen unter die 30 000-Marke. Prognosen für 2030 gehen von dann gut 20 000 Menschen aus. Trotz alledem und immerhin, so Haubold, sei vieles von dem, was blieb, »in neuem Glanz erstrahlt«.

Das würde Oscar-Preisträger Tom Hanks sicherlich bestätigen. Im vergangenen Dezember tauchte er urplötzlich in der Touristeninformation an der Lindenallee auf, und niemand wollte es zunächst so recht glauben. Ein umherirrender Hollywood-Star? Er besichtigte die alten Viertel und schwärmte dann kurz vor Weihnachten in der David-Letterman-Talkshow fasziniert von »Iron-Hut-City«, der Modellstadt, die »von den Kommunisten erbaut« wurde, um »the great and wonderful life« im Sozialismus zu verwirklichen, wie Hanks leicht augenzwinkernd dem staunenden Millionenpublikum erzählte. Wirklich der schönste Ort im Osten.

Die meisten Fassaden der neoklassizistischen Zuckerbäckerpaläste von »Stalinstadt« – als solche wurde die vormalige »Wohnstadt für das Stahlwerk« im Mai 1953 von Walter Ulbricht getauft – sind restauriert, die Miete für eine Zweieinhalb-Raum-Wohnung mit Bad, Gas, fließend Warmwasser beträgt zwar nicht mehr – wie in den Fünfzigern und danach – 36,35 Mark, und die Leninallee heißt Lindenallee. Linde statt Lenin, klingt ja ähnlich, nur eben deutscher. Doch das mittig gelegene Friedrich-Wolf-Theater ist immer noch nach dem Arzt, Dramatiker und ersten DDR-Botschafter in »Volkspolen« benannt. Die sechs weißen Säulen des imposanten Prachtbaus verbreiten Stattlichkeit, derweil erzählen drinnen auf der Kleinen Bühne Holger Wachsmann, Betriebsratsvorsitzender des Stahlwerks, und Joachim Niebur, Arbeitsdirektor desselben, ihre Sicht der Dinge.

Von der Technologie her stand das Eisenhüttenkombinat Ost – kurz »EKO«, wie die riesige Industrieanlage auch heute noch genannt wird – zum DDR-Ende 1990 »nicht schlecht« da. Trotzdem sollte es ihm an den Kragen, von der Treuhand als »nicht sanierungsfähig« gebrandmarkt, normal das Todesurteil. Doch man habe gekämpft. Mahnwachen monatelang. EKO blieb. Einst hatten in dem »sozialistischen Großbetrieb« bis zu 16 000 Menschen ihr Brot verdient, inzwischen arbeiten für den indisch-belgischen Konzern ArcelorMittal etwa 2500. Eine »akute Gefährdung« gebe es nicht mehr. Gut, räumt Wachsmann ein, die 32-Stunden-Woche sei »ohne Lohnausgleich« eingeführt worden. Aber die Auszubildenden würden übernommen, die Stahlwerker erzeugten »Topqualität«, mit der man in der »ersten Liga« spiele.

Deutschlandradio Kultur überträgt an diesem Tag live aus dem Friedrich-Wolf-Theater. Passt gut, wird doch gerade heute die neue Dauerausstellung im Dokumentationszentrum Alltagskultur der DDR (DOK) eröffnet. Das Gebäude an der Erich-Weinert-Allee, eine zweistöckige ehemalige Kinderkrippe mit buntem Glasmosaik im Treppenflur, liegt fast um die Ecke. DOK-Leiter Andreas Ludwig soll im Hörfunk zum »alltäglichen Sozialismus« befragt werden, doch geht es insgesamt eher grundsätzlich zu: »Die Planstadt plant um«, so der Titel der Sendung, und das Museum präsentiert eine äußerst spezielle »Umplanung«. Sie hat stark mit Ideologie zu tun.

Dafür sorgte BRD-Kulturminister Bernd Neumann (CDU) – offiziell »Staatsminister bei der Bundeskanzlerin«. Er griff tief in die Kasse seines Etats und übernahm die Hälfte der 784 000 Sponsoring-Euro für die »Neugestaltung« – »ein Beleg für die nationale Bedeutung« des Projekts

(*DR*, 23.2.2012). Führte das DOK in den nun bald zwei Jahrzehnten seines Bestehens mit jährlich etwa 6000 Besuchern eher eine Aschenputtel-Existenz in der Museumslandschaft und Gedenkstättenkultur, so treibt Naumann nunmehr Großes um. Mit »der neuen, von meinem Haus mit geförderten Dauerausstellung« möchte er einen »weiteren wichtigen Meilenstein bei der Verwirklichung eines ›Geschichtsverbundes zur Aufarbeitung der kommunistischen Diktatur in Deutschland‹« setzen. Er ist davon überzeugt, dass sie gelungen ist, seine museale Politisierung.

Vor Jahren war ich schon mal hier, auch im Februar, und fand bei kaltem, strömendem Regen Schutz in der ehemaligen Kinderkrippe. Mein klitschnasser Mantel landete ebenso wie die von Wasser triefenden Stiefel und Strümpfe zum Trocknen auf der Heizung im Erdgeschoss, wo ich mich bei einem Tee aufwärmte und schließlich barfuß in Filzpantoffeln durch die Sonderausstellung zu den »Konsumgenossenschaften in der DDR« latschte. Bilder, Fakten, Zusammenhänge, Gegenstände, Geschichte plastisch, so mein Eindruck damals im, aber nicht auf dem Trockenen, wo sich jeder seinen Kopf machen konnte.

Im Laufe der Zeit sammelte das DOK weit über 100 000 Alltagsgegenstände zusammen, in der neuen Dauerausstellung sind davon 650 zu sehen: vom knallgelben »Schwalbe«-Roller über die aus der Mode geratene Schrankwand, Mitropa-Geschirr, »SED-Design«, auch die unvermeidliche »Erika«-Reiseschreibmaschine fehlt nicht – allesamt einst vom Wegschmeißwahn der Wendewirren bedroht.

Als in Berlin »die Einrichtung von 40 Jahren auf der Straße lag«, kam Andreas Ludwig die Idee vom »Archiv der Alltagsgegenstände« (*Die Welt*, 9.11.2009). 1993 interessierte sich Eisenhüttenstadt dafür. Der Westberliner Historiker, Jahrgang 1954, erläutert: Die Exponate sollten die Kommunikation der Besucher anregen, darüber reden, so eine Art Selbstfindung die eigene Biografie betreffend anstoßen und die Geschichte erinnernd reflektieren. Das alte DOK-Konzept bot zunächst einmal Freiräume für offene Gedankenspiele, subjektiv, inhaltlich nicht festgelegt, deutbar. Es tanzte aus der Reihe, was den sonst dogmatisierten Umgang mit dem untergegangenen Staat betraf.

Und musste also geradegerückt werden: »Weil die Darstellung von Alltagsgeschehen und -gegenständen leicht als harmlose Reminiszenz missverstanden werden könnte und sich dann dem Vorwurf der ›Ostalgie‹ aussetzen würde«, wie Naumann heute formuliert. Ludwig dazu: »Umstritten bleibt, ob die DDR-Erinnerung der Miterlebenden den Ansprüchen einer kritischen Reflexion genügt oder ob es nicht allein die unkritische, ja verklärende Rückerinnerung ist.«

Für *Die Welt* steht indes fest: »Hier lebt er noch, der süße Duft der DDR.« Bitter für alle Wende-Apologeten, dieser ostalgische Traum vom besseren Leben, entstanden nach dem Ende von Krieg und Faschismus. Sechs Hochöfen waren hier errichtet worden, in denen jener Stoff hergestellt wurde, mit dem ein neuer Staat gemacht werden konnte. Ohne Stahl nichts los, meinte der III. SED-Parteitag im Juli 1950, die bisherigen deutschen Produktionsstätten lagen zu neun Zehnteln oder mehr im Westen und befanden sich zudem in den Händen der alten Kanonenbarone an Ruhr und Saar und in der Oberpfalz. »Es war eine große Pioniertat, ein solches Werk an einem Ort aufzubauen, wo keine Tradition in der Stahlerzeugung« vorlag, sagt EKO-Arbeitsdirektor Niebur und fügt hinzu: Er müsse es wissen, stamme er doch aus dem Ruhrgebiet.

Von Pioniertaten, Idealen und den Mühen der Ebene handelt die Dauerausstellung »Alltag: DDR« wenig. Erst recht nicht von den in Ideen und Utopien schlummernden Antriebskräften, die bei Entdeckung zur materiellen Gewalt werden können. Oder gar von einer Gesellschaft, in der die Arbeit des Einzelnen allen nützt. Nein, in der Ausstellung – sie ist auf zehn Jahre Dauer ausgelegt – findet sich kaum ein Wort über Moral und Ethik eines stets propagierten, und auch tatsächlich vielfach gelebten Miteinanders, das Alltag,

Arbeit, Bildung, Freizeit und Privates durchzog. Folglich also auch nichts dazu, warum der Versuch, ein besseres Deutschland aufzubauen, scheitert und vielfach zur dahergeplapperten Worthülse verkommt. Damit bleibt ein bedeutender Aspekt, vielleicht der wichtigste, weil aufschlussreich für die Zukunft, ausgeklammert. Malochen nicht nur des schnöden Mammons wegen, Stahl für den Frieden? Nicht vorhanden.

Naumann hat andere Sorgen. Ihn treibt »der oft erschreckende Mangel an Wissen« über die DDR »insbesondere unter jungen Menschen« um. Das zu ändern, werde zu einer »dauerhaften Gemeinschaftsaufgabe im vereinten Deutschland«. In der Tat geht es ab sofort im DOK um die »jungen Menschen« im Osten. Diese, meint Dr. Ludwig, hätten ein »Erfahrungsdefizit«. Ihre Einstellung zum nicht mehr vorhandenen Subjekt DDR speise sich weitgehend aus subjektiven, häufig verklärenden Erzählungen der Älteren, zuvorderst der Elterngeneration. Folglich müsse mehr »erklärt« werden. Das geschehe, indem »die Dimension des Alltags Eingang in die Erinnerungsorte zur SED-Diktatur« – wie Museen und Gedenkstätten – findet.

Früher Rotlichtbestrahlung, jetzt – ja was? Im Zentrum der »Schau zum DDR-Alltag« (*Märkische Oderzeitung*, 26.2.2012) steht jedenfalls einerseits eine unterstellte Einflussnahme des Staates auf alle Lebensbereiche. Als »historischen Rahmen« präsentieren die Ausstellungsmacher – wenig originell – einen die gesamte Gesellschaft durchwirkenden Repressionsapparat, reduzieren das sozialistische Projekt auf Unterdrückung und Gängelung, und – in der Reaktion darauf – auf Dissidenz inklusive Fluchten und Nischenbildung. Nahezu alle Essays und »Objektgeschichten« – zusammengestellt im Begleitbuch zur Ausstellung – berichten davon.

Eine Sonderrolle fällt dem Westen zu. Ludwigs durchaus spannender, wenn auch an sich selbstverständlicher Gedanke: »Weder ohne ihre Entstehungsbedingungen noch ohne ihr Gegenüber, die Bundesrepublik« sei die

DDR »verständlich«. Die selbstgebastelte Fernsehantenne zum Empfang des »Westfernsehens« selbst in entlegenen Gegenden symbolisiert die Einflussnahme von ARD und ZDF – ein zweieinhalb Meter langes Gestänge platziert hinter Glas gleich im DOK-Eingang, ein surreal anmutendes Stück Geschichte, ausgerichtet nach Westen, aber nichts aussagend über die antikommunistische Ausrichtung des öffentlich-rechtlichen BRD-Staatsfernsehen. Diese wird ebenso stillschweigend als positiv vorausgesetzt wie das verklärend-verlockende Werbefernsehen: von wegen exotische Cocktails von dunkelhäutigen Schönheiten unter Südseepalmen geschlürft. Alltag im Kapitalismus.

Schön frei drüben. Pluralistisch und bunt die grenzüberschreitende Popkultur – Nina Hagen, Wolf Biermann, Manfred Krug, *Der Spiegel* mit Brandt in Polen als Cover. Dann noch Bahro, Harich, Habermas und die Schüsse des DDR-Kulturbetriebs ins eigene Knie, »Spur der Steine«-Verbot, elftes ZK-Plenum, Sportlerdoping und so weiter. Alles als systemimmanente Sauereien, nicht mal nur – wie früher oft – Böse-Bonzen-Willkür. Am Ende Flugblätter und Kirchengemeinden. Zu den Untergangsszenarien des Novembers und Vor-Novembers 1989 (»Schwerter zu Flugscharen«) steuerte Ulrike Poppe, Mitglied des DOK-»Fachbeirats«, persönlich Ausstellungsgegenstände bei.

Die Brandenburger Stasi-Spezialistin (offizieller Titel: »Landesbeauftragte zur Aufarbeitung der Folgen der kommunistischen Diktatur«) wurde dann auch jüngst mehrfach zitiert mit ihrer Behauptung vom »durchherrschten Alltag« in der DDR. Diesen zu verdeutlichen, sei schwierig aber möglich. »Die Bevormundung auch des Alltags in einer totalitären Gesellschaft sichtbar und erlebbar zu machen« lautete Naumanns Aufgabenstellung. Ist die Quadratur des Kreises machbar? Er meint: Ja, das muss, zumal in einer »zunehmend kapitalismuskritischen Republik«. (*Der Spiegel*, 9/2012)

Der aktuelle Streit um die DOK-Finanzierung mutet angesichts der politischen Dimensionen auch bizarr an. Das latent klamme Eisenhüttenstadt strich vor Monaten für 2013 seine jährlichen Zuschüsse zum Museumsbetrieb in Höhe von 76 700 Euro: Bund und Land investieren Hunderttausende zur DDR-Aufklärung, und eine Provinzstadt, zumal verdächtig wegen ihrer 30 bis 40 Prozent Linke-Wähler, schießt quer? Das Problem wird zu lösen sein. Andreas Ludwig zumindest gibt sich »zweckoptimistisch«.

Tom Hanks will wiederkommen, sagte er bei Letterman. Am Bahnhof von »Iron-Hut-City« tut sich was. Als mein Zug aus Richtung Frankfurt/Oder früh am Morgen in den Bahnhof einrollte, dachte ich angesichts der bröckelnden Station mit ihren schwarzen, plasteverhangenen Fensterhöhlen nur: perfekte Tristesse, geisterhaft. Nun knieten Dachdecker auf dem Vorbau, verlegten Rinnen, schweißten und machten. Es roch nach ehemaligem Osten.

Heimatmuseum in Kloster/Hiddensee: mit Gerhart Hauptmann, ohne Ernst Busch

DER RISS

Raues von der Sonneninsel Hiddensee: Ernst Busch im Abseits, Bürgermeister im Zwiespalt, Marinehubschrauber im Anflug – und die Natur spielt verrückt

Hier kennt jede jeden und umgekehrt. Der Mensch lebt mit den Biografien der Nachbarn. Der Bürgermeister allerdings stammt nicht von Hiddensee, sonst wäre schnell herausgekommen, dass mit seiner Vergangenheit etwas nicht stimmt. Hätten sie ihn dann trotzdem gewählt? »Wohl kaum«, meinte vor Monaten Hinrich Hagemeyer aus Vitte, Hauptort der Ostseeinsel. Ein kleiner Zweifel klang durch, der die Geschichte noch brisanter machte. Dabei belastet sie schon jetzt das Klima. Es geht weniger um die Natur und erst recht nicht ums Wetter.

An diesem Samstagnachmittag im Winter 2011 regnet es in Strömen. Zudem fegt ein kalter stürmischer Wind übers Land. Die Sonneninsel im Winter. Die Dame an der Rezeption unserer Unterkunft in Kloster sagt, der Fährverkehr sei eingestellt. Heftige Böen aus Südost treiben das Wasser aus dem Bodden, so dass die Chancen, Hiddensee wie geplant am nächsten Morgen in Allerherrgottsfrühe zu verlassen, »fifty-fifty« ständen. Aber sie würde in jedem Fall unser Zimmer freihalten, beruhigt sie. Was also konnte passieren?

Schon oftmals hat »höhere Gewalt« die Verbindung des »Söte Länneken« (süßes Ländchen), wie Einheimische ihr langgestrecktes, der Westküste Rügens vorgelagertes Eiland zärtlich nennen, zur Außenwelt gekappt. Vorvergangenes Jahr die frostige Härte des Dezembers beispielsweise, als die Fahrrinne nach Schaprode dicht war. Oder der strenge Winter 1978/79. Da lieferten die DDR-Braunkohlekraftwerke nichts mehr zum Verfeuern, weil die Zufahrtsschienen dick vereist waren. Das weiße Element legte sich als meterhohe Decke auf den blassgrünen Inselboden, und die etwa tausend Bewohner hatten alle Hände voll zu tun, die Versorgung mit Lebensmitteln und Energie zu sichern.

Jetzt also die Böen aus Südost. Carpe diem, nutze den Tag, denken wir uns trotzdem, denn es gibt, wie gesagt wird, kein schlechtes Wetter, sondern nur die falsche Kleidung. Also begeben wir uns, gut eingepackt, vor die Tür, gehen gegen den Wind geduckt den leicht ansteigenden, pfützenübersäten Weg zur Dorfstraße hinauf. An dessen Ende bei den Dünen, neben Abgang 1 zum Ostseestrand, liegt die ehemalige Seenotrettungsstation, ein Gebäude von 1888, aus demselben Jahr wie der bekannte TV-Wetterkarten-Leuchtturm im Hochland. Seit Juli 1954 beherbergt es das »Heimatmuseum« und präsentiert nun eine Ausstellung mit Werken Clara Arnheims, stimmige Motive von Land und Meer, häufig blautönig, Himmel, Wind, Wellen, Menschen aus der Gegend, von damals, als die Welt noch in Ordnung schien.

Die Berliner Malerin hatte in den zwanziger Jahren zusammen mit Henni Lehmann den »Hiddenseer Künstlerinnenbund« gegründet, der den Ruf des Länneken als »Künstlerkolonie« beförderte. Bis dahin standen dafür zuvorderst »Dichterfürst« Gerhart Hauptmann – er beschwärmte Hiddensee als »das geistigste aller deutschen Seebäder« – und dessen illustre Gäste wie Thomas Mann nebst Familie. Dann also die »Malweiber« (Hauptmann) in ihrer »Blauen Scheune« zu Vitte, die vielen bildenden Künstlerinnen als Zentrum diente. Elisabeth Andrae, Elisabeth Büchsel und Käthe Loewenthal wirkten hier und stellten aus. Stummfilmstar Asta Nielsen kaufte ein Haus um die Ecke, das »Karusel« – dänisch mit einem einzelnen S und einem L –, und manches Mal wohnte Joachim Ringelnatz bei ihr. Einstein, Hans Fallada, Sigmund Freud, Ludwig Marcuse, Erich Mühsam, Käthe Kollwitz, Carl Zuckmayer kurten.

Diese erste große Zeit Hiddensees als eine Art Refugium der Künste endete spätestens mit dem Einfall der deutschen

Herrenmenschen in die Idylle. Obwohl: Schon 1922 wurde Henni Lehmanns Verlangen, den Passus »Juden finden keine Aufnahme« aus dem Vitter Ortsprospekt zu streichen, von der Gemeindevertretung abgelehnt. Wie andere Bäder – auch an der Nordsee – warb Hiddensee mit einer primitiven Mischung aus Antisemitismus und Volkstümelei. Der Slogan: »Kein Luxusort, judenfrei.« 1933 wurde der Künstlerinnenbund »aufgelöst«, Clara Arnheim erhielt Berufsverbot, tauchte unter. Im Juli 1942 wurde sie von Berlin ins Ghetto Theresienstadt deportiert, wo sie am 28. August 77-jährig verstarb.

Henni Lehmann hatte sich 1937 das Leben genommen. Das Haus der Familie erhielten die Nazis zu einem Spottpreis. Gerhart Hauptmann (1862–1946) indes füllte noch 1944 den Weinkeller seiner Villa auf. Die Faschisten hofierten den Literaturnobelpreisträger von 1912 und benutzten ihn als Aushängeschild. Er machte das mit. Sein Grab mit einem monumentalen Felsbrocken liegt auf dem Inselfriedhof in Kloster, nahe der wundersam weltlichen »Friedenskirche«, am Rand des »Dornbuschs«, wie die hügelige, waldige Heidelandschaft am Nordende heißt.

Erst nach der Befreiung Hiddensees durch die Rote Armee erholte sich die Insel langsam, aber stetig von der Naziwillkür, auch dadurch, dass sie von Teilen der aus dem Exil zurückkehrenden Künstlerszene wiederentdeckt wurde. Vor Jahren, als wir das Museum schon einmal besuchten, fanden wir sie alle vor, die prominenten Hausbesitzer, die in der DDR hier gelebt hatten, meist saisonal. Ernst Busch, revolutionärer Sänger, Schauspieler, Antifaschist; der Hochschullehrer Werner Klemke, Buchgestalter von einigem Ruf; Inge Keller natürlich, große alte Dame des Deutschen Theaters. Nun suchen wir Hinweise auf sie vergeblich. »Die Personen« seien wohl bei der »Neugestaltung« 2007 nicht mehr berücksichtigt worden, erklärt die Museumsleiterin. Nein, »politische Gründe«, wie von uns unterstellt, gebe es »mit Sicherheit« nicht.

Nicht ins Abseits verfrachtet wurden Hauptmann, Ausdruckstänzerin Gret Palucca, vorgestellt in Kurzbiografien, Fotos in weißen Rahmen, fest installierte Galerie illustrer Inselliebhaber, eine opulente Sammlung. Asta Nielsen, Otto Gebühr, der »Staatsschauspieler« des Nazireichs. Einige andere, darunter aus der DDR Aljoscha Rompe von Feeling B, eine Band, die als Vorläuferin von Rammstein gilt. Die alle hätten sich »inspirieren« lassen von der Atmosphäre, vom Klima auf der Insel, wird uns auf die Frage nach den Auswahlkriterien gesagt. Inspiration als Begründung für Politik.

Irgendetwas stimmt nicht. Unterhielt sich die Kellnerin in der knallrot-gestrichenen »Hiddensee Klause« gegenüber der ehemaligen Kaufhalle, nun Edeka Markt, eben noch aufgeregt mit dem Postboten, senken beide die Stimme, wenn Gäste den Schankraum betreten. Bloß den Ärger nicht zeigen. Achselzucken als Antwort auf die Frage nach dem Zeltkino aus der DDR, das mit dem gewölbten Strebendach, Attraktion vor allem für Ferienkinder, aber nicht nur. Es sollte neu entstehen, so die Forderung, für die zehntausend Unterschriften gesammelt worden waren. Doch nichts tat sich. Auch in Sachen Turnhalle nicht.

Nur beim Hubschrauberlandeplatz lief alles wie geschmiert. Bürgermeister Thomas Gens schien es damit eilig zu haben, und es kam zum offenen Streit in der Gemeindevertretung. Mit den üblichen sechs zu vier Stimmen – vier CDU und zwei Freie Wähler gegen vier »Bürger für Hiddensee« – setzte er den Bau durch. Ein Zusammenspiel von Land und Kommune, bei dem Geld und Gegenargumente keine Rolle zu spielen schienen. War noch im Juli 2011 von 145 000 Euro Kosten die Rede gewesen, sollen es nun etwa 350 000 Euro werden. Die Gemeinde sagte 79 000 Euro zu, Mecklenburg-Vorpommerns Innenministerium 273 000 Euro als »Sonderbedarfszuweisung«.

Eine erkleckliche Summe für Transporte, zum Beispiel, wenn Feriengäste im Winter festsitzen. Für den »Notfall« also, oder vielleicht doch darüber hinaus? Jedenfalls stieß auf völliges Unverständnis, dass die Baupläne im Dezember »erst am Tag der Abstimmung von allen Gemeindevertretern diskutiert werden konnten«, so Nils Gottschalk von den »Bürgern für Hiddensee«.

Nach schneller Ausschreibung ist die Fertigstellung noch vor Sommerbeginn 2012 geplant. Neben dem Bolzplatz von Vitte läge dann ein quadratisches Areal von 44 mal 44 Metern Größe – das sei Voraussetzung dafür, dass die »zehn Tonnen schweren Rettungshubschrauber der Marine landen können«, äußert der Vertreter des Bauausschusses in der Ostseezeitung. Marine also: Einflug der Bundeswehr ins Ferienparadies. Eine Nummer kleiner, wie von der Opposition gefordert, reicht für diese Brummer nicht.

Brisantes von der Insel. Bei manchen Themen sei es klüger zu schweigen, meint einer. »Hinter vorgehaltener Hand« werde getuschelt, bemerkte jüngst der Reporter der *Berliner Zeitung*: »Bei tausend Einwohnern, so sagen die Leute, wird sehr genau hingeschaut, wer was sagt und wer wo steht.« Erst recht, wenn's um viel Geld geht.

Von »Absprachen« ist die Rede, von Steuertricks, einem Büro in Leipzig, das Wort »Mafia« fällt, als wir nach den ehemaligen DDR-Immobilien fragen, denen des Gewerkschaftsbunds FDGB, wie dem herrschaftlichen »Hotel Hitthim« am Hafen in Kloster, oder der volkseigenen Betriebe, begehrte Urlaubsplätze jedenfalls. Goldstaub. Was ist mit dem »Klausner«, jene Gaststätte, in der einst Christoph Heins vereinsamter »Tangospieler« als Aushilfskellner servierte? Der Ladenbesitzer ist zunächst auskunftsfreudig, doch als ein neuer Kunde den Laden betritt – abruptes Schweigen. Niemand will sich – wie hier gesagt wird – »in die Nesseln setzen«.

Tatsächlich steht es nicht zum Besten um das politische Klima an einem der sonnenreichsten Plätze Deutschlands. Der Umschwung von relativer Windstille zu Sturmgraden begann mit den Turbulenzen um den Bürgermeisterposten 2010. CDU-Mann Gens hatte die Wahl angefochten: Der

Amtsinhaber, Manfred Gau (Bürger für Hiddensee), habe Einfluss auf die Abstimmung genommen, indem er den Inselbus – Hiddensee ist ansonsten weitgehend autofrei – zum Wählertransport eingesetzt und persönlich bezahlt habe, begründete er seinen Einspruch und kam damit durch. Bei der erneuten Abstimmung trat dann Gens selbst als Gegenkandidat an und rutschte, wenn auch knapp, in die Bürgermeisterfunktion. Im Jahr darauf stieg er zum Direktkandidaten der CDU bei der Landtagswahl auf – und fiel tief. So schien es zumindest, als seine Parteimitgliedschaft am Tag nach der Abstimmung »aufgehoben« wurde.

»Wir distanzieren uns von ihm und fühlen uns hintergangen«, erklärte Rügens CDU-Kreisvorsitzender Burkhard Lenz damals. Der Grund: Zehn Jahre zuvor war Gens Funktionär, zeitweise geschäftsführender Landesvorsitzender, der neonazistischen Deutschen Volksunion des Münchner Verlegers Frey. Es existieren Filmaufnahmen von damals, die eine Gens-Rede dokumentieren: Die DVU sei »demokratisch, sozial und national. Und, das ist kurioserweise etwas nicht mehr ganz Normales in diesen Zeiten: Sie ist eine deutsche Partei« – so O-Ton Gens 2000. Anfang September 2011 berichtete das NDR-Nordmagazin, Gens distanzierte sich flugs von sich selbst und tat seine braungefärbte Vergangenheit als »kurzzeitige politische Verwirrung« ab.

Mittlerweile hat sich die Rügener DVU aufgelöst, die Restmitgliedschaft soll geschlossen zur NPD übergetreten sein. Gens indes amtiert immer noch als Hiddenseer Ortsgruppenchef der Christdemokraten. Und als Bürgermeister, gewählt mit 338 gegen 315 Stimmen – geteilte Insel. Seitdem gibt es Zoff: um kommunalpolitische Themen und um Herrn Gens. Der gedenkt offensichtlich, das Ganze auszusitzen, bleibt, je nach Lage, hart, oder wiegelt ab, oder verschiebt Schuld, spricht von einer »Kampagne« gegen sich. Das verfängt. Er findet erstaunlicherweise Fürsprecher. Die meinen, Gens werde »diffamiert, demontiert und politisch öffentlich hingerichtet«.

Seit dem 1. Februar läuft eine Unterschriftensammlung zu seinen Gunsten. Er habe, so wird argumentiert, verkrustete Strukturen aufgebrochen. In der Vergangenheit sei die Lokalpolitik von betuchteren Insulanern dominiert gewesen. Die hätten »früher am sogenannten Prinzentisch im ›Godewind‹«, einem Restaurant in Vitte, ihre Geschäfte »ausgekungelt«, zitiert die *Berliner Zeitung* eine Unterstützerin des Bürgermeisters. Und dessen Neonazi-Vergangenheit? Die DVU sei schließlich eine »zugelassene Partei« gewesen, heißt es. Die übliche Verharmlosungsmasche, ein Westimport. Unter den weit mehr als 300 Unterzeichnern befinden sich etwa 60 Hiddenseer, der Fall zieht Kreise, die Person Gens polarisiert.

Im Januar dann präsentierte der NDR eine weitere »Enthüllung«. Nunmehr soll Gens in jungen Jahren Stasi-IM gewesen sein. Dessen Statement aus zweiter Hand: »Gens selbst versicherte allen, die ihn darauf ansprachen, dass er niemals bewusst für die Staatssicherheit gearbeitet hat – er selbst und seine Familie hatten genug unter den Machenschaften dieses Ministeriums zu leiden.« Plötzlich ist Leiden angesagt. Es geht schließlich um die DDR und den bösen Blick auf sie. Wer den nicht hat, ist schlecht dran. Derzeit werden alle Gemeinderatsmitglieder auf Kontakte zur Staatssicherheit »durchleuchtet«.

Dass sich dann, inmitten der herrschenden Verwirrung, die Natur mit zur Vernunft mahnender Macht zu Wort meldete, mag verwundern, wen will. Kaum hatten im Januar am Rügener Kreidefelsen abstürzende Geröllmassen ein Kind getötet, meldete Hiddensee Alarm. Risse am Rand des Hochlands könnten zu einem Abbrechen größerer Küstenteile führen, hieß es. Spalten bis zu einem Meter Tiefe waren entdeckt worden. Sie ziehen sich durch den Erdboden des Dornbuschwalds, über den Hochuferweg, lassen Grasflächen aufplatzen, wobei sich der Riss jeden Tag um ein paar Millimeter mehr öffne, wie Frank Martitz vom Nationalparkamt Vorpommersche Boddenlandschaft warnt.

Geologen schließen nicht aus, dass sich die Steilküste »in Bewegung setzt«. Professor Ralf-Otto Niedermeyer vom mecklenburgischen Umweltlandesamt spricht von »Summationseffekten, die sich an geologischen Schwächezonen über längere Zeiträume – über Jahre und Jahrzehnte – aufbauen.« Alles sei möglich, doch müsse man abwarten. »Der Rest ist Natur.« Das betroffene Gebiet wurde abgesperrt.

Sorgen gehen um auf der Urlaubsinsel. Hiddensee, dieses karge Stück Land mit viel Heide, Sanddorn, Kiefern, Dünen, mit viel Wasser, doch nicht mehr so vielen Fischen drin, lebt vom Tourismus, von den etwa 70 000 Gästen, die jährlich kommen und 380 000 mal übernachten. Nach anfänglichem Rückgang der Zahlen bei Ende der DDR und eher genügsamen Jahren folgte »eine Zunahme der Bettenkapazität durch die Renovierung/Umbau von Objekten bzw. teilweise Neubauten«, so die Selbstdarstellung der Verwaltung. Wegen der Unbilden der Natur könnte die Haupteinnahmequelle weniger stark sprudeln.

Hiddensee lebt auch von den Insulanern mit ihrer norddeutsch-spröden, unaufdringlichen, niemals anpasserischen Freundlichkeit, die Fremden das Gefühl geben, willkommen zu sein. Und jetzt dieses Misstrauen, das sich offensichtlich in den Köpfen breit macht. Was aber ist der Riss auf dem Dornbusch 2012 gegen Dreistigkeit und die Politgeister aus braunen Zeiten, möchte man da fragen. Wie es einst Woody Guthrie tat. Was ist der Sturm über New York 1944 gemessen an der »Habgier unsrer Herrn«? Hans-Eckardt Wenzel übertrug Guthries Text »Ninety Mile Wind« (90-Meilen-Orkan) ins Deutsche: »Ich lief und der Wind fraß sich in mein Haar / Wer ist stärker, New York oder er? / Und ich sah, dass New York viel stürmischer war / Als der Neunzig Meilen Sturm drüber her.«

Als unsere Fähre in Allerherrgottsfrühe ablegt, wünschen wir uns, den Song hier beim nächsten Besuch zu hören, in der »Hiddensee Klause« oder im »Godewind« zu Vitte, in Klosters »Wieseneck« und in Neuendorfs Bistro neben der

Feuerwehr. Die Böen, die tags zuvor über das Länneken brausten, lassen langsam nach. Der Smutje im Bordkiosk brüht Kaffee und die ersten Bockwürste des frischen Tages auf. Am Anleger in Vitte stehen die Seeleute, rauchen und diskutieren. Als sie mich bemerken, senken sie ihre Stimmen. Alles still bis auf den leichten Wind.

Nachtrag

Als »Werner Klemke, Buchgestalter von einigem Ruf«, wird der Grafiker in der Hiddensee-Reportage von 2012 erwähnt. Mitte 2014 dann wurde bekannt, dass der dreifache Nationalpreisträger der DDR seine künstlerischen Fähigkeiten in Zeiten politisch eingesetzt hatte, in denen es ihn hätte den Kopf kosten können. »Ein Held aus dem Antiquariat. Werner Klemke war der große DDR-Grafiker. Zuvor nutzte er seine Kunst, um Leben zu retten«, überschrieb die *Süddeutsche Zeitung* am 22. August 2014 einen Beitrag zum Thema, Ingeborg Ruthe folgte in der *Berliner Zeitung* drei Tage danach (»Werner Klemke: Held mit dreister Feder«).

Als junger Wehrmachtssoldat in den besetzten Niederlanden rettete Werner Klemke (1917–1994) Naziverfolgten das Leben. 1942 schloss er sich im Amsterdamer Antiquariat »Erasmus« dem holländischen Widerstand an. »Der Gebrauchsgrafiker fälschte Dokumente, verschaffte zunächst dem von Deportation bedrohten jüdischen Handelsunternehmer Sam Perlstein, prominentes Mitglied der jüdischen Gemeinde Bussum, einen arischen Vater sowie Dokumente für drei arische Großeltern. Klemke zinkte perfekt Taufscheine, Heiratsurkunden und Papiere eines Anthropologieprofessors. Perlstein und Familie durften Monate später den gelben Stern ablegen, sich wieder frei bewegen. Dann gelang es dem Geretteten, Verstecke in Dutzenden Häusern in der Region einzurichten. Klemkes grafisches Genie sorgte auch für Lebensmittelkarten, so dass um die 300 versteckte Juden überleben konnten.« (*Berliner Zeitung*, 25.8.2014).

Die Dokumentarfilmerin Annie Betsalel schuf zur Biografie Klemkes den Film »Treffpunkt Erasmus« (NL/D 2015). Im Heimatmuseum zu Kloster, »neu gestaltet«, »anschaulich und in zeitlosem Design« erfahren dank »zusätzlicher englischer Ausstellungstexte (...) auch fremdsprachige Gäste Wissenswertes« (Website des Museums). Werner Klemke gehört dazu nicht mehr.

DER SOUND DER ORTE

Metropol, Tränenpalast, Alexanderplatz, Neu-Helgoland, Mont Klamott: Beobachtungen aus Ostberlin, ehemals Hauptstadt der DDR

»Mont Klamott – auf'm Dach von Berlin / Mont Klamott – sind die Wiesen so grün.« Die Stimme von Tamara Danz, das Café Schoenbrunn am Fuß des Trümmerbergs, von dem der Silly-Song erzählt. Und die Sängerin erzählt von einer seltsamen Begegnung im Volkspark Friedrichshain mit einer alten Dame, zu der sie sagt, »die Väter dieser Stadt« hätten für frische Luft und diese grüne Oase inmitten des Großstadtrummels gesorgt. Danz singt wütend, kreischend, ein für alle Mal klarstellend deren Antwort: »Die alte Dame lächelt matt / Lass sie ruhn, die Väter dieser Stadt / Die sind so tot seit Deutschlands Himmelfahrt / Die Mütter dieser Stadt hab'n den Berg zusamm' gekarrt.«

Dieser Song zum Beispiel, meint Tobias Thiele, werde die Zeiten überdauern. Tamaras Interpretation, der geniale Text von Werner Karma – die Geschichte der Trümmerfrauen an der zerbombten Frankfurter Allee, die den Schutt wegräumten, den es nicht gegeben hätte, wären ihre Männer zu Hause geblieben. Thiele studiert Musikwissenschaft, schreibt selber Lieder und trägt sie vor zur Gitarre. »Als die Mauer fiel, war ich gerade einmal drei Jahre alt, und heute, 26 Jahre danach, begegnen mir immer wieder Lieder von damals.« Die seien von »eindringlicher Poesie, die Geschichte verarbeitend, Orte und Begebenheiten beschreibend«.

Der Admiralspalast, Berlin-Friedrichstraße: Im Herbst 1974 hieß er noch »Metropol«. Die Eintrittskarten für Renft waren begehrt. Die Combo hatte mit ihrem zweiten Album

Erst Renft, dann Operette: Baustelle Metropol, Friedrichstraße

(»Renft«) so etwas wie Rockgeschichte geschrieben – zumindest, was die DDR anbelangt. Nun stand eine kulturpolitische Wende bevor. Diese würde mit dem Verbot von Renft zugleich die gesamte Rockszene des kleinen Landes östlich der Elbe treffen. Doch davon ahnte kaum jemand etwas an jenem Abend. Die fünf Musiker um den Uralt-Beat-Bassisten Klaus Jentzsch (Renft) stiegen auf die Bühne: Peter »Cäsar« Gläser (g, voc), Christian Kunert (kb), Jochen Hohl (dr), Peter Kschentz (g) und Thomas Schoppe (voc). Den Sänger nannten sie »Monster« nach dem seinerzeit visionären Steppenwolf-Song über die Polizeimacht in den USA, die die Leute überwacht: »The police force is watching the people / And the people just can't understand.«

Westvorbilder waren gang und gäbe in der DDR. Gisbert »Pitti« Piatkowski, heute Sologitarrist bei Mitch Ryder und der Renft-Neuauflage, früher bei den Klosterbrüdern und NO 55, meint, sie seien von den nordamerikanischen und britischen Bands mehr als »extrem inspiriert« worden: »Ich wuchs im Magdeburger Raum auf, und wir hatten glücklicherweise einen guten Westempfang von TV und Radio.« Was nun allerdings Monsters Stimme betraf: Mannomann – es gab keine vergleichbare aus dem Westen, damals nicht und heute nicht. »Die Schlacht wird viel, viel länger sein«, brüllte Schoppe ins Mikrophon, ein Besessener. Der Titel stammte, wie die meisten, vom vielbeschäftigten Poeten und Liedermacher Kurt Demmler (1943–2009).

»Ich bau euch ein Lied / Aus blauen Pflastersteinen / Und lege es in eure Hand / Da fallen die Steine allmählich auseinander / Und werden ein herrlicher Strand / Und blast ihr in dem Strand euren Atem aus / Werden Wellen draus.« Es folgte »Nach der Schlacht / warn die grünen Wiesen rot / Warn viel Kameraden tot / Und man stellt sich auf das verbliebne Bein / Und man meint, dass müsse der Sieg schon sein.« Schließlich »Ermutigung« von Schoppe/Demmler: »Manchmal fällt auf uns der Frost und macht uns hart / Und dann kommt es darauf an, dass das Blut, das in uns fließt / Seine Wärme halten kann, wenn sich's eiskalt um uns schließt / Manchmal fällt auf uns der Frost und macht uns hart.«

Demmler benannte nahezu prophetisch die bevorstehenden Turbulenzen, so als hätte er warnend nach einem Ausweg gesucht. Der wurde nicht gefunden und die Band aufgelöst. Sänger und Texter Gerulf Pannach (1948–1998) dazu: »Die neuen Songs waren dann so heavy, dass sie der Staat nicht mehr ertragen hat. Auf jeden Fall war's ein geiler Abgang.«

Bitter für den Osten, der seine Rock-Vorhut und deren innovative Kraft verlor. Sie fehlten, wie vielleicht die Stones gefehlt hätten, wenn der britische Staat Mick Jagger und Keith Richards nicht nur für eine Nacht (»We Love You«), sondern dauerhaft eingelocht hätte. Die Frage, was gewesen wäre, wenn sich Renft darauf verständigt hätte, einfach nur auf das »Salz der Erde« anzustoßen, auf die »hard working people«, bleibt hypothetisch.

Das Neu-Helgoland, Gaststätte und Hotel mit über einem Jahrhundert auf dem Buckel, abgebrannt und wieder aufgebaut, Idylle am Ufer des Müggelsees. Jüngst traten dort die neuen Renft mit Monster, der inzwischen 70 Jahre ist, sowie Piatkowski, Detlef »Delle« Kriese (dr) und Marcus Schloussen (b) auf. Trauriger Anlass: Ein Benefiz-Konzert (u. a. mit Lift, Thomas Natschinsky, Stern-Combo Meißen, Dirk Zöllner, Regine Dobberschütz, Dirk Michaelis) für den nach einem Schlaganfall im Rollstuhl liegenden Schlagerpoeten Holger Biege (»Sagte mal ein Dichter«). Es war ein sonderbarer Abend, vollgestopft mit Erinnerungen, ostalgische Bilder zur Musik von damals. Doch Monster röhrte, und Renft zeigte, dass mit ihnen noch zu rechnen ist.

Gegenüber vom Ex-Metropol liegt der Ex-Tränenpalast, einst Grenzübergang Friedrichstraße, heute nichtsnutziges Museum, zwischenzeitlich ein Ort von besonderem Stil, in dem

Gerhard Gundermann (1955–1998) mit seiner Seilschaft alljährlich große Konzerte ablieferte. Sie wurden Kult und waren immer ausverkauft. Sein letztes allerdings absolvierte er solo im Dorf Krams, und daher stammt seine Zustandsbeschreibung des Ostens nach der DDR: »Ich hab ein schönes Auto / Da muss ich nicht mehr drunterliegen / Und das Autoradio von diesem Auto kann einhundert Sender rankriegen / Doch die Songs, bei denen ich meine Unschuld verlor / Kommen in dem Autoradio nicht mehr vor.« (»Straße nach Norden«)

Im Februar nun – Gundermann hätte am 25. Februar 2015 seinen 60. Geburtstag gefeiert – spielten Andreas Dresen, Axel Prahl mit Band und Special Guests wie Judith Holofernes, Wenzel und Gisbert zu Knyphausen Werke des Künstlers und Baggerfahrers aus der Lausitz. »Straße nach Norden« fehlte im Kesselhaus der Kulturbrauerei ebenso wie »Hier bin ich geboren«, »Frühstück für immer«, die »Jamara-Front« (»The Night They Drove Old Dixie Down«), »Kuba«, das gesamte Album »Männer, Frauen und Maschinen«, die Wilderer-Songs, die gemeinsam mit Tamara Danz geschriebenen Stücke auf Sillys »Februar«. Oder anders: Jene exponierten Teile seines Schaffens, die sich direkt mit Geschichte und DDR und Klassenkampf und Ökologie und Internationalismus befassen. Politisches Lied von subversiver Tragweite – und zwar auf Dauer.

War die Auswahl nicht nur dem persönlichen Geschmack der Musikanten geschuldet? Das wäre auch deswegen hart, weil selektive Wahrnehmung Schule machen könnte: Gundermanns gesammelte Werke gehören inzwischen zu den meistaufgeführten in der deutschsprachigen Musikszene – Mitte September wieder auf einem »Gundi«-Festival in Potsdam. Da wäre es unschön, wenn Wichtiges bewusst ausgespart bliebe – um des früh verstorbenen Künstlers wegen und der Zukunft.

Berlin-Alexanderplatz. Hier stand einst Kurt Schwaen (1909–2007), einer der großen DDR-Komponisten: »Und da war ein

Podium aufgebaut, wo einer Gitarre spielte und sang ›Wer möchte nicht im Leben bleiben‹«. Das Lied hatte Schwaen, der kommunistische Widerständler, 1936–1939 Zuchthaus, 1943–1945 Strafbataillon 999, dann Wegbegleiter von Brecht und Busch, geschrieben. Es war in der DDR bekannt geworden durch den antifaschistischen Filmklassiker »Sie nannten ihn Amigo«. Und nun hörte Schwaen seine Komposition, und neben ihm »standen vier Mädchen und sangen das Lied leise mit«. Was er fühlte? Das sei wichtiger gewesen »als zehn Symphonien«.

PRIMA KLIMA

Und plötzlich ging die gelbe Sonne auf: Stimmungswechsel in
Deutschland. Mit DDR-Trikot auf der Fußball-WM 2006

Ein Schluck vom schwarzen Kaffee macht mich wach.
Dein roter Mund berührt mich sacht.
In diesem Augenblick, es klickt, geht die gelbe Sonne auf.
(Mia, »Was es ist«, 2004)

Der Asphalt hat sich hochgebogen.
Der Fliederduft setzt unter Drogen
Und jede Logik ist verboten.
Das ist die Zeit der Irren und Idioten.
(Wenzel, »Schöner lügen«, 2000)

In Deutschland scheint nun schon seit zwei Wochen die
Sonn' ohn' Unterlass. Auch wenn sie gerade nicht scheint.
Schuld daran trägt nur einer, der knödelnde Revolutionär
Herbert G. nämlich. Oder vielmehr dessen »FIFA-Hymne«.
Lange hatte das Land unter den kältesten Temperaturen,
die je zu dieser Jahreszeit gemessen wurden, gelitten. Gries-
gram kennzeichnete die Stimmungslage im Volk. Die Politik
agierte übel wie immer und verstärkte die allgemeine De-
pression. Doch urplötzlich, pünktlich zur krachledernen
Eröffnung des Fußballfestes in München, ist alles anders.
»Zeit, dass sich was dreht«, forderte der Sänger aus Bo-
chum, wo die Sonne verstaubt, inbrünstig, und schon brach
sich der Feuerball goldgelb am Horizont Bahn. Das war das
Paradies, unten in der bayrischen Hauptstadt, mit echten
Schuhplattlern, einem hochbezahlten Kleiderständer namens »Clohdia« Schiffer sowie Edson Arantes »Pelé« do
Nascimento, der Onkel Tom Brasiliens, und dessen

Sommermärchen 2006: schwarz-rot-goldene Winkelemente in Ostberlin

deutsches Abbild Franz »Kraft in den Teller, Knorr auf den Tisch« Beckenbauer. Er wolle, so Herbert, der Welt eine Leichtigkeit zeigen, »die man von den Deutschen nicht kennt«. Ausgerechnet Herbert.

Seitdem herrscht nicht nur Leichtigkeit, sondern nationales Staunen: »So viel Weltoffenheit, solch eine Unbeschwertheit, eine derart unverkrampfte Gastfreundschaft hätten wir uns gar nicht zugetraut«, entwickelt Leitartikler Alexander Marguier (*FAZ*, 17. 6. 2006) die Grönemeyersche Linie weiter.

Die zauberhafte, wenn auch seltsam anmutende Metamorphose des Deutschen vom sturen, disziplinierten Preußen zum toleranten, swingenden Weltbürger nahm also am 9. Juni gegen Abend ihren Ausgang. Niemand entkam den Ereignissen, auch ich nicht. Mit einigen anderen Fußballmuffeln hatte ich mich demonstrativ vor einer fernsehfreien Kneipe im Ostberliner Stadtteil Friedrichshain zusammengerottet. Überall saßen Menschen vor Leinwänden und Bildschirmen, und ein kiezweit nicht zu überhörender Jubel signalisierte das dritte deutsche Tor. Just in diesem Moment rollten zwei Monsterjeeps vor, ganz in schwarzem Chrom und mit verblendeten Scheiben, »Betandwin«-Schriftzug an den Seitentüren, ihre flach-gedrungene Form nicht unähnlich den aus verschiedenen besetzten Gebieten dieser Welt bekannten Humvee-Fahrzeugen der US-Armee.

Die platzierten sich links und rechts der Straße und ich dachte noch »Invasion von der Wega« und dass die keinen mehr durchlassen würden, da entstiegen auch schon fünf oder sechs junge, kurzberockte Frauen mit Flugblättern in den Händen den Jeeps. Bereit zur »Action«, Werbestart für »Deutschlands größtes Wettangebot«, kurz vor Ende des Spiels gegen Costa Rica. Nur die solargebräunten Fahrer blieben als Bewachung bei den Fahrzeugen zurück, Einheitsfrisur à la Robbie Williams, also Entenschwanz auf der Schädeldecke. Gut gewappnet für die Schlacht um neue Kunden. »Unsere Erwartungen werden wir auch dank der WM mit Sicherheit übertreffen«, prognostizierte »Betandwin«-Chef

Marcus Meyer – also deutlich mehr Umsatz als die 1,1 Milliarden Euro von 2005. Und Maik von der Crew nennt sich inzwischen »Mike« mit »I. K. E.«, voll trendy, meint er. Der Zeitgeist dreht sich. »Sportwetten, Casino- und weitere Spielangebote erfreuen sich steigender Beliebtheit und sind Teil des täglichen Lebens und Ausdruck von Lebensfreude«, analysiert »Betandwin« sein Erfolgsgeheimnis. Das Brot-und-Spiele-Konzept funktioniert. Daumen nach oben für die millionenschweren Gladiatoren in den Arenen der Republik.

Nun jubelte Klinsmann, und alle jubelten mit. 4:2 der Endstand. Die erste nationalistische Welle ergoss sich lärmig ins Viertel. Tage drauf folgte Welle zwei mit dem 1:0 in der 92. Minute. Und schließlich endete die grelle »Deutschland«-Party nach dem 3:0 am Dienstag erst nach einer langen, unruhigen Nacht mit Fangesängen vor dem Balkon. An diesem Sonnabend nun das Achtelfinale. Springer kennt schon längst keine Parteien mehr, sondern nur noch Deutsche – kein Mucks über Titan Kahn und dessen FC-bayrische Sponsoren, die Dominatoren des deutschen Fußballgeschäfts. Einheit, Schlüssel zum Erfolg. Deutschland vor, noch ein Tor!

»Schwarz – rot – geil«, die »Farbenlehre des modernen Deutschland«: »Schwarz-rot = Große Koalition; Geil = Lage der Nation«, so *Bild*-Kommentator Claus Jacobi am ehemaligen »Tag der deutschen Einheit« (1954–1990) der alten BRD. Heftiges Fahnenschwenken transferierte diesen 17. Juni, den eingemotteten Gedenkpflichttermin, hinüber ins neue, moderne Deutschland. Kollektives Flaggezeigen als Therapie. Zwar dürfen die Bullen nicht, so ihr oberster Dienstherr, aber sonst alle, die über irgendeinen fahrbaren Untersatz verfügen. Oder einen gesunden Arm. Es winkt und schunkelt wie im »Musikantenstadl«, nur viel ungehemmter. Der Revolutionär G. würde vielleicht sagen: mit einer gewissen Leichtigkeit.

Selbst der Schwabe, den ich vor der Großbildleinwand zwischen Brandenburger Tor und Siegessäule traf, kam völlig locker rüber, trotz seines schwarz-rot-goldenen

Flattertuchs hinten, Winkelementen beidhändig und Bundesadler vorn. Thomas »Tommi« Schmid aus dem Hessischen, im Zivilberuf Bankangestellter, nunmehr außer Rand und Band, hatte in letzter Sekunde ein Ticket für Schweden gegen Paraguay ergattert, war übers Wochenende in der Hauptstadt geblieben und bejubelte nun ein deutsches Tor gegen Ecuador. Der betont sachliche Kommentar, ob seiner sonderbaren Bekleidung: »Wir wollen unsere Farben zeigen können, wie die Italiener und Franzosen auch.«

Und Engländer?, fragte ich weiter, noch »God save the queen« im lädierten Ohr, gegrölt aus Zehntausenden geölten Männerkehlen vor »England-Schweden«. Tags darauf las ich in der Zeitung, dass den Abermillionen Fähnchen – in Billiglohnländern für einige Cent eingekauft, hierzulande für fünf Euro verkauft – weder zu starker Wind, noch zu starkes Winken gut tut: Zumindest den Ruhrschnellweg zwischen Essen und Dortmund schmückte links und rechts der Fahrbahn jede Menge zerfetztes Fahnengut.

Unbeeindruckt feierte das Land sich und seine neue Größe nahezu komatisch weiter, und Fabian Kress aus Schrobenhausen bei München sagte der *Berliner Zeitung* auf einer der vielen vaterländischen Dauerpartys: »Mit dem Gerede über den Krieg muss doch mal Schluss sein.« Zu lange habe sich Deutschland versteckt und sich selbst schlechtgemacht.

Nun telefonierte Jürgen Klinsmann live und öffentlichkeitswirksam vor der versammelten Weltpresse mit den deutschen Soldaten im 5000 Kilometer entfernten »Krisengebiet Afghanistan«. »Ihr macht einen Riesenjob«, lobte der ansonsten in seiner unkomplizierten Gegnerschaft zu *Bild* und Bayern an sich sympathische Dauerlächler die Krieger in der Ferne. Fast im Stile eines Sepp Herberger, Reichstrainer unter den Nazis (1936–1942) und Chef der Landser-Truppe von Bern '54. Derweil bezeichnete ARD-Moderatorin Monica Lierhaus den Stabsfeldwebel am anderen Ende der Leitung und der Welt in Kabul als »Soldatenbundestrainer«.

Ein echter Aktivposten im großen finalen Spielchen namens »Krieg«, in dem unsere Jungs so tapfer kämpfen. Daheim auf dem grünen Rasen und unterwegs lautet die selbstbewusste Parole: Wir werden Weltmeister! Und das deutsche Hauptkontingent in Richtung Kongo startet am 10. Juli, dem Tag nach dem WM-Endspiel.

Vorher zählt allerdings auf allen Schlachtfeldern, auf denen sich deutsche Soldaten tummeln, nur das Wort »Party!« mit Ausrufezeichen. In Bosnien-Herzegowina, Kosovo, am Horn von Afrika, in Afghanistan, wo die Bundeswehrsöldner für einige Zeit vor der Glotze ihre alltäglichen Sorgen und Nöte, die ihnen die Vaterlandsverteidigung am Hindukusch bereitet, vergessen können. Zum Beispiel bei den schon legendären Feten in der Bar »Wolfshöhle« vom Camp Warehouse zu Kabul. »Die Atmosphäre ist großartig, besser als irgendwo anders auf der Welt. Sie verbindet unsere Truppe«, sagt Juliane Machatschek, die immer dann zum Fußballfan wird, »wenn Deutschland spielt«. Die »Blondine« (Sportinformationsdienst) dient als eine von 60 weiblichen Offizieren im Land der Burkas.

Indes waren an der Heimatfront, was die Rolle des weiblichen Geschlechts zu Zeiten des Fußballwahns betrifft, Klagen und Anklagen zu hören. Erst jammerte *Bild* (14. 6.): »Berlins Huren stöhnen! Alle Bordelle überfüllt. In manchen Etablissements müssen die Mädchen wegen der Weltmeisterschaft bereits Doppelschichten schieben.« Dann formulierte deren Chefkolumnist Josef Wagner, die »liebe Monica Lierhaus« würde als »Expertin für die Bauchspeicheldrüse« eine »gute Figur abgeben. Ihr Fußballgeplapper dagegen ist unterirdisch.« Schlussfolgerung des galanten Wagner: »Man sagt, Frauen können alles. Auch Fußball?«

Herzlich willkommen in Deutschland! Hier dürfen sich die »Freunde« genannten Schlachtenbummler aus aller Welt derzeit sogar relativ frei bewegen. Besonders die aus den nahen Nachbarländern Westeuropas, natürlich aber auch Dunkelhäutige oder Gelbe von anderen Kontinenten.

Und Polen. Im Chaos auf dem Dortmunder Hauptbahnhof nach der deutsch-polnischen Begegnung am 14. Juni grüßten germanische Fans ihre, vergeblich auf einen Sonderzug wartenden, slawischen Freunde von jenseits der Oder gastfreundlich mit einem herzhaften Tip: »Da ist ein Zug, der nach Auschwitz fährt.«

Polizeikessel gegen Hooligans oder Nicht-Hooligans gab es bisher erst zwei- oder dreimal. Sie wurden heruntergespielt, um die Feststimmung von Kaiser Franz nicht zu stören, der von Stadion zu Stadion rast und – so schien es zumindest vor dem Bildschirm – kaum eines der 48 Spiele an bisher 15 WM-Tagen verpasste. In Berlin äußerte derweil die Polizei nach dem Überfall auf eine Afrikanerin »Zweifel«, »ob sich der fremdenfeindliche Überfall tatsächlich so, wie von der Frau berichtet, zugetragen hat«.

Nicht den geringsten Zweifel am Coming-out der Kanzlerin als Fanatikerin erster Güte aufkommen ließ dagegen die Bilderserie zum Thema: Merkel, sitzend neben Polens recht trockenem Präsidenten Lech Kaczynski. Sie legte »alle politische und diplomatische Contenance« (*Berliner Zeitung*) ab und führte erstmals ihre sonst private Urschreitherapie öffentlich vor. Zweimal springt der Ball an die Latte und will nicht rein. Wembley wird beschworen, und Angela Merkel renkt sich langsam wieder ein – bis zum deutschen Siegtreffer wenige Sekunden später. Einem Land im Taumel wird von dessen Chefin vorgelebt, was Taumel ist. Die Botschaft heißt: Taumelt, ihr habt allen Grund dazu! Ihr seid erfolgreich wie eure Elf, wie euer Klinsi, wie euer Land. Klinsmann sagt: »Gegen Ecuador geht es auf die Socken« – was soviel bedeutet wie »es gibt auf die Nuss«. Was zählt, sei »der Erfolg«, egal mit welchen Mitteln durchgesetzt. Es lebe Jürgen Klinsmann, der Trainer mit dem Haltbarkeitsdatum, das derzeit noch von einem Spiel zum anderen ablaufen kann!

Nicht so schnell ablaufen wird das herbeigeredete neue deutsche Selbstbewusstsein, wenn selbst Gregor Gysi, »der endgültige Triumph des Kleinbürgers über die

Arbeiterbewegung« (*Der Spiegel*), plötzlich eine Jugend entdeckt, die ein »völlig normales, unverkrampftes Verhältnis
zu ihrem Vaterland« hat. Seine eigene Generation, so Gysi,
habe ein »gestörtes Verhältnis zur nationalen Frage« und
solle »einfach mal den Mund halten«. Ja, hätte er doch...
Der deutsche Normalwerdungsprozess duldet keine Kas-
sandra-Rufe. An diesem Mittwoch ziehe ich trotzdem ein
blaues DDR-Trikot an, ein Imitat, versteht sich, angesichts
der rasant gestiegenen Preise für mancherlei Original.

Auch im 16. Nachwendejahr regt sich der Widerstand,
meist individuell, drinnen und draußen, aber immer mehr
sichtbar: Mein Nachbar beispielsweise hängte schon vor Jahren das rot und schwarz gefärbte Fahnentuch von Inter Mailand und den Anarchosyndikalisten heraus und ergänzte
es pünktlich zum Pokalspiel St. Pauli gegen Bayern um die
schwarze Totenkopffahne von der Reeperbahn. Die flattert
heute noch da und symbolisiert Aufmüpfigkeit. Wie auch die
blutrote sowjetische der Freundinnen einige Straßenzüge
weiter, mit Hammer und Sichel oben links. Vielleicht sogar
die mit drei schwarzen Punkte auf gelbem Tuch, das ich vor
kurzem an einem Auto nahe des Alexanderplatzes sichtete.

Dort tut sich ansonsten wenig. Statt Massendemos wie
zum DDR-Ende Never-Ending-Party. Die einst so Bürgerbe-
wegten befinden sich fest an der Seite der Staatsgewalt und
gehen ihren gut dotierten Jobs nach. Der weichgespülte »rote
Dany« vom Pariser Mai 68 präsentiert sich streng schwarz-
rot-gold: »Einen Nationalismus mit so einem menschlichen
Antlitz hat es selten gegeben. Speziell manche Linke brauchen auch ein bisschen mehr Souveränität im Umgang mit
diesem Bedürfnis nach Identifikation.«

Der Kampf gegen die Miesmacher entwickelt sich. Die
CDU, »empört über Kritik an Nationalhymne«, wittert
Nestbeschmutzer im Gewerkschaftsbereich. »Einige ha-
ben immer was zu meckern«, prangert *Bild* jegliche Kri-
tik an »Deutschland, einig Fußball-Land« an. Manfred
Breuckmann, einst Mittelstürmer der WDR-Mannschaft

aus Düsseldorf und Köln, in der ich auch einige Zeit kickte, landete als »Verlierer« sogar auf Seite eins. Der begnadete Fußballreporter »macht unsere schöne WM mies«. Für ihn käme »patriotischer Habitus« nicht in Frage, hätte er geäußert. Springer teert und federt nicht, Springer rät: »Dann bleib doch zu Hause, Manni!«

Ich traute mich also in DDR-Blau auf die Straße. Gianna Nannini feierte gerade ihren Fünfzigsten. Die hatte schon mal für Greenpeace gegen französische Atombombenversuche demonstriert. Aus dem Radio des türkischen Imbisses um die Ecke dröhnte »Un' estate italiana« von 1990 – ihr erinnert euch: Franz, entrückter Blick, lustwandelt nach dem deutschen Einheitssieg. Deniz, der Besitzer, gehörte zu den wenigen Türken, die ihren Laden nicht schwarz-rot-gold drapiert hatten. Seine Kollegen, auch die kurdischen, sagte er, glauben, sie könnten mit wehenden Fahnen ein besseres Geschäft machen. Und wenn sich die Türkei qualifiziert hätte? Ob ich mich nicht an die langen »Türkiye, Türkiye«-Nächte bei vergangenen Fußballereignissen erinnere, fragte er. Glaubst du, das wäre heute anders?

Mein DDR-Trikot schien ihm egal zu sein. Im Gegensatz zu dem jungen Typen, der *Elf Freunde* auf der Straße verkaufen wollte, »Igitt« sagte und sich wegdrehte zu einem potentiellen Kunden.

Die Verkäuferin von »Kamps« trägt neuerdings einen Button, da steht »Ich liebe unser Team« drauf. Ich nehme ein »Bonjour«-Baguette, und die Frau meint: Stimmt, die DDR war auch nicht schlecht. Hat sogar gewonnen, 1974 in Hamburg. Sparwasser, stimmt's? Auf dem Leninplatz in der Hauptstadt wurden die Reste von Silvester verballert. War aber anders als heute.

Lieder durch die Zeiten: Hannes Wader, Havanna 1978, Weltfestspiele der Jugend und Studenten

ABSCHIED VON DER LANDSTRASSE

»Für die Verdammten und für das Salz der Erde«: Hannes Wader auf seiner letzten Tournee. Seine Lieder werden die Zeiten überdauern. Nachtrag: Prüfstand DDR in der Talkshow

Noch einmal zurück an der B5. Die Landstraße zwischen polnischer und dänischer Grenze führt direkt an Theodor Storms »Grauer Stadt am Meer« vorbei und durchschneidet – ein Dutzend Kilometer weiter nördlich – den Ort Struckum. Dort verbrachte Hannes Wader in der 1806 errichteten Windmühle »Fortuna« von 1973 an ein Vierteljahrhundert seines Lebens. »Die längste Periode an einem Platz überhaupt« sei das gewesen, erzählt er nun und begrüßt das Publikum in der seit Monaten ausverkauften Husumer Kongresshalle mit einigen Sätzen auf Plattdeutsch.

Abschied vom Tourleben, das – zumindest in Nordfriesland – zwei Stunden später mit einer herrlich anrührenden Version des melancholischen »Min Jehann« von Klaus Groth (1819–1899) enden wird. Eines von 21 Liedern dieses denkwürdigen Abends im November 2017 nahe der Nordsee. Die Standing Ovations auch nach der vierten Zugabe zeigen, was Wader denen bedeutet, die ihn an diesem Abend nicht von der Bühne lassen wollen.

Seit Bob Dylan 2016 – also 50 Jahre zu spät, um die Herrschaft mit seinen Gesängen noch durcheinanderzubringen – den Literaturnobelpreis erhielt, stellt sich die Frage nach dem Umgang mit vertonter Dichtung von allein. Wader hatte diesbezüglich schon vor über vier Jahrzehnten in seinem Lied »Kleines Testament«, angelehnt an seinen Inspirator François Villon (1431–1463), einen bitterbösen Hinweis darauf gegeben: »In Deutschland, der Kulturnation / Schätzt

99

man den Dichter immer schon / – Betrachtet man es mal genau – / Nicht höher ein als eine Sau.«

Als am 14. November 2011 der Romancier und Dichter Franz Josef Degenhardt verstarb, sonderte die Redaktion der *Tagesschau* eine Vier-Zeilen-Meldung ab. Länge: 25 Sekunden – das war alles über den Mann, der die Kultur im Nachkriegsdeutschland (West) wie kaum ein anderer geprägt hatte. So, genau so wäre es den literarischen Hochkarätern Georg Büchner (1813–1837), Heinrich Heine (1797–1856) und Georg Weerth (1822–1856) zu ihrer Zeit ergangen, getrieben ins Exil, in die Schweiz, nach Frankreich, Kuba, Revolutionäre des Aufbruchs. Sie hatten sich getraut.

Davon, vom aufrechten Gang, handelte Hannes Waders Autobiografie, wäre sie denn geschrieben: vom Dasein in bewegten, erlebten, gelebten, von Ungemach und Widersprüchen, von »Stiefeltritten, Schlägen, allem Gram« durchzogenen Jahrzehnten. Aber auch von der Hoffnung auf den Sturm, der aufkommen möge – »alle Furcht vergessend und keinem bricht der Sturm das Zungenbein / Doch ihre Schreie packt er und die werden / dann überall im Land zu hören sein«. Wader verzichtet auch in Husum nicht auf »Schon morgen«, einen lyrisch-poetischen Song von 1973, geschrieben in Nordfriesland, wie er sagt, »zur Begrüßung«.

Der Sound des Aufruhrs hatte längst eine ganze Generation erfasst und entwickelte sich weiter. Ein ständiges Suchen nach mehr, nach neuem Stoff, musikalisch wie textlich, dominierte zunehmend die Kultur der zweiten Hälfte der Sechziger und der ersten Hälfte der Siebziger. Wader sang an gegen die ätzende »Langeweile« des Gestern: »Kein Regen, kein Schnee, keine Sonne, kein Wind / Alles grau, schwül und stickig, die Fensterscheiben staubblind / Eine Stadt, in der alles stinkt, wo alles spuckt und kracht und raucht / Eine Stadt, deren Namen man nicht zu kennen und die man nie gesehen zu haben braucht.«

Die Liedermacher, wie die Autoren, Komponisten und Interpreten ihrer Texte in einer Person genannt werden, waren die Dichter dieser Zeit. Der Avantgardist Wader, einer der schöpferischsten unter ihnen, vermochte es, spitzzüngig, mit messerscharf gesetzten Worten die Lage zu sezieren. Es gelingt ihm heute immer noch, soziale Milieus exakt darzustellen, wie 2005 das tragische Schicksal von Tante Sophie; ein Text von erschütternder Unfassbarkeit:

Und schon gleich am Tag nach ihrer Hochzeit hat Tante Sophie / von ihrem Mann halb totgeschlagen, den Verstand verloren / denn als sie danach schwer verletzt aufwachte, lachte sie / Hinkte später oft mit hoch geschürzten Röcken, zierlich kleinen / Tangoschritten auf und ab, du sahst an ihren Beinen / die Blutergüsse, Striemen, frische Wunden, alten Schorf / Doch Sophie in ihren Holzschuh'n / tanzte lachend durch das Dorf.

Oft erfand er skurrile, jegliche Konventionen brechende Geschichten. Im legendären »Tankerkönig«, einem fesselnden Talkin' Blues im Stil Woody Guthries, erzählte er davon, wie sein Protagonist an den Verhältnissen verzweifelt, ausklinkt, mehrere Banken knackt, verschwindet, sich schließlich in seiner Ratlosigkeit auf einer spiritistischen Sitzung eine Verbindung zu Che Guevara herstellen lässt. Als ihn dieser eher mitleidig fragt, ob er noch nie etwas »von organisiertem Klassenkampf gehört« hätte, zitiert Wader bereits die politischen Debatten jener Tage. Das 1972 von der Story, Part one, angefixte Publikum konnte kaum Part two erwarten, der dann als »Der Putsch« 1976 erschien. Ein Werk von insgesamt über 30 Minuten Länge, Dokument der Phantasie, das der Wirklichkeit mit ihren Gefühlen und Sehnsüchten nahe kommt. Es machte Furore.

Die Verhältnisse sorgten dafür, dass der junge Mann aus der ostwestfälischen Provinz, mit seiner krummen Nase, ein Außenseiter ohne Schlag bei den Mädchen wurde, ein »einzelner Spinner« (Wader). Viele seiner Lieder tragen autobiografische Züge, berichten davon, wie er aufwuchs auf dem Lande und was er erlebte dort, und auch, dass er lernte, sich zu wehren, wie in »So was gibt es noch« von 1979, vor allem aber, warum er sich der gesellschaftlichen Normierung widersetzte.

Und Hannes Wader, der bis heute von sich behauptet, er sei eher unpolitisch gewesen, begriff erst nicht so ganz, warum ihm nach seinem Auftritt 1966 auf Burg Waldeck die Leute an den Lippen hingen; er mochte es kaum glauben, dachte, die tausend Zuschauer, die »Zugabe« verlangten, nähmen ihn auf den Arm. Doch war der Beifall tatsächlich ehrlich gemeint und Wader traf nicht nur die Größen seiner Zunft, Dieter Süverkrüp, Franz Josef Degenhardt, Hans-Dieter Hüsch – er selbst erregte Aufsehen.

Reinhard Mey, wie Wader Jahrgang 1942, war dabei. »Und diesmal kam vor den Stars mit langen Schritten ein großer, schlaksiger Junge mit Baskenmütze auf die Bühne und sang zu einer mit filigraner Leichtigkeit gespielten Gitarre ›Die Blumen des Armen‹. Ich saß und hörte, ich rührte mich nicht: Da sang einer das, was ich schon immer in unserer Sprache hören wollte, das waren die klaren, einfachen, sanften und zugleich harten Worte, das waren die reinen volksliedverwandten Melodien, die aus der Kindheit, vielleicht aus der Nacht der Zeiten in uns allen klingen. Seine Worte und Melodien verbanden sich, von seiner kräftigen Stimme getragen, zu einem überwältigenden Gesang – Hannes Wader!« (*FAZ*, 2.1.2017)

Von der Burg aus fahren sie zusammen in Meys Käfer zurück nach Westberlin, wo sie musizierend durch die Kneipen ziehen. Es sei eine »verdammt harte Schule« gewesen, »die wir da durchliefen«, erinnert sich Mey. Gut zwei Dutzend Auftritte in der Woche. Nach und nach wird Wader zum Chronisten, der mit unverwechselbarer Stimme und Talent Erlebtes beschreibt und verdichtet und so das Lebensgefühl jener Tage einfängt. Bald läuft er im Radio.

Derweil modert das Überkommene vor sich hin. Verinnerlichte Hierarchie einer scheinbar heilen, doch so verlogenen

Welt der Stalingrad-Veteranen, Marlene- und Knef-Hasser, die ihren latenten Antisemitismus trotz aller gegenteiligen Bekundungen, nichts gegen Juden zu haben, durch Stöhnen zeigen, wenn Esther und Abi Ofarim auf der Mattscheibe zu sehen sind.

Später trat Mey dann mit Waders »Begegnung«, das zweite selbstgeschriebene Lied von Anfang der Sechziger, beim Festival im belgischen Seebad Knokke auf, übersetzt ins Französische. »Un petit peu irrégulières«, ein klein wenig schief die schneeweißen Zähne, und wunderbar die Sommersprossen, die er gerne zählen würde. Wader singt in Husum eine Strophe Meys auf Französisch. Der Song sowie »Die Blumen der Armen« erscheinen dann auch auf Waders erster LP (»Wader singt ...«) von 1969.

Knut Kiesewetter, überzeugt von Wader, hatte ihn angesprochen, ging bei den Plattenfirmen Klinken putzen und produzierte nach mancher Abfuhr dann tatsächlich die ersten drei äußerst erfolgreichen Platten des nun bekannten Liedermachers. Die Alben legen Zeugnis ab von einer gesellschaftlichen Phase, in der zwar der Rahmen des entwickelten Kapitalismus nicht gesprengt, aber doch erschüttert wird. Die schrägen, vorher nicht gedachten Gedanken rühren an den Systemgrenzen.

Die psychoanalytische »Arschkriecher-Ballade«, ein drastischer, geradezu sensationell radikaler Song, handelt vom Anpassungsdruck an das Vorhandene, der bewirkt, dass sich die kleinbürgerliche Existenz immer wieder aus sich selbst heraus reproduziert. Dem jungen Mann wird der Wunsch eingeredet, ein schöner Arschkriecher werden zu wollen wie die anderen, die Glattgesichtigen. Wenn er wie die sein wolle, solle er sich nur an seinen Vorgesetzten halten, wird dem Jungen geraten, »kriech ihm einfach hinten rein! / Das übst du fleißig, bis sich dein Profil schön sanft und glatt / an der Darmwand deines Vorgesetzten abgeschliffen hat.«

Dass der Junge »als Afterkriecher völlig ungeeignet war«

und zudem mit der scharfen Krümmung seiner Nase »dem Vorgesetzten nicht allein den Schließmuskel geritzt / sondern ihm auch noch der Länge nach den Mastdarm aufgeschlitzt« hatte, ermutigte seinerzeit Waders Hörerschaft. 1971 lief der Song im Radio und elektrisierte die Zuhörerschaft. Mitgeschnitten auf dem Telefunken-Vierspur-Tonbandgerät M 203 wurde es Dutzende Male kopiert und hundertfach abgespielt.

Der politische Liedermacher Wader hat sicher recht wenn er sagt, angesichts der »Haken, die ich geschlagen habe, und der Beleidigungen und der Angriffe, die ich auf Institutionen und Personen dieses Staates losgelassen habe«, sei die »Tatsache, dass ich noch da bin, schon ein Glücksfall«. Glück gehabt? Die Gewalttaten gegen ihn handeln von anderem, von ausgeschlagenen Zähnen, Verhaftung, Medienboykotten, Ächtungen und üblen Beschimpfungen – sie handeln davon, dass dieser ach so zivilisierte und demokratische Staat kein Papiertiger ist.

So geriet der Künstler – ungewollt und eher zufällig – manches Mal in physische oder psychische Konfrontation mit denen, die ihn kritisierten. Am Tag nach dem lebensgefährlichen Attentat auf Rudi Dutschke im April 1968 in Westberlin auf dem Kurfürstendamm wurde Wader an der Kochstraße von Polizisten attackiert: »Einer von ihnen haute mir mit dem Schlagstock die Schneidezähne weg. Keine gute Sache für einen Sänger«, wie er im *SZ-Magazin* (5/2015) leicht sarkastisch bemerkte und so die fatalen Folgen für ihn und seinen Umgang mit Sprache andeutete. Seine dunkle, feste wie melodiöse Stimme indes blieb unverletzt und entwickelte sich im Laufe der Jahrzehnte weiter – unter anderem geschult an Liedern von Franz Schubert und Carl Gottlieb Bellmann. Dass der Raucher seinen Konsum von täglich etwa 80 Gitanes ohne Filter auf null brachte, wirkte zudem förderlich.

Anfang der Siebziger dann, nunmehr in Hamburg, überlässt er einer Frau, die sich als NDR-Reporterin ausgegeben hatte, seine Wohnung. Es war Gudrun Ensslin, Mitglied der RAF, Wader wusste nichts. Nach Rückkehr von einer mehrwöchigen Tramptour durch Europa wird er von der Bühne weg verhaftet. Der Schock wirkt nach, und Wader versucht weiter, das Thema zu verdrängen; ohne die Solidarität der Künstlerszene, so heißt es, wäre er damals weg gewesen vom Fenster.

Den mehr als fünf Jahren auf den schwarzen Listen von Hörfunk und Fernsehen folgte 1977 eine weitere Ächtung als DKP-Mitglied. Wader dazu: »Auf meinen Parteieintritt reagieren die Medien erneut mit Boykott, diesmal so wirksam und langanhaltend, dass die jetzige Redakteursgeneration mit meinem Namen kaum noch was verbindet.«

Nicht nur für den Liedermacher begannen dann seit 1982 mit der geistig-moralischen Wende düstere Jahrzehnte. Es folgten der Untergang der DDR und eine schleichende Verödung der Kultur. Ende nicht in Sicht. Wader erwischte die nahezu durchgängige Ignorierung und Negierung seines Werks kalt. Die schöpferische Krise hält lange an. Dass er noch da ist – tatsächlich ein Glücksfall.

Ein neues Kapitel seiner Künstlerkarriere hatte der Liedermacher bereits Mitte der Siebziger aufgeschlagen, als er sich traditionellem Liedgut widmete, es entstaubte und so auf die Höhe der Zeit hob. Einst missbraucht von den Faschisten oder sonst welchen fürchterlichen Parteigängern des deutschen Militarismus, bringen Wader und Freunde Kultur von unten auf die Bühne: »Plattdeutsche Lieder«, Lieder aus dem Vormärz, die vom Aufbegehren gegen Könige und Krieg erzählen, »Arbeiterlieder« aufgenommen in einem überfüllten Zelt mit kämpferisch gestimmtem Publikum auf dem UZ-Pressefest 1977 in Recklinghausen, auch »Shanties« von der Arbeit an Bord.

In der Mühle »Fortuna« wird »Dat du min Leevsten büst«, eines der schönsten Lieder in plattdeutscher Sprache überhaupt, neu interpretiert – im Original und übertragen ins Englische, gesungen zu Gitarre, Banjo, Geige, den

Instrumenten, die die Folkbewegung aus Irland und England, Wales und von Übersee nach Struckum mitgebracht hat: zwei innovative, mehrtägige Sessions in der Mühle mit illustren Volksmusikern aus allen möglichen Gegenden, Derroll Adams, Davey Arthur, Alex Campbell, Guy und Candie Carawan, Finbar Furey, Wizz Jones, Werner Lämmerhirt, Jörg Suckow, Matthias Raue, Ramblin' Jack Elliott, John Faulkner, Dick Gaughan, Andy Irvine, Dolores Keane, Danny Thompson. Wader machte zusammen mit seinen Gästen als »Folk friends«, wie die beiden Doppelalben mit den unvergleichlichen Zeichnungen von Gertrude Degenhardt auf dem Cover heißen, aus alt neu und bewahrte so das Alte. Von Wader aufgeführt, häufig begleitet von herausragenden Musikern wie Lydie Auvray (Akkordeon), Hans Hartmann (Bass), Reinhard Bärenz (Gitarre).

Die Liedermacher schrieben Texte zur Lage und es schien Kleinbürgertum und Bourgeoisie mit ihren Ritualen, Sitten und Gebräuchen mehr und mehr an den Kragen zu gehen. Mindestens die alte Lebensweise stand zur Disposition, und diejenigen, die das »nicht verstehen können« (Bob Dylan), zeigten sich entsetzt und schlugen handfest zurück. Vor allem ein millionenfach praktizierter Gesinnungs-TÜV sorgte für Misstrauen und Angst – trotz Grundgesetz und alledem »drückt man uns mit Berufsverbot die Kehle zu, trotz alledem«, singt Wader unter Berufung auf das Gedicht von Ferdinand Freiligrath aus dem Vormärzjahr 1843.

Noch hofft Wader, »dass sich die Furcht in Widerstand verwandelt« (»Trotz alledem 2«). Als Mitglied der DKP singt er vor Fabriktoren, auf politischen Meetings, ist auf der B5 unterwegs nach Wilster, Auftritt im Saalbau »Colosseum« beim »Danz op de Deel« gegen das Atomkraftwerk in Brokdorf – eine Veranstaltung wie diese hat der Ort zehn Kilometer von dem damals geplanten Werk in seiner Geschichte noch nicht erlebt. Wie auch Itzehoe nicht, zehn Kilometer weiter in Richtung Hamburg: Wader singt dort vor Zehntausenden auf den Malzmüllerwiesen.

Der Anti-AKW-Bewegung folgt der Kampf gegen die Stationierung der atomaren Mittelstreckenraketen, Wader dichtet nicht nur den »Traum vom Frieden«, sondern nach Eric Bogles Song »Green Fields of France« mit »Es ist an der Zeit« ein phantastisches, zu Tränen rührendes, Wut und Widerstand herausforderndes Werk, »das wichtigste und ergreifendste aller Lieder, die ich kenne«, wie Reinhard Mey 2013 in seiner Laudatio für seinen Freund sagte: Hannes Wader hatte nun doch noch eine Auszeichnung, den »Echo« für sein Lebenswerk in der Kategorie Liedermacher, erhalten.

Obwohl er immer da war, wurde er sozusagen wiederentdeckt – die Auftritte mit Klaus Hoffmann, Mey, Konstantin Wecker trugen dazu bei, dass auch die Toten Hosen »Heute hier, morgen dort« in einer Punkversion spielen.

Wader wie auch Degenhardt könnten »nicht als parteipolitische Künstler bezeichnet werden, denn ihre künstlerische Autonomie steht zu keinem Zeitpunkt in Frage«, schreibt Marc Sygalski in seiner wissenschaftlichen Qualifikationsarbeit über »Das politische Lied in der Bundesrepublik Deutschland zwischen 1964 und 1989«. Trotzdem trifft den Liedermacher, wie er selbst es formuliert, »die Implosion der kommunistischen Welt, über zwölf Jahre meine weltanschauliche Heimat«, schwer. Er verlässt die Partei 1991, Zweifel hatte er – vor allem nach Tschernobyl und den DKP-internen Flügelkämpfen – schon länger. Innerlich verabschiedet er sich nach und nach davon, Parteikommunist zu sein, wollte aber »kein Spektakel« machen. »Mir hat es nie gefallen, wenn Leute mit Pauken und Trompeten die Seite wechseln«, sagt er.

Wolf Biermann lästerte ewig über »rote Brause« in den Köpfen – Hannes Wader bekam damit häufiger zu tun, dass ihn der Mann aus dem roten Backstein-Bürgerhaus nahe der Hamburger Elbchaussee beschimpfte und beleidigte – wie bei den Ruhrfestspielen in Recklinghausen, wo die beiden Liedermacher nacheinander auftraten. Ein Fanatiker gegen links, Oberlehrer aus Springers reaktionärer *Welt*-Garde, der sich in der Jauche eingerichtet hat, versehen mit einer Medienpräsenz, die ihresgleichen suchte und immer noch sucht.

Mit Wader hat das nichts zu tun. Das Schöne an der Geschichte des Sängers ist, dass sie zwar aus Höhen und Tiefen, Aufstieg und Absturz, Erkenntnis und Verwirrung, aus Sehnsucht und Enttäuschung, kurz: aus der Dialektik des Seins besteht; dass er aber trotz aller Zweifel und Verzweiflung und Brüchen und historisch betrachtet manchmal deprimierenden Niederlagen auf festem Grund steht. Kein Arschkriecher, kein Renegat, kein schärfster Kritiker der Elche. Wader kippte nicht unter dem Druck von Enttäuschung und Desillusionierung – wie damals so oft üblich – seine Erkenntnisse über Bord. »Meine sozialistischen Grundüberzeugungen bleiben im Kern unberührt, zumal sich meiner Ansicht nach die Verhältnisse durch die ›Wende‹ nicht verbessert haben.«

Davon und zugleich »für die Verdammten und das Salz der Erde« singt er. Auf dem Konzert in Husum bringt er nach den »Moorsoldaten«, das er in Angedenken an den 2012 verstorbenen ehemaligen Häftling im KZ Börgermoor Hans Lauter spielt, auch seine dritte Version von »Trotz alledem«. Er zitiert den Multimilliardär Warren Buffett, der vom »Klassenkampf« spricht und dass seine Klasse dabei sei, »ihn zu gewinnen«. Wenn er registriere, so Wader, dass die reichsten sieben Männer der Erde mehr besitzen als die Hälfte der Weltbevölkerung zusammen, packe ihn »das nackte Entsetzen«. Es scheine tatsächlich, als setze sich »das Kapital in seiner Gier und alledem« durch, das Kapital, das sich unaufhaltsam »über unseren Planeten legt / Überwältigt und beiseite fegt«. Waders Hoffnung gegen die Resignation: »Ein Sozialismus müsste her / Mit neuem Schwung und alledem / Denn wenn der wie der alte wär' / Würd's wieder nichts, trotz alledem.«

»Südlich der Eider« würden ihn die Leute, sagt Wader, immer noch als »Nordfriesen« betrachten, und tatsächlich wurde hier in Husum seine Tochter Louise geboren. Und so manche seiner Lieder, für damals und für die Zukunft, entstanden hier. Nun sei er »entschlossen, das Tourleben für immer zu beenden«. Weiter schreiben indes will er.

Der Abend neigt sich dem Ende zu, dem Streifzug durch sein Werk folgen die Zugaben »Bella Ciao«, das er zurückhaltend interpretiert und so die häufig übliche fröhlich-zuversichtliche Komponente vermeidet, und der makaber-witzige Evergreen »Cocaine«. Standing Ovations auch für Pete Seegers »Where have all the flowers gone« auf Deutsch (»Sag mir, wo die Blumen sind«), das an sich niemand je besser vortragen wird als Marlene Dietrich. Und doch geschieht etwas Besonderes: Die Toten Hosen haben ihren Tourbus nach Husum gesteuert, um Wader noch einmal live on stage zu erleben – ein Geschenk, das Konzert, sagt Sänger Campino. Jetzt spielen sie zusammen Seeger unplugged.

Draußen vor der Messehalle weht ein nasskalter Wind. Die B5 führt über den Nord-Ostsee-Kanal, Itzehoe und Hamburg nach Berlin und dort, am Bahnhof Berlin-Basdorf, weist ein Schild auf das einstige Zwangsarbeiterlager hin. Die Gefangenen, unter ihnen der französische Dichter Georges Brassens, bauten für BMW im Zweiten Weltkrieg Flugmotoren. Brassens' Chansons wiederum machten Wader zum Liedermacher.

Nachtrag

Gesellschaftspolitische Wenden waren immer in kulturpolitische eingebettet. Die Person des Liedermachers steht dafür wie nur wenige; den Artikel »Abschied von der Landstraße« übernahm Hannes Wader auf seiner Website, was mich auch deswegen freut, weil ich Teile der Geschichte selbst erlebt und – mit Waders Liedern – gefühlt habe.

Musik ist nicht alles, aber ohne Musik geht alles schlechter. In den siebziger und achtziger Jahren wurde sie und mit ihr so mancher Künstler, der nicht ins Konzept passte, medial nahezu vollständig boykottiert – was sich im Fall des Liedermachers Wader hemmend auf die Kulturentwicklung auswirken musste. Die Folgen waren spürbar: Kritische Töne wurden – nach dem Aufbruch der Jugendkultur in den Sechzigern – seltener. Sie hätten den Betriebsablauf in Vorbereitung der geistig-moralischen Wende 1982 zu stark gestört.

Darüber schwieg Talkshowguru Giovanni di Lorenzo noch Jahrzehnte später, als er zwar Hannes Wader eingeladen hatte, doch keinerlei Reflexion der Geschichte zuließ. 2012 war das. Offenbar unter dem Eindruck wieder wachsender, öffentlicher Wertschätzung landete Wader also im Studio und bekam das zu hören, was immer und immer wiedergekäut worden war: »Wie kam ein Freigeist wie Sie, der so unabhängig war, in den Schoß der Deutschen Kommunistischen Partei, damals gesteuert und finanziert von der DDR?«

Irgendwann schaute Wader zu di Lorenzo hinüber, vergeblich: Der würde niemals auch nur ansatzweise verstehen, worum es ging und geht, historisch und also auch aktuell nicht, weil er nicht weiß, worum es ging und geht hier und auf der anderen Seite der Welt, auf der Krieg herrscht und Unterdrückung. Di Lorenzo, ein Zuspätgekommener, Jahrgang 1959, fragt weiter und Wader, der merkt, dass der Hase wie immer läuft, sagt ihm: »Kommen Sie nicht auch noch auf dieses Thema, Baader-Meinhof und so weiter ...«

Das muss. Der *Zeit*-Chefredakteur, Mitherausgeber des nun schon ewigen Westberliner Frontstadtorgans *Tagesspiegel* und Gründungsmitglied eines Fördervereins der Stasi-Gedenkstätte Hohenschönhausen lässt sich nicht vom bewährten Schwarz-weiß-Konzept abbringen. Alle unverbesserlichen, reparaturresistenten Vorurteile müssen abgerufen werden, auf dass kein gutes Haar am Dichtersänger und dessen Werk bleiben möge.

So hoffen sie, wohl wissend, dass ihr überkommenes Weltbild ständig propagiert werden muss, weil es längst von der Wirklichkeit überholt worden ist. Auch im Fall Wader, der – Schande! – auf dem Festival des politischen Liedes Friedenslieder gesungen hat und live im Ost-Fernsehen aufgetreten ist.

Minderjährig zwangsverheiratet: Sophie Charlotte, Königin von England

»BORN TO BE KING«

Der Prinz von Mirow: Wie der Adel die Arbeiterklasse mit Hilfe der FDP verdrängte. Impressionen aus einer kleinen mecklenburgischen Stadt

Plötzlich regnete es Euroscheine. Sie schaukelten im Wind aus der Krone einer alten, mächtigen Eiche herunter auf den Wiesenboden nahe des Mirower Sees. Und die zufälligen Spaziergänger, die sich zunächst doch gewundert hatten? Sie stopften sich nicht etwa die Taschen voll, sondern verständigten die Polizei. Und als sie dann später zur Besinnung gekommen waren, war es zu spät. Das Geld war behördlich eingesammelt und weggeschlossen worden – was indes nichts daran änderte, dass der Ort des Geschehens kurzzeitig weltberühmt wurde.

Mirow – seltsame Frau-Holle-Stadt »just for one day« oder drei im Brennpunkt, vielerorts intensivst belächelt, und das alles, weil ein Campingplatzbesitzer sein angehäuftes Vermögen vor der Ehefrau oder dem Fiskus oder wem immer verstecken wollte, es in einen Gummischlauch stopfte, dessen geklebte Naht dann in der Sonne schmolz wie das Wachs an den Flügeln des Ikarus. Das war im Sommer 2015.

Danach war wieder alles, wie es schon seit Jahrhunderten gewesen war: Der »Ort des Friedens« – vom slawischen »Mirov« – sank zurück in den gewohnten Betriebsstatus aus einer gewissen Gemächlichkeit und Sturheit, die sich im Laufe der Evolution zu einem Wesenszug der Alteingesessenen entwickelt hatte. Dieser konnte durchaus wegen seines individuell eher ruhigen, manchmal aber ruppig wirkenden Charakters als Abneigung Fremdem gegenüber – und leider auch Fremden – missverstanden werden; musste aber nicht. Jedenfalls hatte der Gesamtzustand von Mensch und

Natur bereits, neben anderen, Bismarck zu der Feststellung gebracht, dass er, falls denn die Welt unterginge, nach Mecklenburg ziehe, weil: »Da geschieht alles 50 Jahre später.«

Was also war da bloß los – beziehungsweise nicht los? Der Schlüssel zu einer Antwort findet sich auf einem golden in der Sonne glänzenden Schild auf der Schlossinsel, befestigt an einem opulenten Findling mit dem eingravierten Datum 22.3.1897. Es zeugt davon, dass Mirow nicht fünfzig Jahre der Zeit hinterherhinkt, sondern dass inzwischen Personen agieren, die nach dem Ende der sozialistischen Phase direkt zwei Gesellschaftsformationen zurückgesprungen sind in den Feudalismus, als der Kaiser noch Geburtstage von Verwandten feiern ließ, obwohl diese schon längst das Zeitliche gesegnet hatten. Also verkündet das Schild in nicht gerade bestem Deutsch: »Am 22. März 1897 fand in ganz Deutschland eine Feier zum einhundertsten Geburtstag statt« – und zwar von Kaiser Wilhelm I. (1797–1888), Sohn der Königin Luise v. Preußen, Prinzessin von Mecklenburg-Strelitz und insofern durchaus mit Mirow als dem ehemaligen Sitz des Herzoghauses verbunden.

Hier gedenkt also – wer immer – dem »Kartätschenprinzen«, der seinen Beinamen erhielt, weil er die bürgerliche Revolution von 1848/49 zusammenschießen ließ. Danach machte er Karriere als »Repräsentant der reaktionärsten Kräfte am preußischen Hof« *(Meyers Neues Lexikon)*. Noch später als erster gesamtdeutscher Kaiser des zweiten deutschen Reiches – zwei Attentate auf ihn waren gescheitert – sorgte sein Kanzler Bismarck für die »Sozialistengesetze«, mit denen die Sozialdemokratie illegalisiert und verfolgt wurde.

Sonderliches Mirow. Gelegen im hohen Nordosten, etwa auf halber Strecke zwischen Ostsee und deutscher Hauptstadt, kommt man bereits auf dem Weg dorthin nicht am deutschen Adel vorbei. Anreisend über die alte Residenzstadt Neustrelitz, vorbei an deren Hafen und einem Slawendorf aus dem siebten Jahrhundert, führt die Straße vor dem Ort Lindenberg über den Kammerkanal. Auf dem Rastplatz

direkt hinter der Brücke wartet ein erster gewichtiger Stein –
der Adel steht offenbar auf Felsbrocken – inklusive bedeu-
tungsschwangerer Gravur. Er erinnert an Adolf Friedrich
VI., dessen Leichnam eben an dieser Stelle am 24. Februar
1918 aus dem kalten Nass gezogen worden war.

Über die Todesumstände gerade mal 35 Jahre nach Geburt
des reichen Junggesellen, dessen Brust eine Schusswunde
aufwies, gibt es Spekulationen, aber keine Gewissheit. Es
hieß, Selbstmord läge nahe, der Großherzog sei depressiv
gewesen, über eine gleichgeschlechtliche Beziehung wurde
ebenso spekuliert wie über die Leidenschaften des Glücks-
spiels. Jedenfalls wurden die sterblichen Überreste nicht in
der traditionellen Fürstengruft zu Mirow bestattet, sondern
auf der »Liebesinsel« in Schlossnähe.

»Tempora mutantur«, die Zeiten ändern sich, doch nicht
unbedingt zum Besseren. Acht Jahrzehnte sowie mehrere
deutsche Staaten später stiftete Seine Hoheit (S. H.) Herzog
Georg Borwin zu Mecklenburg, Bundeswehr-Hauptmann,
bis 2009 CDU-Chef im bayrischen Hinterzarten sowie Pro-
tektor des Ritterordens »Der Greif«, seinem Vorfahren den
Gedenkstein. Adolf Friedrich habe »ein Leben zwischen
Pflicht und Muße, Endzeit und Umbruch« geführt, steht darauf, leicht mystisch anmutende Worte, und in der Tat schien
acht Monate nach Ableben des Großherzogs mit dem Ende
des Ersten Weltkriegs auch der Untergang der Feudalherr-
schaft gekommen. Was dann allerdings zunächst weitgehend
ausfiel und erst nach dem zweiten großen Krieg – zumindest
im östlichen Teil Deutschlands – im Zuge der »Bodenre-
form« wahr werden sollte. Vorübergehend.

Heutzutage weist der Umgang mit dieser Geschichte etliche weiße Flecken auf: Dominierte in der DDR noch die
historisch-materialistische Sicht auf die feudalistische Pro-
duktionsweise inklusive Leibeigenschaft, das Elend der
Kriege und von Epidemien, Hunger und Folter, so bereichert
inzwischen mehr und mehr eine bunte Palette von Nuancen
höfischen Lebens eine heile Welt aus Zahlen und Namen die

Stories von »früher«. Selbst die Torten im Schlosscafé sind nach gekrönten Häuptern benannt, was sicherlich umsatzfördernd, vielleicht sogar verdauungsanregend wirkt.

In der gelebten Wirklichkeit zelebrieren die Nachfahren des Herzogshauses bereits seit 1996 jeweils am vorletzten Sonnabend im August gar einen »Gedenkgottesdienst«. Also segnete Pfarrer i. R. Bernhard Szymanski 2015 in seiner Predigt zum zweihundertjährigen Jubiläum des Wiener Kongresses, der der Fürstenmacht neuen Auftrieb und vor allem noch mehr Landbesitz verschafft hatte, die ganze Sippschaft. Schwere Zeiten lägen hinter der Familie, meinte der Pastor mitfühlend, »der Kommunismus« sei ein »Verführer« gewesen und noch immer gehörten 80 Prozent der lokalen Bevölkerung nicht der Kirche an. Doch hätten sich die Fürsten »immer verantwortlich gefühlt für das Land«. Schließlich resümierte der Geistliche noch, dass »wir Deutsche stolz sein« könnten auf unsere Geschichte.

Apropos Geschichte: Wer das nicht gerade schöne, doch immerhin vorhandene Mirower Denkmal für Clara Zetkin besucht, der Freundin Rosa Luxemburgs und letzten Alterspräsidentin des Reichstags, wendet sich ob dessen Zustands mit Grausen ab. Und wer am Gedenkstein, errichtet Ende der fünfziger Jahre, auf dem 1938 in der Reichspogromnacht von den Nazis verwüsteten jüdischen Friedhof an der Lärzer Straße Blumen niederlegen möchte, muss nicht nur lange suchen – kein Hinweis nirgends –, sondern findet die Zugangstüren verschlossen. Ebenso wie die Gedenkstätte für die in der Region noch kurz vor der Befreiung Deutschlands vom Faschismus gefallenen 23 Rotarmisten. Zudem wirkt der kleine Friedhof nebst Mahnmal mit Stern obendrauf – interessanterweise platziert direkt vor dem Kriegerdenkmal für die deutschen Toten der Weltkriege –, als hätte er Pflege nötig.

Merkwürdiges Mirow. Wenn in den wärmeren Jahreszeiten der Tourismus an der berühmten Seenplatte boomt, wälzen sich Autokolonnen durch die ehemalige Ernst-Thälmann-Straße, die nun – Phantasie an die Macht! – »Strelitzer

Straße« heißt. Zudem zeichnet die Stadt eine beachtliche LKW-Dichte aus. Die Brummis schlängeln sich in und aus Richtung Polen über die kurvige Strecke, die seit Jahren einmal im Monat durch eine rührige Bürgerinitiative für eine halbe Stunde aus Protest und mit Unterstützung lokaler Dorfsheriffs blockiert wird. Inzwischen wurde eine Teilgenehmigung für den Bau einer Umgehungsstraße durchgesetzt, doch stehen gerichtliche Entscheidungen aus, so dass ein erster Spatenstich bisher ausblieb.

Also hängen in Mirow wie auch in anderen Städten, durch die die Bundesstraßen 96 – in der DDR »F96« – und 198 führen, an den zerfallenden Resten von ehemals durchaus stattlichen Gebäuden Transparente wie »Lärm, Staub, Gestank – machen uns alle krank« oder »Uns reicht es« oder »Mensch, Tier und Haus, halten es alle nicht aus«. Auf die Idee indes, den Güterverkehr zurück auf die Schiene zu bringen, kommt heutzutage kaum noch jemand. Zumal die Schildbürger aus den Planungszentren der Bürokratie Schienen über Dutzende Kilometer herausreißen ließen und als Altmetall verkauften.

Die Strecke Richtung Rechlin ist seit langem stillgelegt wie die dortige Werft. Dorthin fuhren einst sehr viele Mirower, um ihr Brot im Schiffbau zu verdienen. Wendeopfer wie die landwirtschaftlichen Genossenschaften sowie Betriebe der Holzindustrie – allein die Werft schrumpfte 1991 von 1200 auf 430 Arbeitskräfte und wurde dann 1996 endgültig liquidiert. Widersinniges von der Seenplatte: So manches der hier hergestellten hochseetauglichen Rettungsboote befindet sich, drei Jahrzehnte und mehr auf dem Rumpf, noch immer im Einsatz.

Derweil stehen die Schranken am Bahnübergang rundumerneuert herum und wundern sich wahrscheinlich, warum sie nicht bedient werden. Das war schon mal anders, wie Alfred Wellm in seinem weitgehend verdrängten, doch einst so populären wie strittigen Roman »Pause für Wanzka« von 1968 zum Thema »Bildungswesen« beschrieb: »Die Stadt

Mirenberg (Mirow) hat ihren Rhythmus. Da gehen den frühen Morgen die Werftarbeiter die Bahnhofstraße hoch. Darauf kommt der Gegenzug mit der letzten Schicht. Und nachmittags setzt es wieder ein, die Bahnhofstraße ist voll Menschen, und wieder kommt der Gegenzug. Und nachts geschieht das noch einmal. Bald kenne ich die Zeiten, wann die Sirenen heulen. Vom Sägewerk. Von der Futtermühle.«

Zwischenzeitlich stand sogar die Existenz der – privatisierten – Strecke in Gegenrichtung nach Neustrelitz auf der Kippe. Die Subventionen seien zu hoch, hieß es, doch nunmehr scheint der Betrieb vorerst gesichert – ein Segen nicht nur für die touristische Infrastruktur.

Diesmal also setzte sich die Bürgerinitiative durch, und die Betreibergesellschaft holte bei Bedarf sogar den in der DDR »Ferkeltaxi« genannten »Reichsbahn«-Schienenbus aus dem Museum – ein robustes knallrotes Schnaufmobil. Nun können die Fremden mit ihren Fahrrädern den Ort weiterhin auf der Schiene erreichen. Auch die »Fusion«-Besucher, die jeweils Ende Juni und hoffentlich auch in Zukunft das gleichnamige Festival auf dem ehemaligen Flugplatz der Roten Armee in der Nachbargemeinde Lärz feiern.

Mirow, knapp 4000 Einwohner inklusive diverser Eingemeindungen, gehört zum flächenmäßig größten Landkreis Deutschlands, in den das Saarland doppelt hineinpassen würde, und der es auf sage und schreibe neun verschiedene Autokennzeichen bringt: MSE, AT, DM, MC, MST, MÜR, NZ, RM, WRN. Das klingt zwar beliebig, stützt jedoch die These von der Freiheit der Wahl, die sich seit 1990 durchgesetzt hat. So kam es dann auch, dass die FDP für fast zwei Legislaturen den Bürgermeister stellte. Inzwischen kehrte allerdings mit einem CDU-Mann eine gewisse Normalität ein, doch wird der Liberale als Bürgermeister sicherlich unvergessen bleiben auch dadurch, dass der englische Thronfolger in spe, George VI., 2013 zur Geburt ein Lätzchen mit der Aufschrift »Born to be King« geschenkt bekam, versandt per Post.

Als Antwort ließ das britisch-royale Paar – er: einst

fescher Jagdflieger in Afghanistan, sie: Model – »warmen Dank und beste Grüße« an Mirows »Bürger« übermitteln. Das Schreiben wird nun im Schloss ausgestellt – nahe der Geburtsstätte der mecklenburgischen Prinzessin Sophie Charlotte (1744–1818), die mit 16 Jahren dem britischen König als Ehefrau vermittelt worden war. Und kommst du, Reisender, heute nach Mirow, wirst du schon an den Ortseingängen mit der minderjährigen Zwangsverheirateten konfrontiert: »Sophie Charlotte, geboren in Mirow, spätere Königin von England« steht auf kronenverzierten Tafeln. Die Frau regierte tatsächlich, denn Ehemann George III. (1738–1820) verbrachte die letzten Jahrzehnte seiner Regentschaft in psychiatrischem Gewahrsam.

In den Fremdenführern firmiert Sophie Charlottes Geburtshaus weiter als »Unteres Schloss«. Es steht leer, und die Stadt als Eigentümerin lässt es vermodern. Dabei war es in vergangenen Zeiten durchaus auch sinnvoll genutzt worden. Als Schule beispielsweise – in der DDR: polytechnische Oberschule »Etkar André«, danach: Gymnasium. Nach Einstellung des Unterrichts 2006 wird es heute für schlappe 310 000 Euro im Investoren-Katalog angeboten, und es wird behauptet, es fehle, wie auch beim sanierungsbedürftigen Hafen gegenüber, an öffentlichen Mitteln für eine Instandsetzung.

Allerdings flossen für die Sanierung erwähnter Familiengruft immerhin 900 000 Euro, finanziert von Stadt, Land und Bund aus Steuergeldern, durchgesetzt mit wuchtiger ideologischer Power. Der CDU-Landtagsabgeordnete Vincent Kokert zumindest meinte in Sachen Fürstengruft: »So wie bisher können wir mit Geschichte nicht mehr umgehen.« Und eben das hörte sich so an, als solle die Rolle der deutschen Monarchie nunmehr umbewertet werden in eine Art Erfolgsstory.

Historiker haben es in Nach-DDR-Zeiten vermutlich nicht leicht, sich auf die interessengebundene Sichtweise einzustellen. Dafür entdecken Hobbyforscher so manche Sensation. »Europas Ur-König ist Mirower« beispielsweise

(*Nordkurier*, 23.6.2014). Das fand zumindest der Vorsitzende des Vereins Kulturgut MST heraus – die Versalien stehen für Mecklenburg-Strelitz. Demnach haben »bis auf die Fürsten von Liechtenstein und Monaco« tatsächlich »alle gekrönten Staatsoberhäupter Europas einen gemeinsamen Vorfahren aus Mirow«. Zurückzuführen sei dieses auf Herzog Carl Ludwig Friedrich, genannt Prinz von Mirow (1708–1752), Halbbruder des Neustrelitzer Stadtgründers Adolph Friedrich III. Der »lebte und starb im Mirower Schloss«.

In der DDR befand sich darin ein Seniorenheim. Auch dienten die Gemäuer dem Fernsehfilm »Das Graupenschloss« als Kulisse. Im Juni 2014 wurde es schließlich nach 30-jährger Restaurationsdauer von »unserer Finanzministerin« eröffnet. Im Museum hängt auch ein Bildnis des »Urgroßvaters Europas« (*Strelitzer Zeitung*).

Seit längerem wird der neu-entdeckten Bedeutung der feudalistischen Epoche viel Raum in einer ausdauernden Fortsetzungsserie im *Nordkurier* gewidmet. Die Regionalzeitung, ehemals SED-Bezirksorgan *Freie Erde*, könnte eine Art Blaupause für sich ändernde Zeiten sein. Sie befand sich zu einem nicht unwesentlichen Teil in Besitz von Georg Fürst von Waldburg zu Zeil und Trauchburg (1928–2015), einem der größten Grundbesitzer und der reichsten Männer Deutschlands, und seinerseits über die *Allgäuer Zeitung* eng verbunden mit dem zweiten Anteilseigner am *Nordkurier*, dem Verlag der *Augsburger Allgemeinen* sowie als Gesellschafter des Schwäbischen Verlags. Nach dessen Tod trat Sohn Erich die Nachfolge als Chef des Hauses an.

Nun darf wieder einmal gewählt werden. Die Mirower Gemeindevertretung hat kurz zuvor die Einführung einer »Kurtaxe« beschlossen, obwohl bisher kaum jemand bemerkt haben dürfte, dass das Kulturangebot und sonstige Extras zum Kuren einladen. Und die Autos im Touristenstau stehen weiterhin Stoßstange an Stoßstange und der Hafen bleibt geschlossen.

Bei vergangenen Abstimmungen hat die CDU wenigstens

noch Fischkonserven verteilt, auf denen »Mecklenburg-Vorpommern schmeckt mir!« stand. Inzwischen werden, wenn überhaupt, Flugblätter meist per Postwurfsendung verteilt. Der Kampf um das Amt des Bürgermeisters zwischen CDU und FDP läuft also auf Hochtouren, und fest steht, dass sich am Geschichtsbild so oder so nichts ändern wird. Die Frage, ob es – Sophie Charlotte hin oder her – nicht sinnvoller wäre, zukünftig mit Mirows verheißungsvollem Namen zu werben, wurde einmal kurz ins Gespräch gebracht im hektographierten Wochenblatt *Mirower Zeitung.* Der »Ort des Friedens« verspreche viel, mindestens aber Ruhe und Erholung in imposant grüner und blauer – die Seen! – Landschaft.

Doch tat sich seitdem diesbezüglich nichts Erkennbares. Die kommunalen Wahlen 2019 führten aber immerhin dazu, dass die FDP stark an Boden verlor. Als Bürgermeister setzte sich Henry Tesch (CDU) durch – was durchaus erwähnenswert erscheint: Tesch hatte Profil gezeigt. Als das alternative Kulturfestival »Fusion« im Nachbarort Lärz zur Disposition stand, weil als »Sicherheitsauflage« eine allseitige Polizeipräsenz auf dem Festivalgelände verfügt werden sollte, erklärte Tesch auf einer Pressekonferenz im Berliner Maxim-Gorki-Theater: »Der Polizeipräsident weiß nicht, wovon er redet. Er agiert wie ein Elefant im Porzellanladen.« *(Nordkurier, 8.5.2019)*

Der Herr Präsident, nachdem der öffentliche Druck weiter zugenommen hatte, lenkte ein. Zum guten Ende wurde der polizeiliche Stützpunkt auf dem Festivalgelände gecancelt – ein Hinweis darauf, dass noch nicht aller Tage Abend ist. Sollte etwa ausgerechnet Mecklenburg der Zeit voraus sein?

Kuba statt Woodstock: Pablo Menéndez im Arcángel, Habana-Centro

DER LETZTE HIPPIE

Wiedersehen in der DDR: Pablo Menéndez und seine revolu-
tionäre Mutter Barbara Dane schrieben ein spezielles Kapitel
der Beziehungen Kuba-USA

Pablo Menéndez gehört zum Jahrgang 1952 – und so ist er
auch drauf. Könnte es sein, dass Kuba, wo der US-Bürger
seit Jahrzehnten lebt, seine aus jungen Jahren überkommene,
in den Protest-Sechzigern errungene Haltung konserviert
hat? Forever young sozusagen, festhaltend an seinen Idealen
durch die Jahrzehnte, trotzend dem Zeitgeist, inklusive der
Rechtfertigungen von Alten oder im Kopf früh Gealterten,
die sich ihrer eigenen rebellischen Zeiten entledigt haben.

Jedenfalls hat der Musiker als ganz junger Typ die bisher
letzten, auch musikalisch aufrührerischen Bewegungen, die
das Establishment von Yankee-Amerika erschüttern konnten, noch selbst miterlebt. Martin Luther King und Muham-
mad Ali stehen dafür, Woody Guthrie und sein Sohn Arlo,
Pete Seeger, Joan Baez, eine Zeit lang auch Bob Dylan; und
in der elektrifizierten Generation: Jefferson Airplane, The
Byrds, Steppenwolf, Country Joe McDonald, The Fugs, Gra-
teful Dead – und Pablos Mutter!

Barbara Dane, geboren 1927, sang lange vor Janis Joplin
und Bonnie Raitt wie keine andere Weiße den Blues. Pablo,
der ursprünglich »Paul« hieß – nach Paul Robeson (1898–
1976), der Stimme der US-Bürgerrechtsbewegung –, zählt sie
heute und wohl auf ewig zu den »großen Sängerinnen der
Vereinigten Staaten«. Der Sohn wird recht haben, wenn er
sagt, dass sie lediglich wegen ihrer politischen Aktivitäten in
den Fünfzigern und danach nicht jenen Status der Berühmt-
heit erreicht hat, der ihr zugestanden hätte.

Rote waren und sind nicht beliebt im »Land der Freien

und der Heimat der Tapferen«. Und die von Rebellion und Widerstand geschaffenen Hippies scheiterten nicht nur an sich selbst, sondern auch an den Verhältnissen – von wegen »easy ride« in der Landkommune. Die Rednecks waren stärker, und die Annahme drängt sich auf, dass der Musiker Menéndez, ein Gitarrero der Weltklasse, in Woodstock – wie Carlos Santana, Alvin Lee, Pete Townsend, Jimi Hendrix – oder auch danach nur deswegen nicht groß herauskam, weil er im von Washington geächteten Kuba lebte. Insofern gleicht seine Biografie der der Mutter.

Barbara Dane begeisterte sich für die Kubanische Revolution und reiste trotz der Sanktionsdrohungen und Verbote des State Departments auf die Insel. Als erste populäre Persönlichkeit aus den USA überhaupt, eine Pionierin. Sie trat in Konzerten, im Fernsehen, im Radio auf, es wurde in den Zeitungen berichtet, dass sie sich für Freundschaft zwischen den Völkern engagierte. Die klare Botschaft Kubas: Nicht die Bevölkerung der USA war der Feind, sondern die aggressive Politik ihrer Regierung.

Und die Lebensbedingungen unterschieden sich grundsätzlich. »Meine Mutter sah hier, wie die jungen Leute das Land umgestalteten, während sie in den USA verhaftet wurden wegen Protesten gegen den Vietnamkrieg und ähnlicher Sachen.« 1966 nahm ihn seine Mutter mit nach Kuba. Er blieb. Da war er 14. Er sei sehr früh »reif« gewesen, sagt Menéndez und meint damit: »Ich hatte andere Kulturen kennengelernt, andere Sprachen, mit 15 heiratete ich eine Kubanerin.« Die Ehe hielt 43 Jahre, dann verlor seine Frau Adria Esther Santana (1948–2011), laut der Enzyklopädie *EcuRed* eine der bedeutendsten Darstellerinnen des modernen kubanischen Theaters, ihren Kampf gegen den Krebs.

Jetzt zieht Menéndez vergilbte Kopien von Zeitungsartikeln aus der Tasche. *Junge Welt, Berliner Zeitung*, Berichte von Auftritten in Berlin 1987. Ein Foto von der Begegnung zwischen Pablo und seiner Mutter ebendort. »Unverhofftes Wiedersehen in der Parkaue«, vermeldet der Bildtext. Die beiden haben in und mit der DDR einiges erlebt, und an diesem Vormittag im kleinen, charmanten Café Arcángel, in einer Seitenstraße der Calle Galiano, Centro-Havanna, erzählt er so manche Story von seinen Reisen; Geschichten vom Festival des politischen Liedes in Berlin, wo seine Mutter schon 1972 auftrat; davon, wie sie eines Tages gemeinsam in der DDR festhingen, weil die Tourneeauftritte seiner Mutter in Finnland aus politischen Gründen abgesagt worden waren.

»Wir waren vorher in Schweden, Norwegen und Dänemark gewesen. Dort wurde berichtet, meine Mutter sei eine ›sehr rote‹ Sängerin.« Das Konzert in Finnland gecancelt, entschieden sie nach Italien zu fliegen, »weil wir dort die nächsten Auftritte hatten, konnten aber die Finnland-Tickets nicht umbuchen. Geld hatten wir nicht. Eine Dolmetscherin quartierte uns bei sich ein, bis wir eine Lösung für den Flug gefunden hatten. So lernten wir das reale Leben in der DDR kennen. Mein Eindruck war, dass es eine solidarische Gesellschaft gab.«

Mit der von ihm gegründeten und geleiteten Gruppe Mezcla tourte Menéndez regelmäßig in Europa, trat auf Festivals auf. Die *Junge Welt* schrieb in ihrem Konzertbericht vom Liedersommer im August 1987 leicht geschwollen, Mezcla zaubere »die Illusion kubanischer Hitze unter die regenfeuchten Bäume der Parkaue«. Menéndez erinnert sich: »Wir wurden von der Festivalleitung ausgewählt, weil es damals ein sehr großes Interesse an Rockmusik gab. Und weil wir den Rock mit nationalen Rhythmen verbanden.« Wovon ihre Texte handelten, wollte die *Berliner Zeitung* damals wissen. Antwort: »Von Nicaragua, für das wir ein Lied von Silvio Rodríguez übernahmen. Von Namibia. Vom Alltag in unserem Land, den Problemen einer Großstadt, von der Liebe.«

Mezcla gilt seine Leidenschaft bis heute. Deren Name ist Programm: eine »Mischung« aus Jazz- und Rockelementen mit kubanischen Rhythmen, bauend auf die Fähigkeit zur Improvisation. Carlos Santana meinte einmal, Mezcla sei das »sauberste, frischeste Wasser«, das er je geschmeckt habe.

Zu seinen musikalischen Ursprüngen sagt Menéndez: »Der Rock'n'Roll eroberte die Welt. Das war im Wesentlichen eine Fusion von Blues und Strom, und ich habe gedacht, hier in Kuba gibt es eine viel reichere Tradition als nur den Blues. Rumba, Afrokubanisches, Yoruba-Musik – wenn man das mit Elektrik zusammenbringt, dann entsteht etwas Neues.« Hinzu kam die Inspiration aus den Songs seiner Mutter, »die immer darauf gerichtet waren, die Welt zum Besseren zu verändern, also nicht, irgendwelche dummen Lieder zu singen«. Damals betrachtete Kuba seine Folk-Wurzeln neu und »bot auch die nötige Achtung gegenüber der Musik der afrikanischen Diaspora. Und zwar gegen die Mainstreamkultur. Wir haben das zusammengebracht und daraus eine neue Musik gemacht. Das war mein Leben.«

Jüngst spielte er im Yellow Submarine. Sein Sohn Osamu, ein bekannter Rocker, hatte ihn gefragt, ob er Lust dazu habe. Das Submarine ist ein angesagter Klub in der Nähe des John-Lennon-Denkmals von Havannas Parque Lennon, was schon alles sagt über das, was dort abläuft. Ja, Beatles-Kult. Sehr gute Musiker setzen sich mit den Pilzköpfen auseinander.

Menéndez: »Ich habe die Musik zwar früher gehört, aber nicht gespielt. Wir machten viel mit Jazz, mit Rumba und immer mit afrokubanischer Percussion. Mit Son und allen möglichen Formen. Ich spiele ungern Coversongs. Aber wenn ich es dann doch tue, klingt es so, wie die Beatles auf Kubanisch klingen würden. Zum Beispiel ›Norwegian Wood‹ mit Batá-Trommeln. Oder ›Ticket to Ride‹ – das ist ein alter Son.« Für ihn, so Menéndez, sei das authentisch und glaubhaft. »Meine Wurzeln liegen im Blues, im Jazz, aber ich lebe jetzt seit 50 Jahren in Kuba. Das heißt: Ich fühle die Musik mit den Claves, den Klanghölzern.«

Nennen wir es »Cuban Beat« ...

II. KULTURREVOLUTION

»Wunder geschehn«: Hollywood meets Trabant, Grabow

S. 127: Schwerin 1990, Football statt Lenin

EIN DEUTSCHES SCHICKSAL

1990. Nena, ihre Kinder und die Entstehung eines neuen, großen, vereinten Deutschlands

Nena hat gesunde Zwillinge zur Welt gebracht. Wir gratulieren!

Ein knappes, äußerst bewegtes Jahrzehnt liegt zwischen den »99 Luftballons«, die Susanne Kerner als Nena über Nacht berühmt machten, und ihrem jüngsten Nummer-Eins-Hit »Wunder geschehn«. Auch wenn sie damals mit kicksig-frecher Görenstimme nur von Luftballons am Horizont sang, von leicht zerstörbaren Gegenständen, Symbolen für Kinderträume, so erzählte sie doch realistische Geschichten, die zu der Zeit mit hämmerndem Beat und leierkastigem Synthesizer in die Köpfe und Bäuche von Millionen Plattenkäufern in aller Welt eindrangen. Als vermutete Protestsängerin erklomm Nena die höchste Sprosse der US-Charts, als bundesdeutscher Beitrag zur Friedenssehnsucht sozusagen. Jeder und jede konnte nachvollziehen, dass sich die Nachbarn »gleich angemacht« fühlten, es ein »loses Feuerwerk« gab und schließlich »99 Jahre Krieg« folgten, an dessen Ende weder Luftballons noch Kriegsminister existierten.

1983, das Jahr der größten Demonstration in der Geschichte der Bundesrepublik, steht für Nenas größten Hit und der Dezember jenes Jahres für eine Bundestagsdebatte, an deren Ende die Stationierung von Atomraketen stand, die Schlimmeres befürchten ließ als Nenas Feuerwerk. Lag doch die atomare Einsatzschwelle noch niedriger: Bei menschlichem Versagen beispielsweise oder einfach technischen Fehlern.

Wir sind noch einmal davongekommen. 99 Jahre Krieg

hat es nicht gegeben, dafür eine friedliche Grenzöffnung, vielfach als »Revolution« bezeichnet, die den ehemaligen Besitzern von Fabriken und Land ihr Eigentum wieder bescheren wird und ein zukünftiges Deutschland in 37er Umrissen erahnen lässt. Nena gehört nicht zu denen, die etwa unken, dass der deutsche Imperialismus nun doch noch als später Sieger eines jahrzehntelang verloren geglaubten Krieges die Bühne der Weltgeschichte betreten hat. Die Sängerin der 99 Ballons hat sich verändert. Oder die Zeit hat sie verändert. Stand sie damals im Kreuzfeuer kleinbürgerlicher Kleingeister, die sie als arrogant, frech, unbeständig, aufmüpfig einstuften und vor den Fernsehschirmen über ihre wilde Ehe lästerten und sich darüber erregten, wie die junge Frau ihr Hinterteil in Rocker-Lederjeans aufreizend nach hinten herausstreckte und damit gar noch wackelte, so jubeln sie heute über die neue Nena und kaufen ihre Scheibe. Die mittlerweile 30-Jährige hat sich der Tugenden eines deutschen Mädchens besonnen. Millionen sind gerührt ob des Schicksals der jungen Mutter und verfolgen es aufmerksam mit der ihnen eigenen Inbrunst. Lady Di ist ja ganz nett, aber was ist sie gegen unsere deutsche Mutter?

Dabei schien sie mit ihrer dritten LP vor fünf Jahren bereits endgültig von der Bildfläche abgetreten zu sein, verschwand ins Privatleben und aus den Schlagzeilen und tauchte erst 1989 als gewordene Mutter eines Jungen wieder in denselben auf. Über diese private Geschichte mit tragischem Ausgang gibt es eigentlich nichts zu schreiben, außer dass über sie viel geschrieben wurde, was einen aufreizenderen Vermarktungseffekt zur Folge hatte, als einst die Lederhose der Mutti.

Komplikationen bei der Geburt, Aussetzen der Beatmung Susanne Kerners, Kaiserschnitt, Kind geistig und körperlich behindert und: Der verantwortliche Arzt steht in einem engen verwandtschaftlichen Verhältnis zur betreffenden Mutter, gilt als erfahrener Spezialist. Auch die weitere Geschichte verdiente mindestens einen Groschenroman, wäre sie nicht tatsächlich so geschehen. Kind stirbt nach aufopferungsvoller Pflege durch Mutter Susanne, die als Nena mittlerweile zum Leidobjekt nicht nur der regenbogenfarbigen Presse geworden ist. Auch der *Stern* ist dabei.

Dann wird sie wieder schwanger unter den Augen der immer noch mitfühlenden Öffentlichkeit, die auch erfährt, es werden Zwillinge, wenn nichts dazwischenkommt, weil die Mutter schon wieder Auftritte absagen muss, denn es scheint Probleme zu geben, Blutungen treten auf. Die Spannung wächst, wobei eigentlich nur schade ist, dass Susanne Kerner aus Hagen stammt, und nicht aus der DDR, da die Medien zu der Zeit eigentlich nur aus der DDR berichten. Ein derartiges Mutterschicksal von drüben hätte die deutsche Nation, die ja irgendwie definiert werden will und sei es über dicke Bäuche, als Identitätsgeberin gut gebrauchen können. Zumal DDR-Mütter bis dato die Medienlandschaft nur mit verlassenen Kindern bedienen und selbst dem süßen Leben im Westen frönen.

Da trumpft die Mutter aus Hagen mit einem eigenen musikalischen Beitrag in beiden deutschen Staaten auf, sehr persönlich zwar, so dass sich jede und jeder, ob Ost oder West, in die Lage der Sängerin, als trauernde Mutter, hineinversetzen kann, aber zugleich auch irgendwo für die zukünftigen gesellschaftspolitischen Vorstellungen lernen kann. »Wunder geschehn, ich habs gesehn, wir sollten nicht nur an das glauben, was wir sehn.« Das Wunder ist geschehn, nicht negativ, wie damals bei den 99 Ballons, als die Raketen doch kamen. Ganz anders, positiv, der kleine Bub ist zwar gestorben, aber die Mutter wohlauf und wird wieder Mutter, ohne etwa verblödet zu sein.

Im Gegenteil immer noch schön, jung, aber reifer, ernster, mütterlicher geworden in dem Sinne, wie sich so ziemlich jeder deutsche Vater und wohl auch jede deutsche Mutter ihre oder seine Schwiegertochter vorstellt. Positiv offen. Und auch das nationale Wunder ist geschehn, und tausend Träume werden wahr in Gestalt des Zusammenrückens aller Brüder und Schwestern. Viele ziehen auf das ehemalige Territorium BRD, sie wissen, dass ihr Schicksal auch unser ist. »Ich weiß, dass wir uns wiedersehn", sang damals Zarah den in den Schützengräben Liegenden die Unwahrheit. Heute werden Grenzbefestigungen abgebaut, und wir sehen uns endlich wieder, rücken uns und den Nachbarn auf die Pelle, denen das im übrigen langsam unheimlich wird.

Nena verwandelt ihre 99 Ballons in ein einziges »weißes Schiff«, so etwas wie ein Traumschiff und wird, nachdem der große Guru seine Wunder geschehen ließ und sie auf Platz eins der Hitparade setzte, demnächst wohl wieder ganz oben landen, auch wenn sie sich nicht so hundertprozentig sicher ist, ob es den Wundertäter, den großen Käpt'n, tatsächlich gibt. Sie weiß nur, »dass ein Kapitän den Kurs bestimmt nach irgendeinem Ort, das könnt mich trösten, wenn ich es nur sicher wüsst.« Etwas widersprüchlich, aber es geht weiter: »Und wenn das Nebelhorn mich ruft, und ich soll selber von hier fort, dann hoff ich, dass ihr mich in eurem Land begrüßt.«

Der Groschen fällt auch bei den schlechtesten Schülern, die bei Textinterpretationen immer alt aussahen: Nena kommt uns mit Religion. Niemand weiß so recht mit welcher, aber es hat wieder etwas mit ihrem toten Kindchen zu tun. Kurzfassung: Das weiße Schiff fährt irgendwohin, »darauf die warn, die noch immer von mir gehen. Die Gestalten waren grau, doch ich erkannte sie genau, obwohl sie wie aus Nebel waren oder Glas.« Und als Höhepunkt: »Sie warn verschieden jung und alt, und eines konnte noch nicht mal auf seinen eignen Beinchen stehn, so klein war das.«

Da ist es wieder, ihr totes Kind. Und auch diese unverwechselbare Eigenart Nenas, nämlich Endsilben so zusammenzuziehen, dass immer die »Es« wegfalln. Richtig natürlich steht sie ihre Frau in einer politisch und persönlich schweren Zeit. Melodie und Rhythmus ihrer Songs sind dieselben wie vor sieben Jahren, sie schluchzt immer noch so schön im Playback-Duett mit sich selbst und lässt ihre Stimme Steigerungen durch Überschlagen erzeugen. Auch textlich hat sie die Zeichen der Zeit verstanden. In den Neunzigern hoffen wir auf Wunder, auf ein Leben nach dem Leben und beten zum großen Kapitän um Einfluss zu nehmen auf das, was wir nicht sehn.

Die Welt ist nicht erklärbar. Schicksalsschläge kommen und gehen. Die ganze Nation fürchtet um Nenas Zwillinge. Jetzt sind sie da. Auch unser Daumendrücken hat geholfen.

Nachtrag

Franz Josef Degenhardt schrieb mir Ende April 1990 nach Veröffentlichung des oben abgedruckten Artikels auf einer Postkarte mit dem von seiner Schwägerin, der Lithografin und Zeichnerin Gertrude Degenhardt, geschaffenen Motiv »Over Alles«:

»Lieber Gerd, sehr, sehr schön – Deine Nena-Rezension. Hoffentlich wird diese Schreibweise und Haltung öfter in der UZ les- und hörbar. Wie anders könnte man auch den Dingen zusehen und zuhören.«

2004 im April erhielt ich noch einmal Post vom Sänger, Dichter und Romancier, nachdem zum dreißigsten Jahrestag der portugiesischen Nelkenrevolution der Text »Grândola vila morena – 24. April 1994« in der *jungen Welt* erschienen war (siehe: Seite 245). Diesmal auf einer in Frankreich gedruckten Karte mit dem Foto, auf dem ein lässig laufender Gitarrist mit breitkrempigem Hut und umgehängtem Instrument zu sehen ist.

»Lieber Gerd Schumann – lese gerade Deinen Essay ›Grândola vila morena‹ in der jungen Welt. Er gefällt mir sehr gut, vor allem auch Dein Festhalten daran, dass

sie – die Nelkenrevolution und die vielen anderen gelungenen oder vergeblichen Versuche – zur zu erinnernden
Revolutionsgeschichte gehören, die ja noch lange nicht an
ihr Ende gekommen ist.«

Der Künstler, Jahrgang 1931, starb am 14. November 2011.
In seinem »Lied für die ich es sing«, das er aus der französischen Originalfassung von Georges Brassens' »Chanson
pour L'Auvergnat« genial ins Deutsche übertrug, singt er von
aufbegehrenden Geistern, Menschen, die sich den Blick fürs
Menschliche bewahren und ihn leben. Er singt für die wenigen Richter, die tatsächlich gerecht richten, die Blockierer
von Atomdepots freisprechen und dafür von ihrem Oberchef
getadelt werden: »Eure Namen, die kennt man noch / wenn
die Namen vom Chefpräsident / längst keiner mehr kennt.«
Und er singt auch für sich, den boykottierten, bedrängten
und bedrohten »Linksanwalt«.

ZURÜCK ZUM ORIGINAL

*Plädoyer für einen vernunftgeprägten Umgang mit der DDR
unter besonderer Einbeziehung der Künste*

Kunst, das sind immer auch die Verhältnisse, unter denen
sie entsteht. Wer beispielsweise mehr über ein Land erfahren möchte, das er nicht persönlich in Augenschein nehmen
kann, lese darüber, oder schaue sich Filme von dort an, oder
lasse sich erzählen. Das gilt umso mehr, wenn das Objekt
des Interesses nicht mehr existiert, wie im Fall der DDR. Als
ich mich kürzlich in Eisenhüttenstadt mit Andreas Ludwig,
Leiter des dortigen Dokumentationszentrums Alltagskultur
der DDR, unterhielt, bemerkte er: Wer sich Literatur aus
der DDR zu Gemüte führe, lerne so manches Mal mehr, als
etwa Ausstellungen oder andere Aufarbeitungen vermitteln
könnten. Ludwig, ein Westberliner Historiker, hat recht. Der
Blick zurück ist geprägt vom Betrachtenden, dessen Haltung
und den Zugängen zum Sujet. Geschichtsschreibung aus
Siegersicht ist per se interessenverklärt.

Ludwig empfahl, Christoph Hein zu lesen. Ein wertvoller
Tipp, lenkt er doch das Augenmerk auf das kritische wie
schöpferische Potential einer Kulturszene, die sich trotz –
manche sagen, um mit dem Phänomen umzugehen: gerade
wegen der unterstellten – »Diktatur« (Ludwig) heraus-
bildete, wuchs und gedieh, nicht, wie sie hätte sein können, aber ganz schön. Eine eigenartige, unverwechselbare
Ost-Kultur von beachtlicher Breite und Spitze. Heins wichtige DDR-Trilogie – »Der fremde Freund« von 1982 (in der
BRD: »Drachenblut«), »Horns Ende« (1985), »Der Tangospieler« (1989) – gehört dazu.

Tatsächlich wirkt die Rückschau auf die Künste des ersten
sozialistischen Staats auf deutschem Boden anregend. Für

Denkmal: Renate Krößner als Sunny in Konrad Wolfs »Solo Sunny« von 1980

jemanden, der die DDR kennenlernen oder wiederentdecken möchte, ist sie unverzichtbar. Speziell in Zeiten, in denen die staatliche Gedenkstättenkultur – und nicht nur die – die DDR in eine Reihe mit dem Holocaust-Faschismus zerrt; in denen sich Filme von West-Regisseuren dem Leben in der DDR zu widmen vorgeben und im Kern doch nur wieder »Stasi« und Mauer reproduzieren.

Wie Christian Petzolds »Barbara«, deren grazile Erscheinung als Dauerverfolgte sympathisch in Szene gesetzt wird und nicht als plumper Agitprop wie »Das Leben der Anderen« von Florian Maria Georg Christian Graf Henckel von Donnersmarck. Ganz zu schweigen von anrührenden TV-Schmonzetten mit Opfern am Checkpoint Charlie, an der Grenze, in Weißensee ... Mit Klischees sparen sie alle nicht, schließlich zeigen sie »ein paranoides, menschenverachtendes System«, »wie die DDR es war«. (Petzold im *Spiegel* 13/2012)

Wenn – Lichtjahre nach dem DDR-Ende – autobiografisch gestützte Romane die untergegangene Gesellschaft auf Grau-in-Grautöne reduzieren (Uwe Tellkamps »Der Turm«) oder sie als Kranken- und Sterbegeschichte inszenieren (Eugen Ruges »In Zeiten des abnehmenden Lichts«), dann heißt es, frei nach Biermann: Komm, lass dich nicht verblöden in dieser blöden Zeit. Die mediale Vermarktung eines Produkts gibt ebenso wenig Auskunft über dessen Qualität wie hochoffizielle Belobigungen durch die Vergabe von Trophäen in Hollywood, Berlin oder Frankfurt am Main. Das Geschäft ist zugleich Politik.

Die ideologische Entsorgung der DDR, bisher meist als Totalitarismus-Schocktherapie praktiziert, bedient sich zunehmend künstlerischer Genres, die zum Mittel der Manipulation werden – eine Umfunktionierung der Kunst. Ohne dass es dem Künstler selbst zwangsläufig bewusst sein muss, ist sein Werk eingebettet in die Politik, eingesetzt als Denkbremse und zur Behinderung von Ideen, die mit einem menschlichen, antikriegerischen, solidaritätsbegabten Gesellschaftssystem zu tun haben.

So wird den Herrschenden im Land zusätzlicher Rückhalt im Kampf gegen kapitalismuskritische Geister verschafft. Schließlich fürchtet die deutsche Bourgeoisie nichts stärker, als je wieder jahrzehntelang, oder länger, die Verfügungsgewalt über »ihre« Produktionsmittel zu verlieren. Oder warum müssen wir eine autistische Geschichtsschreibung ertragen? Die »Stasi« in einer Endlosschleife, nach über zwei Jahrzehnten immer noch und immer weiter, mit einem zum Staatspräsidenten aufgestiegenen Behördenleiter, angesichts dessen fortgeschrittenen Alters bereits der Name »Jahn« als möglicher Nachfolger im Schloss Bellevue kursiert.

Eine vernunftgeprägte Betrachtung der DDR scheint unter diesen Vorzeichen schwer möglich. Auch blieb Ronald M. Schernikaus prophetische Rede auf der letzten Tagung des DDR-Schriftstellerverbandes Anfang März 1990 bisher von der Kulturszene weitgehend unbeachtet. Er meinte damals: »Am 9. November 1989 hat in Deutschland die Konterrevolution gesiegt. Ich glaube nicht, dass man ohne diese Erkenntnis in der Zukunft wird Bücher schreiben können.« Das zu kapieren, also den Sozialismus als höhere Gesellschaftsformation, dabei hilft die überkommene DDR-Kultur insbesondere deswegen, weil sie auf Ideale baut, an ihnen festhält, sich über deren Zustand sorgt, an der gelebten Praxis reibt und in Widerspruch zu einer Politik der ausgehöhlten Phrasen gerät.

Das alles ist erfreulicherweise nachzuvollziehen: im Antiquariat um die Ecke, bei Freunden im Bücherschrank, auf dem Flohmarkt, auch im Internet. Die wichtigen Bücher gibt es mindestens antiquarisch, die DEFA-Filme auf DVD, in Programmkinos und manchmal sogar spätnachts im Dritten.

Die Aneignung der Originale wird zu einer Form des Widerstands gegen die versuchte Zerstörung eines – unbenommen aller Fehlentwicklungen, Zauderei, Selbstzensur, Gängelungen – bedeutenden kulturellen Erbes. Mindestens jedoch regt sie zur Reflexion an. Ob einst Bückware, Bestseller oder – dank des unseligen elften ZK-Plenums im

Dezember 1965 – nicht erschienen oder von der Leinwand verbannt: Entstanden in der DDR spiegeln sie deren Realität. Werner Bräunigs klassischer Aufbauroman »Rummelplatz« – ein auch literarisch einzigartiges Sittengemälde einer rüden, unfertigen Gesellschaft, die sich von allen Gesellschaften zuvor unterscheidet, weil sie sich selbst gestaltet. Ebenso Frank Beyers Verfilmung des Erik-Neutsch-Romans »Spur der Steine«; oder auch Stefan Heyms »Fünf Tage im Juni« mit seiner klarsichtigen, weil an den sozialistischen Idealen orientierten, Analyse des 17. Juni 1953. Natürlich gehören viele andere dazu, Neutschs »Der Friede im Osten«, Erwin Strittmatters »Wundertäter«, Dieter Nolls »Kippenberg«, besonders Brigitte Reimanns »Ankunft im Alltag« und »Franziska Linkerhand«, Hermann Kants »Aula«, Irmtraud Morgners »Troubadoura Beatriz«. Schließlich Christa Wolf: Wer ihre Erzählung »Der geteilte Himmel« liest, erfährt, warum sich die politische Führung dieses Landes im Dezember 2011 nicht auf ihrer Beerdigung sehen ließ.

DDR-Kunst, die es neu zu entdecken gilt, ist von Interesse, nicht nur für jene, die den einst »real existierenden Sozialismus« näher verstehen möchten, sondern grundsätzlich dessen Geschichte. Als exemplarisch hierfür seien Konrad Wolfs Meisterwerke »Ich war neunzehn«, »Sonnensucher« und »Solo Sunny« genannt. Wer sie sieht, durchlebt den historischen Versuch, nach dem Sieg über die Barbarei wirklich neu zu beginnen, ein Muss nach Auschwitz und Stalingrad – und was daraus wird. Die ganze Widersprüchlichkeit, die so schwer zu verstehen ist für viele, die auf der Wismut Uran für die Sowjetunion abbauen. Oder der Kleinbürgermief auf Tingeltangel-Betriebsfeiern. Die verdammten Mühen der Ebene.

Erst das Original ermöglicht eine scheuklappenfreie, also nicht ideologiegeprägte oder gar propagandistisch gefärbte Interpretation der DDR. Und auch, warum sie scheiterte. Die Plattitüden und die Engstirnigkeit, mit denen die vermeintlichen Sieger der Geschichte auf die DDR herabschauen, fordert zu einer Renaissance im Sinne der Aufklärung und im Namen der Zukunft heraus. Also: Zurück zu den Wurzeln!

Das bedeutet selbstverständlich nicht, aktuelle kulturelle Highlights zu ignorieren und geringzuschätzen. Im Gegenteil. Verwiesen sei da auf einen der wichtigsten Autoren der deutschen Gegenwartsliteratur, seit über drei Jahrzehnten. In »Weiskerns Nachlass« erzählt er, wie immer mit genauem Blick auf seinen Protagonisten und dessen Umwelt, von starren, menschenfressenden Verhältnissen, die Kreativität veröden und den Einzelnen vereinsamen lassen. Perspektive nicht vorhanden. Christoph Hein erlebt nun den neuen großen Westen. Er weiß, wovon er schreibt.

DIE VISION

25 Jahre DDR-Musikmuseum: Warum die darin präsentierte Ost-Mugge die Zeiten überdauern wird. Auskünfte von Reinhold Andert

Ein Vierteljahrhundert nach der DDR – ein Vierteljahrhundert! Wer sich auf die Spuren einer, so die Behauptung, mit dem Land weitgehend verschwundenen Kultur begeben möchte, muss also schon einen Zeitsprung von drei oder vier, mindestens aber zwei Generationen zurück unternehmen – »back to the roots« –, um zu erfahren, ob nicht doch etwas vom vor 25 Jahren gefällten Baum bleibt. Und wenn ja, was? Willkommen also im DDR-Musikmuseum! Präsentiert wird Ost-Mugge, Zeitzeugen liefern dazu den »O-Ton Ost« und regen, ausgestattet mit der Erfahrung von Jahrzehnten, zum Weiterdenken an.

Wenn zum Beispiel die Renft-Tragödie im Museum gezeigt wird, oder die Behinderungen, denen sich Ernst Busch, Hanns Eisler, ja sogar Bertolt Brecht zu erwehren hatten. Dann drängt sich nicht nur die Frage nach der Arroganz Mächtiger auf – die mit Sozialismus nichts zu tun haben dürfte, und die doch entstand –, sondern auch nach den Inhalten der Kunstwerke. Denn die bestehen weiter. Sie haben viel mit den Träumen der Menschheit von einer Gesellschaft ohne Ausbeutung und Krieg zu tun, mit Solidarität, Menschlichkeit und Gerechtigkeit.

Der Liedermacher Reinhold Andert sang davon: »Hier schaff ich selber, was ich einmal werde / Hier geb' ich meinem Leben einen Sinn / Hier hab ich meinen Teil von unsrer Erde / Der kann so werden, wie ich selber bin.«

Nun, da der Traum von einer Art aktiver Harmonie zwischen Individuum und Gesellschaft längst aus ist, gelte es,

Ideale als Illusion? Reinhold Andert 1968

sich an ihn zu erinnern. Einerseits sei das Nostalgie, anderseits »sind es diese ›Zeiten DDR‹. Die haben gedanklich viel Gutes geschaffen, aber auch viel Mist wurde gebaut.« Andert: »Jetzt muss der Mist weg, es gilt ja, das Gute zu bewahren und es für künftige Zeiten wieder hervorzuholen. Die Verstaatlichung der Betriebe und Banken – das ist doch eine ganz wunderbare Sache. Die gehört in die kommende Gesellschaft wieder mit rein. Und dazu gehören auch ein paar Lieder in die neue Gesellschaft.« Der Kapitalismus zumindest werde absehbar abgewirtschaftet sein. Insofern seien die Songs »als historisches Dokument auch eine reale Aufgabe für später«.

Nein, das sind keine Worthülsen, besonders dann nicht, wenn weltweit alle fünf Sekunden ein Kind verhungert. Oder Napalmbomben Menschenhaut zum Brennen bringen. Oder Flüchtlinge zu Tausenden ertrinken. Oder Köpfe abgeschnitten werden und Gefangene in geheimen Folterzentren schreien, unerhört einsam.

Reinhold Andert, Jahrgang 1944, lebt schon ewig im alten Osten, Berlin, Leipziger Straße, mehrmalige Umzüge wegen Familienvergrößerung oder musikempfindlicher Nachbarn. Natürlich ist er grau geworden über die Jahre, über den Ärger, den Stress, die Enttäuschung. 1980 flog der Liedermacher, Philosoph und Historiker – er würde den »Philosophen« zuerst nennen – aus der Partei der Arbeiterklasse, wie sich die SED nannte. Vermutlich hatte er weder deren Politbüro noch deren Berliner Chef nebst Schauspieler-Gattin ernst genug genommen, als er Scherze über sie abließ. Es folgte eine lange Dürre als Musiker, Gerhard Gundermann, auch ein Ausgeschlossener, nahm ihn dann, ohne irgendwen zu fragen, mit auf eine kleine Tour.

»Das Programm hieß ›Morgen haun wir auf die Pauke‹. Es war satirisch angelegt. Ich habe Lieder gesungen, die ich in den zehn Jahren davor gemacht hatte.« Die meisten aus der Zeit davor indes waren angesichts des gesellschaftlichen Niedergangs out, nur schwerlich verwendungsfähig.

Sie stammten aus der Singebewegung, Oktoberklub und vor allem aus Anderts Periode als »Politischer Liedermacher Nr. 1 der DDR« – so stand es zumindest 1973 auf seiner ersten und letzten in der BRD bei pläne verlegten LP »Blumen für die Hausgemeinschaft«.

Nun gräbt sich der Saphir in die Rille der auf meinem Plattenteller liegenden Vinyl-Scheibe. »Lied vom Klassenkampf«, »Lied über die Bedürfnisse«, »Lied vom Vaterland«. Erster Eindruck: Agitprop. Zweiter Eindruck: schön erzählt und tief menschlich, vor allem die Eindrücke vom Roten Platz (»Vor dem Mausoleum«) und am sowjetischen Ehrenmal in Berlin-Treptow (»Im Treptower Park«). Dritter Eindruck: aus der Zeit gefallen.

Kennst Du das Land, wo die Fabriken uns gehören / Wo der Prometheus schon um fünf aufsteht / Hier kann man manche Faust auf manchen Tischen hören / Bevor dann wieder trotzdem was nicht geht / Wo sich auf Wohnungsämtern Hoffnungen verlieren / Wo ein Parteitag sich darüber Sorgen macht / Wo sich die Leute alles selber reparieren / Weil sie das Werkzeug haben, Wissen und die Macht.

(»Lied vom Vaterland«)

Die DDR-Singebewegung, nach recht stürmischem Aufbruch zu Beginn der Sechziger, ging weniger an der Musik zugrunde als letztlich daran, dass sich ihre Propagierung einer Neuen Welt schwer mit der Realität eines staatsstrukturell verankerten Misstrauens in Einklang bringen ließ. Die Verwaltung des Volkseigentums blieb ein Abenteuer mit manchmal ungutem Ausgang, derweil die Partei weniger die Weite sichtete, denn von oben auf unten herabschaute. Mit den Füßen in 'ner Wolke und eben nicht mit dem Gesicht zum Volke.

Jedoch: Andert stellte Ideale dar, vielleicht um sie plastisch, handfest, also real zu machen. Indem er Mängel,

Fehler, Nervereien benannte und über sie scherzte, erntete er als Reaktion nicht nur donnernden Szenenapplaus, sondern auch so etwas wie befreiendes Massenlachen. Das befreite dann letztlich aber doch nicht.

1978 produzierte Amiga noch eine Scheibe mit Andert: »Ewald, der Vertrauensmann«, nach dem gleichnamigen Lied vom idealistischen, unbestechlichen, unkonventionellen Genossen im Betrieb, geschrieben als Auftragsarbeit für den FDGB, der den Song dann nicht haben wollte. In seinen Liedern benutzte der Liedermacher weiter sein bekanntes Schema, Kritik in lustige Beispiele zu verpacken, nur war die schärfer, bissiger, an die Adresse der Regierenden gerichtet. Deren »Ministerium zur Zerstreuung und Erbauung« zum Beispiel propagierte eine »Rohstoffkrise« um Mangel zu erklären und erließ »Maßnahmen« mit bösen Folgen, auch für den Kulturbetrieb: »Die Hälfte aller Konzerte hat zu unterbleiben. Da aber, auf Beschluss von Partei und Regierung, unsere Bevölkerung nicht die Folgen der kapitalistischen Krise zu tragen habe, werden die ausfallenden Konzerte von Schalmeienkapellen der Freien Deutschen Jugend bestritten.« (»Das Märchen von der Rohstoffkrise«) Wer heute die Platte hört – ein Konzertmitschnitt aus Weimar – ahnt, dass das Experiment, eine neue gerechte Gesellschaft zu schaffen, scheitern könnte. 1973 war noch Aufbruch, 1978 schon Desillusion.

Dass trotzdem – und manchmal sogar gerade deswegen – viele Akteure weitermachten und produzierten und aneckten, so dass manche Feder gelassen werden musste, weist auf die Kraft des Projekts hin. Die »Hammer=Rehwü« von 1982, Brigade Feuerstein und später Gundermanns »Männer, Frauen und Maschinen«; »Stirb mit mir ein Stück« von 1986: Wenzels tiefe Traurigkeit gemischt mit sowas wie Klarheit und doch noch einem Rest von Lichtschein, der im Dunkeln unter der Tür erkennbar ist. Bewegend. Oder die »Tagesreise« von der Horst-Krüger-Band und später Lift, klingt energetisch hochwertig, etwas nach Frumpy und

Blood, Sweat & Tears. Der Text konkret und philosophisch zugleich, weil: die Grundfragen gesellschaftlichen Handelns treffend. »Blieb ein Schritt, den ich tat, bestehn? / Und kann ich dem Freund in die Augen sehn? / Der Weg durch den Tag, brachte er mir Mut? / War er gut?«

Nach dem Ende der DDR, das zunächst sämtliche nationale Kultur und deren Protagonisten in tiefste Tiefen des Vergessens und des Ignoriert-Werdens stürzte, brachte Nebelhorn, der kleine Verlag von Stefan Körbel (u.a. Karls Enkel) eine Andert-Platte heraus: »Fürsten in Lumpen und Loden«. Die Mittel waren begrenzt und Liedermacher nicht mehr gefragt, auch der Dissident nicht. Später, 2004, erschien dann bei BuschFunk eine Doppel-CD, teils live, teils Konserve, eine Art aktualisierter Werkschau, und als solche wird sie jedenfalls Bestand haben – wie alles politische Lied den gesellschaftlichen Rahmenbedingungen entsprechend weniger oder mehr. Wobei: Mehr wäre besser.

Kunst hält durch. Andert: »Was gut ist, wird schon irgendwie bleiben. Künstlerische Qualität wird irgendwann wieder entdeckt, wieder hervorgeholt. Johann Sebastian Bach ist ja auch 200 Jahre lang vergessen worden. Die Sachen können mal eine Zeit lang verschüttet werden. Qualität bleibt.« Paul Dessau, Ernst Busch, Gisela May – er habe sie persönlich gekannt. »Brecht, Eisler – das sind so in Stein gemeißelte Wahrheiten.« Hinterlassenschaften in Worten und Noten, gedruckt, gesprochen, gesungen, wenn Busch seine Lieder anstimmt. »Ernst Busch I-III«, schwarze Buchstaben auf weißer Hülle: Die LPs wurden in den Plattenläden der BRD der Anfang-Siebziger massenhaft an langhaarige Post-Beat-Rebellen verkauft, Symbol für die Aufbruchstimmung jener Tage. Und wer will behaupten, jähe Politisierungen unter Einvernahme der »Oldies, but Goodies« seien künftig auszuschließen?

Was den DDR-Pop betrifft, lässt sich, nach dessen erzwungener Sendepause ab 1990, inzwischen konstatieren: Ein Mix aus Qualität und Geschäft realisiert auf dem Ost-Markt – der Westen bleibt frigide – nicht nur beachtliche

Gewinne, sondern transportiert wohlige Gefühle ins kalte Hier-und-Heute der neuen Ellenbogengesellschaft. Die Erinnerung bleibt zunächst und wird auch irgendwie bleiben – verfremdet je nach Erfahrung und Wissen und Empathie in den Köpfen der Nachgeborenen, auch der jüngeren Bands, Musiker, Komponisten.

Wobei Vergessen-Gemachtes derzeit meist nur dann eine echte Chance hat, wenn es sich rechnet, also dem Sound der Industrie anpasst und nicht aneckt. Das rotzige »Wir wollen immer artig sein« von Feeling B. aus den versoffen-aufmüpfigen End-Achtzigern taugt heute zum harmlosen Mitgröl-punk. Der Staat ist dem Song abhanden gekommen. Der neue Staat braucht neue Lieder.

Aber nicht nur. Er braucht auch und dringender denn je die im Museum ausgestellten DDR-Objekte. Die regen bei ungetrübtem Hinhören dazu an, ihre Geschichte zu hinterfragen, warum die DDR-Kultur dem Westen Deutschlands tendenziell immer voraus war – und mehr als nur einen Schritt. Denn: Restauration eines antiquierten Systems, zumal unter prägender Einbeziehung von Teilen des vormals braunen Personals, unterschied sich grundsätzlich vom Versuch, etwas Neues, Gerechtes zu schaffen, ohne »Sklaven und Chefs.« (Rio Reiser)

Im Systemvergleich DDR-BRD erzählen besonders die kulturell trüben wie miefigen Nachkriegs- und Ärmel-Aufkrempel-Jahre der Bonner Republik bis Mitte der 1960er davon. Dass die Beat-Generation nicht nur die Haare, sondern auch den Verstand sprießen ließ, hat nicht nur mit dem Konflikt der Generationen, sondern vor allem mit den Verdrängungskapazitäten der Ewiggestrigen und deren Macht zu tun.

Poetische Energie: Wenzel auf der Freiluftbühne Weißensee, Sommer 2005

»KLEINES FENSTER
ZUR WELT«

*Gespräch mit Hans-Eckardt Wenzel über das »Festival des
politischen Liedes«, Woody Guthrie auf Englisch und auf
Deutsch – und über sein Künstlerleben in der DDR*

Hans-Eckardt Wenzel zählt seit mehreren Jahrzehnten zu
den prägenden Persönlichkeiten der deutschsprachigen Musik. Geboren 1955 in Wittenberg, gehörte er 1976 in der DDR
zusammen mit Steffen Mensching zu den Mitbegründern
des Liedtheaters »Karls Enkel« und betrat gemeinsam mit
ihm, zwei Jahre später, als Clownsduo Wenzel/Mensching die
Bühne. An der Berliner Humboldt-Universität studierte Wenzel Kulturwissenschaften und Ästhetik und arbeitete seit 1981
freiberuflich als Musiker, Autor, Schauspieler und Regisseur
in Berlin/DDR. Seine beiden auf Amiga verlegten Alben »Stirb
mit mir ein Stück« (1986) – 1987 ausgezeichnet mit der »Gol-
denen Amiga« für die beste Liedermacherproduktion – und
»Reisebilder« (1989) erregten Aufsehen im Osten, während
seine Arbeit im Westen wenig Beachtung fand – auch nicht im
Deutschland nach der DDR, in dem Wenzel allerdings manche Auszeichnung einheimste. Unter anderem erhielt er 1990
den Heinrich-Heine-Preis, 1995 den deutschen Kabarettpreis,
sowie den Preis der deutschen Schallplattenkritik für die Produktionen von 2000 (»Schöner lügen«), 2001 (»Hanswurst
und andere arme Würste – eine Hanns-Eisler-Collage«), 2002
(»Grünes Licht«), 2003 (»Ticky Tock«), 2005 (»Himmelfahrt«),
2006 (»Vier Uhr früh«), 2007 (»Glaubt nie, was ich singe«).

Die CD »Ticky Tock«, Anlass für nachfolgendes Interview
aus dem Februar 2003, erschien auf Deutsch in der Übertra-
gung von Wenzel und auf Englisch mit den Originaltexten
von Woody Guthrie, vertont von Wenzel.

Wie ist Ihr aktuelles Projekt »Ticky Tock« mit Texten von Woody Guthrie entstanden? Bekannt ist, dass in Berlin Guthries Tochter Nora auf Sie zugekommen ist ...

Beim Festival im Jahr 2000 war das. Ich hatte ein Konzert mit Billy Bragg, der damals auf Tournee war mit seiner CD »Mermaid Avenue«, also mit Texten von Woody Guthrie. Nora Guthrie betreute ihn. Ich bestritt den ersten Teil des Konzertes. Nora kam in die Garderobe. Ich stand gerade ohne Hose da, und sie sagte »oh«, und ich sagte »kein Problem«. Dann sah sie mich auf der Bühne und fragte im Anschluss, ob ich Interesse hätte, nach New York ins Archiv zu kommen. Es gebe eine ganze Menge interessanter Texte ihres Vaters.

Stimmt es, dass Sie zunächst skeptisch waren?

Ja, und zwar aus mehreren Gründen. Woody Guthrie war in der DDR ein Aushängeschild dafür, dass es Unrecht gab in Amerika. Und immer, wenn ich merke, dass Kunst in einem politischen Zusammenhang benutzt wird, halte ich mich fern. Es ist kein guter Gebrauchszusammenhang. Es verdirbt die Sitten. Als ich dann nach New York ins Archiv kam und dort die ersten Blätter fand, dachte ich sofort: Hey, hier triffst du nicht auf irgendeinen Protestsänger, das ist ein Poet, das ist ein Dichter, der hat einen unschätzbaren Nachlass. »Music and words by Woody Guthrie« – aber es gab keine Musik. Woody kannte keine Noten, Tonaufnahmen existieren kaum, also entschloss ich mich, den »archäologischen Auftrag« anzunehmen.

Man geht an den Text und versucht hineinzuhören. Welcher Gestus, welcher Ton versteckt sich hinter den Worten?

Ich habe unter den vielleicht 3000 Texten so 30 ausgesucht, und habe sie im Original vertont. Erst viel später kamen die Übersetzungen, nachdem ich im musikalischen Material sicher war. Musik und Arrangement setzten so meinen Übersetzungen eine strenge formale Grenze. Die

Sprache musste muskulös werden, um all diesen Zwängen widerstehen zu können, musste Kraft finden, archaische Kräfte entfesseln. Woodys Anarchie musste wieder auftauchen können.

Können Sie sich erinnern, wie Sie in der DDR erstmals mit Guthries Songs in Berührung gekommen sind?
Das »Festival des politischen Liedes« war ja geprägt von Protestsong, Folk, Singebewegung, Singer-Songwriter – alles, wofür Woody Guthrie stand. Ich kann nicht mehr genau sagen, wie es war, weil es keinen so großen Eindruck auf mich gemacht hat. Ich weiß, dass ich Pete Seeger beim »Festival des politischen Liedes« gesehen habe. Er strahlte eine angenehme Menschlichkeit aus. Er hatte so etwas Sanftes, eine gewisse Größe, die dem oft Kleinen, Angestrengten in der DDR widersprach. Und er besaß eine irgendwie gerade politische Sicht auf die Welt. Das hat mir gefallen.

Sind Sie mit »Karls Enkel«, dem inzwischen legendären Liedtheater von Ende der siebziger, anfang der Achtziger Jahre, auch auf dem Festival aufgetreten? Stichwort »Hammer=Rehwü« und »Sichel Operette«?
Mit diesen großen Produktionen liefen wir nicht im offiziellen Teil. Es gab immer Leute, die sich darum bemüht haben, dass es doch stattfindet, und es wurde dann quasi im Nachtprogramm aufgeführt, nachts um zwei im »Haus der jungen Talente«. Mit anderen Produktionen haben wir offiziell im Festival gespielt, »Spanier aller Länder« zum Beispiel über den Spanischen Bürgerkrieg, so ein Liedtheaterkonzept aus der Sicht von Don Quichotte und Sancho Panza. Das lief da und vielleicht noch zwei andere Aufführungen mit »Karls Enkel«. Auch als Solist habe ich, ich glaube einmal, auf dem Festival gespielt. Da gab es damals viel Ärger und Diskussionen um meine Bühnenkleidung, mein Aussehen ...

Welche Rolle hat das Festival – aus historischer Sicht – ge-
spielt für Wenzel persönlich, aber auch für die Entwicklung
der DDR-Kultur?
Es gab zwei große kulturelle Ereignisse, die mich immer
irgendwie weitergebracht haben. Das eine waren die
»Berliner Festtage«, da kamen Theatergruppen aus »der
Welt« zu uns. Da habe ich zum ersten Mal ein italienisches
»Commedia dell'arte«-Stück gesehen, und die Welt ging
für mich auf. Beim »Festival des politischen Liedes« war
es ähnlich. Es gab immer mindestens eine interessante,
innovative Band dort, mit der man sich sofort anfreun-
dete. Beim ersten Festival, auf dem wir waren, tauchte
»Macchina Maccheronica« auf, eine Band aus Mailand, die
früher »Stormy Six« hieß und ebenfalls versuchte, Theater und Musik mit unglaublich schrägen Mitteln zu einer
neuen Form zu fügen. »Zupfgeigenhansel« und »Floh de
Cologne« wurden unsere Freunde. Miriam Makeba habe
ich da erlebt, Harry Belafonte. Das Festival war ein kleines
Fenster zur Welt.

Und hat zurückgewirkt in die Gesellschaft, und die Macher sind
wahrscheinlich hier und da angeeckt ...?
Es stand oft auf Messers Schneide. Das Festival war mu-
tiger als die offizielle Kulturpolitik, obwohl es Bestandteil
der offiziellen Politik war und von dieser getragen wurde.
Gesellschaften, die unter ihrem provinziellen Ruf leiden
und einen großen Anspruch bekunden, betäuben das bor-
nierte Bewusstsein gern mit Kühnheit, zeigen der Welt,
dass man zu ihr gehört, gelegentlich gegen die eigenen
Dogmen. Die Macher mussten an vielen Stellen Kompro-
misse eingehen, aber ich habe immer den Hut gezogen vor
der Arbeit. Billy Bragg hat da z. B. gespielt und auf einmal
tauchten Punker beim Festival auf und »headbangten«.
Diese Ebenen gab es immer, diese schrägen Einschüsse
von verdrängter Realität.

1981, noch zu Zeiten von »Karls Enkel«, wurden Sie freiberuflicher Künstler. Wie funktionierte das in der DDR?

Es war eine größere Freiheit als jetzt, weil man unglaublich wenig Geld brauchte. Ich habe für meine Wohnung, die jetzt 800 Mark kostet, 50 Mark Ost gezahlt im Monat. Die normalen Ausgaben, um leben zu können, waren so gering, dass man es sich leisten konnte, ein Vierteljahr nicht aufzutreten, also einfach nur zu schreiben oder zu lesen. Wenn man nicht unbedingt einen Farbfernseher haben wollte, war das ein sehr schönes Existieren – ich meine jetzt nur die materielle Ebene. Das andere ist, dass die Welt nicht zugängig war. Wir hatten sehr viele Einladungen, im Ausland zu spielen, und durften nicht. Man merkte natürlich, dass man abgeschnitten war von der internationalen Kunstentwicklung und nicht wahrgenommen wurde. Und das alles passierte in einem Zeitabschnitt, in dem man eigentlich am aktivsten ist, also so mit 20, 25 Jahren. Da strotzt man vor Energie, Kraft und Visionen, und da müssen die Leute einen sehen.

Klingt da Bedauern durch, dass Sie den Schritt anderer, aus der DDR wegzugehen, nicht getan haben? »Ich bin die ganze Zeit nur hier geblieben...«, heißt eine Textzeile aus Ihrem Album »Stirb mit mir ein Stück« von 1986.

Ich hatte irgendwann in den achtziger Jahren schon vor, die DDR zu verlassen, aber ich wollte nicht in die Bundesrepublik. Sie hat mich nicht interessiert. Ich wusste, es ist Deutschland. Und anders herum habe ich mir gesagt, egal wohin, man flieht immer zuerst vor sich selbst. Vorausgesetzt, die äußeren Bedingungen erweisen sich nicht als lebensbedrohlich. Die Geschichte des Exils hat in Deutschland härtere Tatsachen aufzuweisen als die Bauchschmerzen Ausreisewilliger. Als ich in der DDR Schwierigkeiten hatte zu publizieren, aufzutreten und es fast an die gesundheitliche Substanz ging – ich wusste nicht mehr, wie weiter – habe ich einen Antrag gestellt und 1988 im Krankenhaus in Nicaragua als Kraftfahrer gearbeitet. Das war meine »Flucht« aus der DDR. Da habe ich begriffen: Es gibt anderes Elend als das, unter dem du leidest. Es gibt eine andere Sicht, einen riesigen Ozean, einen riesigen Himmel. Das hat mich bestärkt, nicht wegzugehen.

Pete Seeger, Woody Guthrie, Billy Bragg – die Namen stehen für politische Lieder. Ihre Songs setzten sich, als sie entstanden, mit der DDR auseinander. Und die Guthrie-Texte stammen, auch wenn sie »auf Wenzel übersetzt« sind, aus den dreißiger, vierziger Jahren. Sagt uns diese Art von politischem Lied heute noch was?

Ich glaube, wenn ein Text eine poetische Dimension hat, dann lebt er unabhängig von den Zeiten. Wir sind betroffen, wenn wir heute Sophokles' Antigone hören. Bei manchen Texten ist es so, dass die poetische Energie schläft wie ein Riese, und dann kommen Zustände in der Welt oder in einer Gesellschaft, wo man genau diese Texte braucht. Dann erwacht in ihnen der Geist, und sie sind plötzlich unheimlich gegenwärtig.

Und diesen Geist fanden Sie unter den in New York gesichteten Texten?

Bei den Woody-Guthrie-Texten habe ich das Poetische, Behutsame, Utopische gesucht, wovon er träumt, wo er sich etwas vorstellt, was gut wäre. Heute sagt man, es fehlen uns Werte, letztlich geht es darum, ein Stück Vision zu entwickeln in einer Welt, die mit dem Schrott der Industrialisierung zugestellt ist. Woody Guthries Reflexionen und Kritiken verkamen nie in einer Wald-und-Wiesen-Seligkeit. Das Genre hätte dazu verführen können. Das Lied gehört ja irgendwie zum 19. Jahrhundert. Guthrie weiß, dass nur in der Kommunikation über die Höllen der Moderne die Lösung verborgen liegt. Hören und Sehen – das, was uns vergeht, wenn wir nicht Acht geben, bilden das Zentrum unserer Gesellschaftlichkeit. Die Geschichte nennt uns oft nur die Namen derer, die gesprochen, gesungen haben, deren Posen überliefert wurden in Gemälden, auf Filmen und Fotos. Das ist unser Trugschluss. Die Intelligenz des Menschen liegt in seiner Wahrnehmung, in seinen Erfahrungen. Woody Guthrie konnte diesen Erfahrungen eine Stimme geben. Ein Mittel gegen all das, was uns vereinzelt, so fürchterlich vereinzelt.

Guthrie benennt auch Gegner. Zum Beispiel bei seinem GI-Lied gegen die deutschen Faschisten im Zweiten Weltkrieg. Oder gegen die Herrschaften, die Einflussreichen, die Reichen, die Macht. Es sind die kapitalistischen Verhältnisse, die mit ihnen angegriffen werden.

Das ist das Reizvolle. Jetzt gäbe es wahrscheinlich gar keine Sprache, um das zu formulieren, weil die Sprache vernutzt ist, die das ausdrückt. Zum Beispiel der Text über einen 90-Meilen-Orkan, der New York »erwischt«. Die Katastrophe bedroht eine Stadt. Dieser Text, am 12. September 1944 geschrieben, beschreibt uns die Welt auch nach dem 11. September 2001. Guthrie schrieb die Zeile: »Ich fürchte nicht so sehr die Stürme. Ich fürchte vielmehr die Habgier unserer Herren.« Die ist zerstörerischer. Die Klarheit ist faszinierend und keine Koketterie, weil Guthrie wirklich am unteren Rand der Gesellschaft gelebt hat. Ja, es sind die Reichen oben, sein Blick stimmt, er ist ganz genau.

Wie stehen Sie der heutigen Gesellschaft gegenüber?
Münchhausen hat sich nicht an den eigenen Haaren aus dem Sumpf ziehen können. Das ist das Problem, das »Gödelsche Phänomen«, wie die Mathematiker sagen. Heute wirkt alles, was man tut, selbst wieder stabilisierend. Da kann man wirkliche Gegnerschaft kaum aufbringen. Die Gesellschaft subsumiert es zur Feier der eigenen Toleranz. Lässt es so lange gelten, wie es im Rahmen bleibt. Das

muss man reflektieren. Aber man kann Verhältnisse benennen, um ideologische Verschleierungen von den Tatsachen zu reißen, Klarsicht herzustellen. Das Schlimmste ist, wenn wir die Ursachen für einen Zustand, der uns stört oder bedroht, nicht benennen können.

Wahrheit kann systemsprengend sein.
Möglicherweise. Da sollte man vorsichtig sein. Es gab in der DDR in den fünfziger, sechziger Jahren die Devise »Kunst ist Waffe«. Schlichte Gemüter entwickelten daraus die Vorstellung, man höre heute gute Musik und sei morgen ein besserer Mensch. So funktioniert das nicht. Der Erkenntnisprozess ist anders strukturiert. Kunst oder Poesie erzeugen möglicherweise Souveränität, Sicherheit, oder eben Unsicherheit, so dass man sich neu orientieren muss. Und dann kann man eventuell Rückschlüsse ziehen. Das ist was anderes. Es hat nicht so sehr mit diesen Songs oder mit der Poesie selbst zu tun.

Immerhin setzen Sie sich mit einem »Klampfer« auseinander, wie es Guthrie nun mal war. Und Sie benutzen Gospel, Country und Western ebenso wie Klezmer, Balkan, Bregovic. Was bringt Ihnen der Griff in die Kiste der »Volksmusik«?
Wir leben in einer so kleinen Welt, alle Musiken sollten für alle verfügbar sein. Meine Vorfahren stammen aus Österreich-Ungarn. Sie hatten die Balkan-Einflüsse in sich, mochten tschechische Blasmusik. Es sind Einflüsse aus der Erbsubstanz, aus geheimen Erinnerungen. Andersherum gibt es Musik, die gefällt mir und die gehört dann zu meinem Material. Wenn ich vertone, denke ich nicht über Stilistik nach. Ich lese den Text und versuche herauszufinden, welche Art der Musik das ist. Eine der wenigen Originalvertonungen, die ich in der Guthrie-Produktion genommen habe, ist »I'm a dustbowl refugee«, ein Flüchtlingslied, das für mich nur serbisch oder kroatisch vorstellbar war – dubdubdub-Bläser –, weil das

der Flüchtlingsstrom ist, der durch Europa geht. Er hat kein Zuhause. Das entspricht dem, was Woody Guthrie geschrieben hat: Die Leute haben keinen Platz, keine Möglichkeit zum Leben. Deswegen ziehen sie weg aus Afrika. Wenn die Blaskapelle spielt und treibt und antreibt, ist das in meiner Vorstellung ein Ausdruck von Flucht. So entstanden diese verschiedenen Formen.

Wenzel mit Band auf dem Weg zu einer neuen Form von Weltmusik, in deutscher Sprache gar?
Ich hoffe. Es wäre mein Wunsch, weil es diese eigenen Wurzeln noch gibt, und sie werden immer lebensnotwendiger in dieser globalisierten Welt. Sie sind unsere Verankerung in der Geschichte. Es ist nicht Sentimentalität. Die Musikindustrie hat aus Gründen der universellen Verkaufbarkeit die Abstrahierung von konkreten Umständen auf die Spitze getrieben. Dabei ist das Geheimnis der Musik fast vollständig verschwunden. Wir brauchen dies aber. Musik ist unser Partner im zeitlichen Ablauf. Das merkt man, sobald man z. B. einen Polkarhythmus beginnt. Dann fängt es im Publikum an zu wackeln.
Der viel zu störrische Reggae-Rhythmus, die Art des Offbeats zeugt von bedingungsloser Sehnsucht nach südlicher Leichtigkeit. Das hat mit unserer Geschichte, mit unserer Natur zu tun, mit unserem Herzrhythmus und mit unserer Art zu sprechen und zu laufen. Mir ist erst in den letzten vier, fünf Jahren klar geworden, dass der genaueste »Ausdruck« von Zeit im Moment in der Musik liegt.

Wer die Rose ehrt: Gisbert »Pitti« Piatkowski, Gitarrist

»ETWAS GANZ GROSSES TUN«

Von den Klosterbrüdern, NO 55 und den Gitarreros zu Renft und Mitch Ryder: Als Gisbert »Pitti« Piatkowski vor Jahrzehnten »Jumpin' Jack Flash« hörte, veränderte sich sein Leben

Nein, niemals habe er den Entschluss, den er 1975 fasste, bereut. Nie. Anfang zwanzig, Abitur in der Tasche, Studienplatz an der Technischen Hochschule Otto von Guericke in Magdeburg, ein Maschinenbauer in spe, angesehener Beruf, nicht nur in der DDR. Und was macht »Pitti«, wie Gisbert Piatkowski schon damals von so ziemlich allen, die ihn kannten, genannt wurde? Er schmeißt hin, trägt sich an der TH aus und geht zu den »Klosterbrüdern«. Als Berufsmusiker – seine Eltern schlagen die Hände über ihren Köpfen zusammen. Und dennoch: Sie werden erleben, dass der Sohn zu einem der besten Rockgitarristen seines Landes und darüber hinaus wird.

Es ist der 30. Januar 2013, ein milder, aber unangenehm nasskalter Nachmittag am Rosa-Luxemburg-Platz, die Volksbühne vis-à-vis. Vor 80 Jahren marschierten nicht weit von hier die Nazis. Hitler Reichskanzler! Beginn eines Martyriums für Abermillionen. Wir sitzen in der Bar neben dem Kino Babylon, für einen Moment ist ein leichtes Schaudern angesichts der schicksalhaften Dimension des Datums spürbar, finde ich. Sowas wie Erschütterung. Dann sagt Pitti, seine Mutter sei an diesem Tag zwei Jahre alt geworden, weit im Osten. Momentaufnahme.

Er selbst geht auf die sechzig, Jahrgang 1953, was ihm nicht anzusehen ist. Kam mit dem Fahrrad, klar, Bewegung auch im Winter und von wegen Parkplatzsuche in Berlin, wohnt mit seiner Frau im fünfzehnten Stock, Weitblick auf den Müggelsee, Kinder aus'm Haus, machen ihr Ding. Na ja, sagt er, an seine Eltern denkend kann er sich schon vorstellen, wie denen zumute war damals, als er das Studium schmiss.

Lange vorher, sechziger Jahre, hatte ihm sein Vater – der leitete eine LPG – ein Notenheft mit Beatles-Songs geschenkt. Überhaupt die Liverpooler und deren Sound. Schließlich Jumpin' Jack Flash von den Stones. A Gas? Elektrisierend, identitätsbildend, doch vor allem: entscheidungsprägend. Ab zu den Klosterbrüdern also, schon 1963 gegründet, eine feste Größe im Raum Magdeburg. Die trugen so Mönchskutten, ihre respektable Anhängerschaft wuchs, reiste, trampte zu den »Muggen«, wie im Osten die Konzerte, die »Gigs«, genannt werden. Jesuslatschen, lange Haare, nicht unbedingt FDJ-kompatibel.

Es sei weniger der Name gewesen – von wegen angespanntes Verhältnis Staat-Kirche –, als vielmehr die bunte Schar, schwer berechenbar, die die Klosterbrüder bei der Obrigkeit suspekt machten. Das Verbot drohte nicht wegen der Musik, orientiert an King Crimson, Colosseum, Kevin Ayers, die großen Artrock-Nummern im Westen.

Vorbei. Sie machten dann als »Magdeburg« weiter und wurden schnell auch DDR-weit bekannt. Es folgten neue Stationen, Orientierungen, und mancher von denen gingen bittere Trennungen voraus. Schock bei den anderen. Zum Beispiel, als Pitti zusammen mit Rüdiger »Ritchie« Barton nach fünf Jahren »Magdeburg« verließ und bei »City« anfing. Wo es dann letztlich nicht so toll lief, auch weil Konkurrenz und Klüngeleien echten Freundschaften im Wege standen. Da kam es ganz gelegen, dass Barton Tamara Danz traf und zu »Silly« wechselte. Piatkowski spielte bei »NO 55«, seiner Hausband ab dann, schwer erfolgreich, Hitparadenplätze, eine der Großen der DDR zeitweise. Pass in der Hand, Reisen nach West und Ost.

Später die All-Star-Band »Gitarreros«, bei deren Konzerten es abging – die Leute spürten es und ließen ihren Frust auch über die erstarrten Verhältnisse gegen Ende der DDR raus. Danach war alles anders. Und materiell nicht ganz einfach für die meisten Ostrocker; auch – wie bekannt – für andere DDRler nicht. Biografie geknickt. Für die Musiker besserte es sich mit der Zeit, doch der Gegensatz zwischen Ost und West blieb bis heute. Nur wenige Club-Gigs laufen drüben in der alten BRD.

Zum Beispiel Renft, die Legende, bei der Piatkowski 2007 einstieg. Es gibt eine Live-CD von 2010, die aus Alt Neu macht. Aber wer registriert die schon im Westen? Dabei entstanden gerade in der DDR manche Songs der Spitzenklasse, die mentalitätsübergreifend das Zeug zum Evergreen haben und im Osten längst Kultstatus genießen.

»Man musste zusehen, vernünftige Lyrics zu bekommen. Und die mussten dann durchs Lektorat.« Die Dummheit der Zensur: Wer die Sachen von Renft, 1976 verboten, heute hört, weiß, was die DDR damals verloren hat. Und doch bleibt: »Irgendwann werd ich mal etwas ganz Großes tun.« Und: »Wer die Rose ehrt«, »Als ich wie ein Vogel war«, »Ketten werden knapper«. Texte von Werner Karma für Silly, Kurt Demmler für Renft, Ulrich Plenzdorf und so weiter. Sie sorgten nicht nur für Qualität, sondern für Interpretationsspielräume. »Kunstwerke«, sagt Piatkowski, und zudem: Was ist gegen das Straighte, Spontane, Flache der Großen zu sagen, gegen »I can't get no« oder »Stairway to heaven«? Led Zeppelin für die Welt!

Gisbert Piatkowski hat sich entschieden, in den Siebzigern. Völlig reuelos und überzeugt. Dabei stellt sich im Nachhinein, aus der historischen Distanz, auch für die, die mit seiner Musik in Kontakt gekommen sind, egal wo, seine Entscheidung als Glücksfall dar. Das hat was mit dem zu tun, was er rüberbringt. Und wie. Mit Leidenschaft, Energie, zudem ein Könner. Wenn er Hendrix' Voodoo Chile gnadenlos »auf Piatkowski« zelebriert, dann gleicht er dem Sänger, der Jimi fühlt, der ihn kannte: Mitch Ryder, der Achterbahnfahrer des Rock. Es gibt keinen anderen Weißen, der den Blues so singt wie er, »ain't nobody white«, schon betagt, aber immer noch ein Shouter.

Fünf Jahrzehnte nun schon – die vergangenen Jahre war Pitti immer dabei, wenn der Mann aus Detroit über den Großen Teich anreiste und tourte. Im Winter, mit Engerling, den Bluesern aus der DDR. Mit Pitti zudem als Solisten. Es sei »aufregend« mit den Jungs und »unserem Gastgitarristen« zu spielen, meint Mitch, der Überlebende. »Meine Brüder« nennt er sie. Auf der aktuellen Setlist steht dieses Jahr auch »Er ist nicht mein Präsident, ich bin aus Amerika«. Ryders musikalischer Schlag, also Hit, gegen Reagan und dessen Atomraketen für Europa 1983. Klartext erst recht für heute.

Gisbert Piatkowki geht nun. Er gibt seit langem auch Gitarrenunterricht. Seine jungen Schüler sagen: »Einer von uns.«

Nachtrag

Zwischen Weihnachten und Silvester 2018 traten »Renft« zu ihrem Fünfzigsten in Neustrelitz auf, Schoppe, Kriese, Schloussen, Piatkowski, der sich in der Klasse eines George Harrison oder Mick Taylor präsentierte. Sie spielten die alten Lieder, die noch so erstaunlich frisch klingen, unplugged, aber unüberhörbar, im – wie schon im Vorjahr – bis auf den letzten Platz gefüllten Landestheater, das bis 1991 nach Friedrich Wolf benannt war. Das Publikum war mit den Musikern älter geworden, und mit ihnen zudem textsicher geblieben. »Ketten werden knapper und brechen sowieso ...«

Ein Lied für Chile wie »So starb auch Neruda« 1973, also noch in Zeiten des historischen Optimismus, der letztlich die philosophische Kategorie einer Entwicklung vom Niederem zum Höheren auf eine – noch? – nicht tragfähige gesellschaftspolitische Ebene übertrug. Aber ohne ihn geht es letztendlich nur schwerlich. Wie auch nicht ohne »Wandermanns« Erkenntnis »Abschied heißt doch auch weitergehn«.

Das Publikum in Neustrelitz mochte erst recht auf das »Gänselieschen« nicht verzichten: Gefühlte zehn Minuten a cappella »Unsre LPG hat hundert Gänse / Und ein Gänselieschen das ist mein« – es stammt von »Monster« Schoppe, dem Leadsänger, und der musste sich auch diesmal wieder wundern über seinen sonderbaren Evergreen. Wenigstens im Osten ewig grün offensichtlich. Und im ehemaligen Friedrich-Wolf-Theater wurde jüngst gar wieder »Die Matrosen von Cattaro« aufgeführt, das erste Wolf-Stück überhaupt seit der Wende.

Oben auf den Türmen, wo die Tauben sind: Puhdys 2012

OBEN – NICHT ABGEHOBEN

*Eine exklusive Begegnung mit den Puhdys in luftiger Höhe über
dem Berliner Alexanderplatz*
Nachtrag: Die zweite Auflösung

Oben auf den Türmen, wo die Tauben sind,
spürt man von den Stürmen mehr als nur den Wind.
(»Zeiten und Weiten«, 1974)

Zurück auf Start, rauf auf den Turm: An diesem Mittwoch
erinnerte manches an einst, stürmische Zeiten, die nicht zum
Schlafen da waren. Wir standen mit den Puhdys hoch über
den Weiten des Alexanderplatzes, der Fernsehturm als glän-
zende Kulisse. Es windete mächtig dort oben auf der zugigen
Dachterrasse über Stockwerk 37 des Hotels Park Inn. Und
doch schien der Sturm unten viel stärker, zumindest der
gefühlte: Vom Alex wurde bereits als »gefährlicher Zone«
gesprochen. Noch war die Beklemmung nicht gewichen, die
der Tod eines jungen Mannes ausgelöst hatte – eingetrete-
ner Kopf an seinem zwanzigsten Geburtstag. Und mancher
fremdländisch Aussehende fürchtete sich nun hier in Berlin
Mitte. Brutale Zeiten.

Wir schlenderten hinüber zur Weltzeituhr, nach wie vor
ein In-Treffpunkt Berlins, Symbol auch irgendwie für die
großen Tage der wohl populärsten DDR-Rockband, damals
auf alle Fälle: 1973 traten die Puhdys auf dem Alex bei den
Weltfestspielen auf, ein Großereignis für »die Jugend der
Welt«, wie es etwas gestelzt genannt wurde. Nach Kuba zum
Festival fünf Jahre später wollten die Rocker dann nicht
mehr – und fuhren doch, wie sie uns im exklusiven Interview erzählten.

Dieter Birr: Zu den Weltfestspielen beispielsweise wurde ein Aufruf gestartet, Lieder zu schreiben aus dem Anlass – 1973 Berlin, 1978 Kuba. Wir wollten ja nicht nach Kuba. Der Klaus (Scharfschwerdt, Schlagzeuger der Puhdys) hat damals bei »Prinzip« gespielt. Die haben dann jede Menge Lieder gemacht. Was war das Ende vom Lied: Die blieben zu Haus, wir mussten hinfahren.

Klaus Scharfschwerdt: Wir wollten hin, ja. Endlich mal ins Ausland. Die Puhdys sind gefahren. Weil sie Privilegierte waren. Die haben schon damals in der Dortmunder Westfalenhalle gespielt bei der SDAJ.

Wir trafen die fünf Männer aus Anlass ihres neuen Albums »Es war schön«. Und es wurde eine intensive Begegnung in jenem Hotel, das früher »Stadt Berlin« hieß, noch heute das höchste reine Hotelgebäude Deutschlands.

Zwei Freunde, denen wir die jüngste CD vorspielten, erkannten nach dem Intro sofort: »Klar, Puhdys.« Und weiter: »Wirklich unverwechselbar.« Sie hatten die Puhdys lange nicht gehört und meinten nicht nur den typischen Sound. Sie fanden sich auch sofort in den Texten wieder, viele von Dieter Birr geschrieben, der »Maschine« genannt wird. Der Sänger, der zusammen mit »Quaster« Dieter Hertrampf vorne steht. Beide Stimmen sind Markenzeichen wie der Falsett-Gesang und der Synthesizer-Vollsound, für den Peter »Eingehängt« Meyer verantwortlich zeichnet. Über die Wurzeln im Hardrock des Westens gaben die drei bereitwillig Auskunft.

Birr: Uriah Heep – die Chöre haben uns gut gefallen. Zwei wunderbare Sänger, die Kopfstimmen singen können. Wir spielten dann »Gipsy Queen« und sowas nach. Oder Deep Purple »Child in time«.

Dieser Falsett-Gesang wurde, neben anderem, zum Marken-
zeichen. »Ikarus«, »Türen öffnen sich zur Stadt« oder »Zeiten
und Weiten« – das erinnert an Led Zeppelins »Immigrant Song«.

Birr: Genau.

Auf »Es war schön« würde ich sagen: Arcade Fire.

Birr: Weiß nicht. Aber Arcade Fire haben bei uns geklaut.
Deren »Intervention« erinnert mich an »Wunderland« auf
unserer Weihnachts-CD.

»Wenn ein Mensch lebt« stammt als Komposition ausnahms-
weise mal nicht von den Puhdys, erinnert aber an die Bee Gees
»Spicks and Specks« ...

Birr: Nein, eher an »Sir Geoffrey saved the world«. Von
»Spicks and Specks« ist nur das Klavier, mit dem Ton-
artwechsel. Bei dem Film »Die Legende von Paul und
Paula« wollte der Regisseur Heiner Carow eine Musik
haben. In der Rohfassung hat er »Spicks and Specks«
untergelegt und was von Slade. Der Filmkomponist Peter
Gotthard hat dann die Musik entwickelt. Da sind zwar
auch eigene Songs drin – »Zeiten und Weiten«, »Manchmal im Schlaf« –, aber die Hauptsongs hat er gemacht.
Wir standen damals noch am Anfang unserer Karriere,
konnten noch nicht so einschätzen, dass man auch mit
einer Filmmusik so durchstarten kann.

Scharfschwerdt ist mit 58 Jahren das »Küken« unter den
fünf schon etwas älteren Herren, von denen drei das Ro-
ckerrentenalter – derzeit noch bei 65 Jahren – überschritten haben. Peter Rasym, den sie »Bimbo« nennen und
der 1953 in Bitterfeld geboren wurde, ist der Youngster
was die Zugehörigkeit zur Band betrifft. Er spielte früher
unter anderem bei Stern Meißen, IC Falkenberg und bei

Günther Fischer. 1997 stieß er zu den Puhdys – ein freundlicher Zeitgenosse, dessen langen Haare im Alex-Wind
flattern. Er amüsiert sich ebenso wie die Passanten während des Shootings, bei dem sich Fotograf Santiago Flores,
ein Uruguayer, voll ins Zeug legt. Rasym ist ein hervor-
ragender Musiker, was auch dem Kulturbetrieb der DDR
nicht verborgen blieb: Dreimal wurde er zum »Bassgitar-
risten des Jahres« gewählt.

Eine Frau im Rollstuhl, die pausenlos die Puhdys beim Fo-
tografieren fotografiert hat, zieht, als wir aufbrechen wollen,
Birr an der Lederjacke. Ob sich »Maschine« – »so wirst Du
doch genannt ... ?« – erinnere, damals auf der Karl-Marx-
Allee: Sie im getunten Trabant, »ihr in eurem roten Volvo«,
die kleine Wettfahrt. Birr erinnert sich natürlich nicht, grinst
aber und reicht der Frau die Hand.

Apropos »Privilegien«. Da ist zu hören, und das hält sich,
die Puhdys seien eine Staatskapelle gewesen. Die haben zum
Beispiel die größte Anlage, die tragen die buntesten Klamotten,
die erhalten Preise.

Birr: Dann waren alle Bands Staatskapellen. Die einzigen, die staatskritische Texte gemacht haben, waren Renft
und Biermann – und die sind rausgeflogen. Das sind für
mich Leute, die nen Arsch in der Hose hatten und gesagt
haben, wovon sie überzeugt waren. Die anderen, die sich
kritisch nannten, waren live auf dem Sender, und hätten
in Interviews alles sagen können. Doch da gab es nie kritische Worte...

Scharfschwerdt: Ich bin jetzt 32, 33 Jahre dabei. Die Puhdys haben die Ostmusik erfunden. Sie haben bekannte
Vorbilder gehabt, klar. Aber letztlich sind es die Puhdys,
die die Ostmusik erfunden haben.

Bahnbrechend waren die Puhdys sicherlich, was Rockmusik mit deutschen Texten betrifft. Sie haben 1969 angefangen, ab 1971 dann ging es auf Deutsch los. Da waren sie Pioniere. Im Westen lief das in etwa zeitgleich. Vielleicht waren Ihre Kinder etwas eher dran ...

Birr: Lindenberg brachte Daumen im Wind. Das war auch 1971. Floh de Cologne war vor uns. Ihre Kinder wohl auch.

So oder so werden sich viele Fans mit »Es war schön« identifizieren, zumal ein größerer Teil mit der Band vor allem in der DDR großgeworden ist. Sicher, der Text ist zunächst privat, aber könnte er nicht auch gesellschaftlich aufgenommen werden – also, es war schön damals in der DDR?

Birr: Wir wollen das Gefühl, es war schön in der DDR, auf keinen Fall fördern. Wie gesagt, es gab schöne Momente, es gab viele Momente, die man lieber nicht erlebt hätte. Kennen wir alle: dass die Menschen an der Grenze erschossen wurden. Aber vielleicht gab es mehr Zusammengehörigkeitsgefühl, dass die Menschen mehr Zeit hatten. Heute denkt ja jeder nur noch an Arbeit, wie kommt er weiter. Sie haben mehr Sorgen, andere als früher. Wir haben das Glück, dass es uns relativ gut geht, wurden vom Schicksal belohnt. Wir können ganz normal auf die Straße gehen, müssen uns nicht verstecken, die Leute mögen uns.

Hertrampf: Wenn man das Lied schon auf uns begrenzen will: Wenn die Gesundheit mitspielt, wird es auch so bleiben. Im Grunde hatten wir ein tolles Leben – mit allem, auch Schwankungen, was dazugehört. Das ist nicht auf die DDR zu begrenzen.

Es gibt viele hochkarätige Texte der Puhdys selbst, von herausragenden Autoren, Lyrikern. Welchen Einfluss haben die Ideale, meist humanistische, auf das Lebensgefühl?

Meyer: Die Leute haben sich mit den Texten beschäftigt. Noch heute, wenn sie unsere Lieder hören, an das, was war, an die Probleme auch, die jetzt sind. Wir haben immer drauf Bezug genommen, zum Beispiel an das Lied »Denk ich an Deutschland«. Das hat die Leute bewegt. Wir haben uns zwischen den Systemen bewegt. Die Texte sind auch heute noch gültig, wahrscheinlich überall. Und bei »Es war schön« habe ich nicht daran gedacht, über die DDR zu singen und wie schön es damals war. Jeder für sich allein, wir gemeinsam haben über viele Jahre schöne Dinge erlebt. Der Phantasie sind da keine Grenzen gesetzt ...

Das war damals – und es blieb viel zu fragen. Zum Beispiel, wie sie heute zu dem verschwundenen Land stehen, in dem sie so berühmt geworden waren. Natürlich erzählten sie auch von den Schwierigkeiten danach – vor allem jedoch von »Es war schön«.

Birr: Musik ist unser Leben, mein Leben. Wir wollten nicht so ganz aufhören. Aber es war ja alles weggebrochen. Vorher hatten wir Aufträge vom Rundfunk oder der Plattenfirma, die und die Bands zu produzieren. Unsere Söhne beispielsweise damals mit Rosalili. Das war weggebrochen. Da kam kein Mensch aus dem Westen mit Aufträgen. Ich war nicht panisch, hatte ein paar Rücklagen. Ich hab mir dann immer gesagt: Für nen Hunderter kannste immer irgendwo spielen. Hat auch Spaß gemacht als Alleinunterhalter in der Kneipe.

Scharfschwerdt: Zunächst wussten wir nicht, ob wir überhaupt weitermachen. 1992 kam dann ein Veranstalter, meinte, wir könnten in Dresden auf einem kleinen Platz spielen. Neue Zeit, neue Herausforderung. Da stellte sich heraus, dass im Vorverkauf 600 Karten weg waren – zu der Zeit eine utopische Zahl. Zum Schluss war der Platz mit 2000 Leuten überfüllt. Von da an ging es dann wieder bergauf.

Birr: Wir haben dann eine Platte gemacht, die die Plattenfirma auch haben wollte. »Wie ein Engel« wurde am Ostbahnhof mit Autogramm-Stunde präsentiert beim WOM, da waren ein paar hundert Leute drin. Da war klar: Gibt ja doch noch viele, die sich für uns interessieren.

Nach einigen Alben bei Multiart und Buschfunk, also Indies, jetzt Rückkehr zum Major. Wie sind Sie dazu gekommen?

Birr: Eine völlig neue Erfahrung war, dass die Plattenfirma auch mal Kritik übt. Klar haben wir uns bei früheren Alben auch mit den Band-Kollegen und dem Management kritisch auseinandergesetzt. Aber es waren keine Grundsatzentscheidungen. Wir haben uns nie Gedanken über Singleauskopplungen gemacht, wie jetzt. Die neue Plattenfirma sagte von Anfang an, wir brauchen etwas für die Medien. Und sie sollte ja Recht behalten, unsere neue Single »Es war schön« wird auf vielen Sendern – Ost wie West – schon gespielt. Es ist in jedem Fall ein gutes Zeichen.

Draußen auf dem Alex scheint die Sonne, doch es riecht nach Sturm. Nein, es sind die Zeiten nicht zum Schlafen da.

Der Text entstand nach der Begegnung mit den Puhdys 2012 auf dem Berliner Alexanderplatz, die Zitate stammen aus dem Interview im Hotel Park Inn.

Nachtrag

Die Eröffnungsfrage des gemeinsam mit meinem Kollegen Christian Hentschel geführten Puhdys-Interviews im ehemaligen Hotel Berolina am Alex Ende 2012 hatte sich geradezu aufgedrängt: »Es war schön« hatte die Band, nach dem Titelsong, ihr erstes Album seit langem genannt. Das klang nach Erinnerung, wie auch Abschied. Also fragten wir: Hören die Puhdys auf? Und Dieter Birr meinte: »Dass wir aufhören, stimmt. Aber: Es ist eine Frage der Zeit.« Sollte heißen: gemach – das kann dauern ... Oder ob der Kopf der Puhdys ahnte, dass das zweite Ende des DDR-Dauerbrenners – 1988/89 hatten sie eine erste Abschiedstournee gegeben – doch recht nah bevorstand?

Anfang 2014 wurde bekannt, dass 2015 Schluss sein sollte. Peter Meyer meinte: »Wir sind Ende des Monats alle über 60. Irgendwann macht der Körper einfach nicht mehr mit.« Das letzte offizielle Konzert der Puhdys fand dann am 2. Januar 2016 in der Mehrzweckhalle am Berliner Ostbahnhof statt. Im April desselben Jahres erhielten die Puhdys, die als erste Rockband überhaupt 1982 mit dem Nationalpreis der DDR ausgezeichnet worden waren, den »Echo« für ihr Lebenswerk.

DIE BRECHT-INTERPRETIN

*Durch die Zeiten: Jahrgang 46 – die Autobiografie von Gina
Pietsch erzählt vom Aufbruch und wie es weiterging
Nachtrag: Antifaschismus – was sonst?*

Irgendwann vor den Novemberwirren des Jahres 1989 zer-
stritt sich Gina Pietsch mit ihrem guten Freund Franz Josef
Degenhardt. Oder er mit ihr? Jedenfalls stellte der Liedermacher, Poet, Romancier mehr klagend als fragend fest: »Du
trägst wohl auch so ein Gorbi-Hemd?« Und die Sängerin
und Schauspielerin »war sauer« und antwortete: »Na hör
mal, das ist für uns ein unheimlich wichtiger Mann.« Selbstverständlich habe sie zu den »Gorbi-Fans« gehört, sagt sie.
Doch »Degenhardt war klüger, er hatte ihn von Anfang an
für einen Sozialdemokraten gehalten«, so Pietsch in ihrer
nun vorliegenden Autobiografie.

Diese handelt von individueller Entwicklung und deren
Abhängigkeit von gesellschaftlichen Bedingungen. Auf
beides blickt die im Sozialismus groß gewordene Autorin,
ohne sich kirre machen zu lassen – vor allem von dem, was
bei der »Aufarbeitung der SED-Diktatur«, mit der sich eine
»Bundesstiftung des öffentlichen Rechts« beschäftigt, alles
so über das fürchterliche Dasein im Osten Deutschlands
immer wieder neu enthüllt wird. Gina Pietsch, im Kapitalismus eher fremdelnd, hält als »DDR-Kind, das nicht freiwillig
Bundesbürgerin geworden ist«, so einiges aus.

Erst recht als »Brechtianerin«, allemal in Erinnerung der
Verteufelung Bertolt Brechts und der Verbannung seines
Werks in der BRD der Fünfziger und Sechziger. Und des Um-
gangs mit jenem in der DDR, nämlich gleich um die Ecke bei
den Eltern, im Kulturhaus des Chemiefaserwerks Wilhelm
Pieck in Schwarza. Der Vater, ein durch Kriegsgräuel und

Ganz schön mutig: Diseuse und Aktrice Gina Pietsch, Berlin 2015

sowjetische Gefangenschaft zum Antifaschisten Geläuterter, leitet es – eines von über 4000 Einrichtungen der ostdeutschen Kulturrevolution. Die Mutter Maskenbildnerin in Halle, Gina erstmals mit fünf Jahren auf der Bühne.

Dann Schulzeit in Rudolstadt, Studium in Leipzig, »für mich eine gute Brecht-Schule«: Pädagogik, Germanistik, Literatur, okay. Vor allem aber: jede Menge Theater für 50 Pfennig Eintritt. Und die Praxis auf der Studentenbühne – »ein wenig als Ersatz für meinen nicht gelungenen Plan, Schauspielerin zu werden«. Später wird sie natürlich »echte« Aktrice an der Ernst-Busch-Schauspiel-, »echte« Diseuse an der Hanns-Eisler-Musikschule, und nach der Zeitenwende zurück, als die Namen der Hochschulen politisch entsorgt werden sollen, arbeitet sie gar ebendort als Dozentin.

Doch zunächst tritt die junge Studentin in Leipzig unter anderem mit Christoph Hein auf, singt im Singeklub von Kurt Demmler, den sie als »Egomanen« erlebt. Der Arzt und Liedermacher, als Texter das beste Pferd im Stall DDR »bis Gundermann kam«, lässt trotz des unsäglichen Beat-Verbots von 1965 die geächteten Butlers um den Bassisten Klaus Jentzsch auftreten. Aus denen wird dann mit der Klaus-Renft-Combo die damals wohl wichtigste Rockgruppe der DDR, deren Name heute für kulturelle Fehlentwicklungen ersten Ranges steht.

Was wäre geworden, wenn die vielen jungen, dynamischen, idealistischen und klugen Leute nicht gegängelt worden wären? Wie 1975 die Renft-Crew, so die ungezählten anderen, die auf der Ebene der künstlich erzeugten Mühen gestoppt wurden. Beispielsweise traf Pietsch mit Beginn ihrer Jahre im Oktoberklub 1969 Persönlichkeiten wie Tamara Danz, Regina Scheer, Aurora Lacasa, Jürgen Pippig, Reinhold Andert, Barbara Thalheim. Vielerorts im »Dörfchen DDR« (Peter Hacks) blühte die Hoffnung und nicht nur in der Kulturszene.

Auf dass die rote Fahne »der Richtige trägt«, sang die Gruppe Jahrgang 49 – mitgegründet von Pietsch – den Text von Heinz Kahlau, und verstand vielleicht selbst nicht so richtig. Als die Künstlerin 1983 in Westberlin gastiert, entdeckt sie im Publikum Sabine Fehse, ehemals auch bei Jahrgang 49, dann abgehauen aus der DDR. »Im Nachhinein frag ich mich, warum ich sie nicht nach dem Konzert angesprochen habe. Sie sah so traurig aus, und einige Jahre später nahm sie sich das Leben.«

Was also hätte aus diesem Land werden können? Die wichtigsten Produktionsmittel sind volkseigen, die Voraussetzungen dafür, dass die Arbeit der Einzelnen allen nützt und dass Krieg zum Fremdwort wird, sind vorhanden. Warum werden sie nicht genutzt? Gina Pietsch, SED-Eintritt mit siebzehndreiviertel, benennt so manchen »Blödsinn«, viele »Fehler«, beklagt »Stalinismus«, bedauert die Sprengung der Unikirche Leipzig 1968, die Sache mit Biermann 1976 und konstatiert, dass nach dem VIII. Parteitag der Brechtsche »Spaß am Denken« zusehends »ins Hintertreffen« geraten sei.

Indem sie sich kritisch damit auseinandersetzt, landet sie dann doch wieder bei den Grundlagen, beim humanistischen Erbe der DDR, den Dingen also, die die Attraktivität des Landes ausmachten. Das, was »Solidarität« genannt wird, Fühlen mit den Unterdrückten in aller Welt, Internationalismus, Hilfe für die um Befreiung kämpfenden Völker des Trikont. Pietsch reist mit Jahrgang 49 durch Lateinamerika und Vietnam (»Dieses Volk hatte unsere ganze Solidarität«). Sie erlebt live, was die meisten DDR-Bürger nur theoretisch erfahren können: den »Elendsfaktor« in den Slums der Dritten Welt, ebenso wie in den Metropolen des Kapitals, wo Egoismus Alltag ist.

Folglich vermutet sie zum Beispiel, dass die Ursachen für Peter Hacks' »Klarheit in der Sicht auf gesellschaftliche Realität« nicht zuletzt darin liegen, »dass er aus eben der Gesellschaft kommt, in die wir hineingeraten sind. Ihm kann man nix vormachen.« Was auch Degenhardts Gorbatschow-Skepsis erklären mochte. Mit dem Liedermacher verband sie eine »unmögliche Liebe«, mit dem Vater ihrer Tochter Frauke eine »nicht gelungene«. Pietsch berichtet davon und von ihren weiteren Lieben, wie der zu Schauspiel-Ikone Ekkehard Schall. Gefühlsmäßig lief so einiges – und die Künstlerin ziert sich nicht, davon zu erzählen. Warum allerdings Gerhard Gundermann auf die Frage, welches Kunstwerk er nie verstanden habe, antwortet: »Aber immer geliebt: Gina Pietsch«, bleibt ungeklärt.

Und auch, wie das nun genau ablief in der Jury, der Pietsch angehörte, als sie 1987 bei den Chansontagen der DDR ausgerechnet jenem liedermachenden Querdenker Gundermann den Hauptpreis verleiht – nach heftigen Diskussionen, gegen alle engstirnigen Widerstände und völlig gegen den Trend, in dem »Sensibelchen auf der Suche nach sich« ganz vorne liegen. Ein interessanter Vorgang, der immerhin darauf hindeutet, dass weder bürokratische Hindernisse noch opportunistischer Kriechgang systemimmanent waren, wie von Apologeten der DDR-Diskreditierung unterstellt.

Es wäre schon spannend gewesen, mehr darüber zu lesen – obwohl: »Die DDR interessiert doch keine Sau mehr.« (*Der Spiegel*, 31/2017) Ist deswegen etwa »das Erinnern an Zukunftsgedanken unmodern« (Pietsch) geworden? Die Künstlerin erklärt, warum sie nicht mehr Volker Braun aufführt, obwohl sie gern würde: »Aber ich kann ja nicht in meinem Wohnzimmer spielen. Es ist schwer, immer gegen den Strom zu schwimmen.« Auch ökonomisch schwer. In der DDR haben »wir nie nach dem Geschmack des Publikums geschielt, weil wir es nicht brauchten«. Jetzt entscheidet der Markt über Engagements, und manches im freischaffenden Bereich ist »kaum noch zu ›verkaufen‹«.

Was objektiv nichts daran ändert, dass Gina Pietsch eine der wichtigsten Brecht-Interpretinnen weltweit ist. Sie hat längst die Plätze derjenigen eingenommen, von denen sie lernte. Die May, der Schall – die bestimmten Artikel vor den Namen sagen alles über deren Status, ihre Brecht-Interpretationen waren gesetzt in der DDR, auch bei der Schallplattenfirma Amiga. So ist Pietsch zwar mit Songs von Jahrgang

49 auf zwei Scheiben zu hören – bedeutsame Programme aus den Achtzigern dagegen wurden nicht auf Vinyl gepresst, wie ihre ersten beiden Brecht-Programme (von inzwischen 30!) mit Stefan Körbel und der Hannes Zerbe Blech Band. Oder das Emanzipations-Solo »Kinobesuch«, geschrieben für sie von Hans-Eckardt Wenzel und Steffen Mensching – es erlebte über 250 Aufführungen in der kleinen Republik.

Aus dem Repertoire, das Pietschs umfangreiche künstlerische Karriere nach 1990 ausmacht, war jüngst ihr Stück über Hedy Kiesler Lamarr zu sehen, das sie zusammen mit dem Komponisten und Jazz-Pianisten Bardo Henning auf einer Bühne im Prenzlauer Berg aufführte – vor 16 Zuschauern. Eine Schande die Besucherzahl, der Auftritt der Künstler aber: fulminant. Wie der mit Christine Reumschüssel zur Würdigung von Mikis Theodorakis. Oder der mit Frauke Pietsch bei »70 Jahre junge Welt« im überfüllten Kino International an der Karl-Marx-Allee. Dort hatte vor einigen Jahren Harry Belafonte, den Gina schon in der DDR erlebt hatte, seine Autobiografie präsentiert. Kreise schließen sich, auch historisch.

Und der Oktober verspricht rot zu werden. Wenn die Pietsch ihr Programm zur gleichnamigen Revolution in Russland vorstellt, wird das jedenfalls mehr sein als eine Jubiläumsfeier. Ohne Gorbi, mit Degenhardt.

Gina Pietsch, Mein Dörfchen Welt, Neues Leben, Berlin 2017.

Nachtrag

Gina Pietsch wohnt in Berlin-Lichtenberg, Plattenbau, oberstes Stockwerk, den Wolken nah. Der Blick vom umglasten Balkon fällt auf das satte Grün der Bäume und Pflanzen unten, dort, wo sich einst die Kleingartenanlage Dreieinigkeit befand. Von 1943 bis Kriegsende sei dort der spätere Entertainer Hans Rosenthal, ein Jude, als Jugendlicher von drei Berlinerinnen vor den Nazis versteckt worden, erzählt die Künstlerin bei meinem Besuch. 70 Jahre danach sang sie in Mauthausen, bei der morgendlichen Gedenkfeier zur Befreiung des österreichischen KZs, an der Mauer mit dem seherischen Brecht-Gedicht von 1933, davor die Skulptur von Fritz Cremer:

O Deutschland, bleiche Mutter!
Wie haben deine Söhne dich zugerichtet
Dass du unter den Völkern sitzest
Ein Gespött oder eine Furcht.

Fritz Cremer (1906–1992), Mauthausen, Buchenwald, Ravensbrück, die Skulpturen in den KZ-Gedenkstätten kommen mir in den Sinn, auch die Bronze für die Spanienkämpfer am Berliner Friedrichshain – die Skizzen dazu und wie es der bildenden Kunst gelingt, Antifaschismus auf ihre Art zu formulieren, zu gestalten. Darum geht es auch Gina Pietsch, denke ich, und wundere mich darüber, dass ich mich wundere. Ist Antifaschismus nicht eine Selbstverständlichkeit?! Muss dazu überhaupt irgendetwas begründet werden, muss gar argumentiert werden?

Es muss, antwortet Brecht 1952 in seiner Rede für den Frieden: »Das Gedächtnis der Menschheit für erduldete Leiden ist erstaunlich kurz. Ihre Vorstellungskraft für kommende Leiden ist fast noch geringer: Die Beschreibungen, die der New Yorker von den Greueln der Atombombe erhielt, schreckten ihn anscheinend nur wenig. Der Hamburger ist noch umringt von Ruinen, und doch zögert er, die Hand gegen einen neuen Krieg zu erheben. Die weltweiten Schrecken der vierziger Jahre scheinen vergessen. Der Regen von gestern macht uns nicht nass, sagen viele.«

Brechts Werke werden im neuen, größeren Deutschland nur selten gespielt. Vielleicht, weil sie so wichtig sind – ob im neuen Deutschland oder in der Welt. Und dass Brecht damals in der alten BRD, nach zunächst Jahrzehnten der

Ignoranz und der Verleumdung, im Zuge der 68er-Revolte endlich stärker wahrgenommen worden war, hing sicherlich auch mit der Qualität und Breite der Rezeption im Osten zusammen. Die strahlten aus. Das war. Heute ziehe sie, sagt Gina Pietsch, vor jedem Veranstalter, der einen Brecht-Abend durchführt, erst einmal den Hut. »Ganz schön mutig, denke ich.«

Der Blick vom umglasten Balkon ganz oben findet unten ein größeres Gebäude: Polytechnische Oberschule Ilja Ehrenburg. Die heißt längst nicht mehr so – im Gegensatz zu den beiden Hochschulen, an denen Pietsch dozierte: Hanns Eisler für Musik, Ernst Busch für Schauspiel. »Der Name Eisler sollte abgeschafft werden. Linke, engagierte Leute haben das verhindert. ›Busch‹ sollte abgeschafft werden, die Universität der Künste sollte die Einrichtung und letztlich den Namen unter sich subsumieren. Dass das nicht geschah, musste erkämpft werden.«

Es wurde also begründet, es wurde argumentiert, es wurde gekämpft; und erst recht, als zudem »Antifa« zum Schimpfwort wurde – also das Gegenteil einer logischen, vernünftigen, auf bitterer Erfahrung basierten Selbstverständigkeit. Meine Verwunderung darüber handelt von den Gründen für die Frage.

ERINNERUNG FÜR DIE ZUKUNFT

Vor zwanzig Jahren starb Gerhard Gundermann. Sein Werk
lebt immer noch und immer mehr, weil die Geschichte vom
Kommunismus weitergehen muss
Nachtrag: Filmpreise

So poppig bunte Wundertüten
Kann ich dir nicht bieten
Nur 'n richtig guten Sonnenuntergang.
(»Brunhilde«, 1997)

Sommeranfang, ausgerechnet Sommeranfang. Am 21. Juni
1998 beendete in Spreetal ein Gehirnschlag das Leben des
43-jährigen Gerhard Rüdiger Gundermann. Ein »sinnlos
frühes Sterben«, so Trauerredner Heinrich Fink auf der Beerdigung in Hoyerswerda, am Rande des Lausitzer Braun-
kohlereviers. Dort, auf dem Waldfriedhof, steht sein Grab-
stein, ein Findling mit der schlichten Aufschrift »Gundi«.

Auf den Sommeranfang blickte der baggerfahrende Philosoph und dichtende Arbeiter schon länger mit etwas Wehmut. »Es ist der Tag der Sommersonnenwende, es ist der Tag
mit der kürzesten Nacht, die Sonne hat ihren höchsten Punkt
erreicht. Sie weiß, höher hinauf wird es nicht mehr gehen,
und sie scheint im Zenit zu verweilen und zu überlegen, ob
sie sich weiter, so wie jeden Tag, nach Westen bewegen soll
und damit an ihrem eigenen Untergang arbeiten; oder ob sie
vielleicht nach Norden ausweichen soll oder nach Süden –
oder zurück innen Osten.«

Einem Seher gleich entwarf er, genau eine Woche vor seinem Tod, in dem kleinen Prignitz-Ort Krams das zeitlose
Bild von einer unentschiedenen Zukunft. 70 Leute im

Sommersonnenwende, ausgerechnet: Waldfriedhof Hoyerswerda

Publikum einer umgebauten Scheune, Soloauftritt mit Gitarre. Der wurde aufgezeichnet und zu etwas wie Gundermanns Vermächtnis, ungeglättet, mit allen, so typisch schnelllippig, teils hektisch vernuschelt vorgetragenen, poetischen wie tiefsinnigen Zwischentexten, eins zu eins abgebildet – lediglich der leise, melancholische Song vom Ende des Sommers fehlt, was einem blöden Bandwechsel geschuldet war. »Weißt du noch / wir hatten uns so auf diesen Sommer gefreut / und nun isser fast vorbei.«

Derzeit wird mit dem Lied, vorgetragen durch den Hauptdarsteller Alexander Scheer, für den Spielfilm »Gundermann« von Andreas Dresen geworben, der in der zweiten Augusthälfte anläuft. Der Dichtersänger hat weiter Konjunktur, selbst Jahrzehnte nach der DDR, mit der seine Biografie untrennbar verbunden ist. Dort führte er zwei Leben in einem, und dort gelang es ihm, seinen Alltag auf dem Fabrikplaneten mit der Bühne zu verbinden – die beiden Dokumentarfilme über ihn erzählen besonders davon, von seiner Fähigkeit, die übliche Trennung von Arbeit und Kunst aufzuheben.

Richard Engel drehte »Gundi Gundermann« zu Beginn der Achtziger für das Fernsehen der DDR, dessen Chefs zwei Jahre darüber diskutierten, bis er, drei Änderungen inklusive, im Januar 1983 gesendet wurde, spät abends zwar, »aber er war in der Welt!«, wie Regisseur Engel und die Schauspielerin Petra Kelling im Begleitheft zu ihrem Film schreiben. »Ende der Eisenzeit« von Ende der Neunziger wurde zunächst vom RBB finanziert, nach Ansicht der Rohfassung und darauf folgenden Turbulenzen aber abgewickelt – und dann doch noch fertiggestellt. Anfang 1999 fand seine Uraufführung in der Volksbühne am Rosa-Luxemburg-Platz statt, und mittlerweile liegen die »zwei Filme aus zwei Gesellschaften« immerhin auf DVD vor.

Ansonsten teilen sie in etwa das Schicksal von Gundermanns Songs, von Funk und Fernsehen weitgehend gemieden und – im Wortsinn – links liegen gelassen. Versucht wird, auch von den sogenannten Qualitätsmedien, »Gundermann durch Vergessen zu entsorgen«. Allerdings »bewirkt dieses gewollte, tödliche Schweigen oft auch das Gegenteil«, bemerken Kelling und Engel doch ziemlich optimistisch – und haben insofern recht, als Gundermann mit den Jahren zu einem Synonym für aufrechte Widerständigkeit geworden ist. Sehr sehr viele und – gefühlt – immer mehr Menschen versorgen sich an der »Tankstelle für Verlierer« mit »Lebens-Mitteln« aus seinem 300 Texte umfassenden Werk – im Osten zumindest.

Im Westen haben es seine Lieder trotz der Tübinger »Randgruppencombo« und jeder Menge Ost-West-Ehen, die ja diesbezüglich zivilisatorisch wirken könnten, schwer – was nicht unbedingt neu ist, hinkte der Westen doch den Notwendigkeiten der Zeit schon immer hinterher. Das behindert aktuell, wie schon in der alten BRD, ziemlich erfolgreich einen nüchternen und klaren Blick auf die DDR. Der wäre einfach zu gefährlich für die eigene, in poppig-bunten Wundertüten verpackte Existenz des schönen Scheins, zu dem im Übrigen und nicht zuletzt die Kunst als von der Realität weitgehend losgelöstes Produkt gehört.

Gundermann dagegen beschritt stur und zugleich flexibel seinen für richtig erachteten eigenen Bitterfelder Weg, führte seine zwei Leben in einem, als Baggerfahrer und als Künstler. Jahrgang 1955, geboren in Weimar, Scheidung der Eltern 1966, Umzug nach Hoyerswerda, Abitur, Offiziersschule in Löbau. Sein Anspruch, in der Volksarmee »Soldat der Revolution« zu werden, gerät vor allem angesichts des strengen Regiments von Befehl und Gehorsam in Widerspruch zur Wirklichkeit.

Er selbst sagt im Gespräch mit Hans-Dieter Schütt, er sei fürs Militärische – wahlweise – »zu blöd« oder »zu trottlig«, jedenfalls »musste ich wohl oder übel heimgehen, und niemand hatte was dagegen«. Der »Mangel an Verwendungsfähigkeit« bei der Landesverteidigung führt ihn schließlich als Hilfsarbeiter in den Tagebau und er übernimmt – nach

Absolvierung der Abendschule – als gelernter »Maschinist für Tagebaugroßgeräte« den Riesenschaufelbagger mit der Nummer 1417.

Ein Kumpel mit Feder und Gitarre, beharrte er auf der Idee von Bitterfeld 1959, die Arbeiterklasse ans Dichten und die Literaten an die Produktion heranzuführen und somit eine Art Kulturrevolution zu beginnen. Die versandete dann, wurde wegadministriert, und Gundermanns Bestandsaufnahme von 1981 klingt wie ein letzter, schon ziemlich verzweifelter Alarmruf.

> Seit fünfzehn Jahren steh ich an der Weltzeituhr
> Und ich bin nicht mehr so jung
> Und ich warte, und ich warte
> Und die rote Nelke trag ich immer noch am Helm
> Obwohl sie mir schon lange verdorrte
> Und diese Zeitung halt ich noch in der Hand
> Obwohl ich sie schon nicht mehr lesen kann
> Und starre in den Nebel
> Wann kommt der Mann
> Der mir sagt, wir brauchen dich
> Jetzt bist du dran.
> (»Lancelots Zwischenbilanz«, 1981)

Er kam nicht »dran«. Wie die ganze junge Garde nicht. Die Zwischenbilanz des Tafelrundenritters auf der Suche nach dem Heiligen Gral erschien erst 1988, viel zu spät, bei Amiga auf seiner einzigen DDR-Schallplatte »Männer, Frauen und Maschinen«. Roland Knauer schreibt dazu in *Melodie und Rhythmus* (5/2015): »Die DDR taumelte ihrem Ende entgegen, und nur die wenigsten Aufrechten waren sich noch sicher mit diesem Sozialismus. Gundermann gehörte dazu (...). Andere Protagonisten der Früh- und Mittachtziger hatten sich zurückgezogen – da zeckte Gundermann mit diesem Album in die Agonie!« Herauszuhören ist, auch auf allen postsozialistischen Alben, wie die Leute tickten und was besonders deswegen aus dem »Steinland« – so nannte es der Dichter frei nach Springsteens »Badlands« – hätte werden können.

1978 entsteht die »Brigade Feuerstein«, »eines der wichtigsten Projekte moderner, sozialistischer Kunst, in der sich sowohl die Grenzen zwischen ernster und unterhaltender Kunst als auch die Arbeitsteilung zwischen Arbeit, Kunst und Politik auflösten«, so der Dichter Klaus-Peter Schwarz (*Berliner Debatte* 10/2). Das spricht sich herum, stößt an und verschafft der Brigade einiges Ansehen. Gundermann erhält gegen alle Einsprüche den Chansonpreis 1987 und eine Einladung zum Kongress für Unterhaltungskunst im März 1989.

»Eigentümerbewusstsein entsteht nur aus Eigentümerfunktion (...). Die Entscheidungsebenen müssen aus den Ministerien heraus (nach) vor Ort verlegt werden (...), die Gesellschaft muss von unten demokratisiert werden, an der ökonomischen Basis (...). Es geht um höhere Produktivität genauso wie um bessere Hits. Auf beiden Seiten hat der Sozialismus Nachholbedarf. (...) Zuwachs an Phantasie, Weitsicht, Mut, Zärtlichkeit, Aggressivität, Streitlust, Vertrauen, Konfliktfähigkeit, Ausdauer.« Und der Redner bedankt sich ausdrücklich bei denen, »die gegen meine Produkte waren und das offen mit mir diskutiert haben«, und bei denen, »die aus dem Hinterhalt mit Knüppeln geworfen haben, weil, ich bin dadurch im Training, im Wiederaufstehen«.

Der blonde Schlacks mit dem Pferdeschwanz und dem gestreiften Fleischerhemd entwickelt seine Vorstellungen von einem besseren Sozialismus. Ein Foto entsteht und wird gedruckt. Kurt Hager, Kulturchef der Partei, ein ehemaliger Spanien-Interbrigadist, spricht mit ihm, Begegnung von »Papst und Ketzer«, so der Wissenschaftler Lutz Kirschner, und als irgendein Oberer aus der Provinz das Bild sieht, beschwert er sich in Berlin, und Hager wird tatsächlich vom Politbüro zurückgepfiffen. Haben Gundis Warnung nicht kapiert, die Genossen. »Die Paralyse der SED-Führung war nicht aufhebbar.« (Kirschner)

Es kommt der Tag / da sind die Kleinen groß /
und die Großen werden tot sein.
(»Es kommt der Tag«, 1989)

Die Großen hatten es verbockt. Diejenigen aber, die sich
weiter als Sozialisten verstanden, landeten im Niemands-
land. In einem Interview mit der *Sächsischen Zeitung* sagt
Gundermann 1993: »Ich gehöre zu der Generation, die richtig Sozialismus machen wollte, aber nicht mehr dazu kam.
Wir wurden und werden ausgelacht für unseren Idealismus. Doch genau der ist unser innerer Halt. Sonst wären
wir unter den heutigen Bedingungen längst zusammenge-
klappt.«

In jenem trüben 89er Jahr probiert er noch so manches, das Programm »Erinnerung an die Zukunft«, Zusammenarbeit mit dem Liedermacher Reinhold Andert.
Er schreibt gemeinsam mit Tamara Danz für das »Februar«-Album von Silly ... Doch alles in allem hat er die Faxen
einfach dicke. Den Herbst '89 erlebt »jeder auf seine Weise«,
berichtet Conny Gundermann, seine Angetraute: »Während
ich zu allen Foren rannte und nicht genug Informationen
bekommen konnte, zog sich Gundi immer weiter in sich zurück«.

Alle Konzerte abgesagt, bloß weg hier aus dem Land der
Pseudorevolution – er nennt sie »Revolution Nr. 10« nach
John Lennons »Revolution No. 9« – und weiß doch nicht
genau, womit er es eigentlich zu tun hat bei diesem sonderbaren Ereignis mit einem stammelnden Günter Schabow-
ski und jenen Vertretern am runden Tisch, die sich dann in
Windeseile und nahezu geschlossen dem Land der Krupps
und Flicks andienen und als Inquisitoren ihr Brot verdienen.
Einer von ihnen wird später gar Präsident.

Es blasen sich die Mücken auf zu hohlen Elefanten
Die weichen Eier bügeln ihre Haut zu scharfen Kanten
Nur du weißt deinen Preis nicht, stotterst leis' am Telefon

Nur das und nichts weiter, mein Sohn,
Ist heut' schon Revolution.
(»Revolution Nr. 10«, 1995)

Auf Kuba gewinnt Gundermann Abstand und schärft den Blick für jene Dinge, »die er für sich und uns in seinem Land noch tun kann«, erinnert sich seine Frau. Es entstehen die Texte von »heute für uns wichtigen Liedern«. »Jedes Haus in Santa Clara / mitm Bild von Che Guevara / das alles war noch da / als ich in Cuba war«, heißt es im Refrain des Songs »Cuba«.

Mit den »Wilderern«, seiner ersten, wundervoll lärmenden Grungeband, lässt er die Internationale krachen, und singt frei nach dem von ihm hochgeschätzten Ernst Busch vom Rio Jamara, wo die Interbrigadisten ihre letzte Schlacht schlugen. Er sei ein »Revolutionsromantiker« gewesen, heißt es, hat er doch schon als Junge gefragt, wem was nützt und wie er selbst nützlich sein kann.

Der Sozialismus bleibt jedenfalls im Kopf, wird »Antithese zu Egoismus« (Kirschner) mit dessen Folgewirkungen: Vereinsamung, Misstrauen, Ellenbogeneinsatz – Kennzeichen dieser sich nun rasant in den »neuen Ländern« breitmachenden spätkapitalistischen Gesellschaft. Einerseits entfremdete Arbeit im Marxschen Sinn, wonach der Arbeiter keinen Bezug hat zum Produkt, das er herstellt und das ihm nicht gehört, andererseits Entfremdung vom sozialen Umfeld und der Natur.

Die Konter-Kulturrevolution erhöht ihr Tempo und legt nicht nur alles, was das Leben im Realsozialismus ausmachte, unter ihre Verzerrgläser, sondern stellt ihre kulturelle Hegemonie auch im Westen wieder her. Ideologische Basis bleibt der Antikommunismus, das Feindbild: die nicht mehr existente DDR. Geschichte wird umgeschrieben nach Gusto der Sieger, alles wird ins Schema »Unrechtsstaat« gepresst. In dem zählen Lebensleistungen nicht mehr, und die Verunsicherung darüber wächst.

Und ich frag mich, was ich bin, was ich war
In der Suppe das Salz oder das Haar
Ich schwimme mittendrin in meinem alten Hemd
Gehöre noch dazu und bin schon ziemlich fremd.
(»Nach Norden«, 1998)

Das Wort »Ostalgie« entsteht. Mit Nostalgie und Verklärung
der DDR hat diese Form des Sich-Erinnerns weniger zu tun,
mehr mit »Trauerarbeit derjenigen«, so die Brecht-Interpretin Gina Pietsch, »die wollten, dass die DDR, das Ländle,
bleibt. Das zieht sich durch die Lieder Gundermanns« nach
der »Wende«, in der allein vier Studioalben entstehen. »Hier
bin ich geborn / so wie ins Wasser fiel der Stein« wird zur
Hymne all derer, die die Bevormundung durch eingeflogene
Wessi-Kader nicht mehr ertragen und sich zur DDR beken-
nen – allem zum Trotz, was schieflief.

Hier sind wir alle noch Brüder und Schwestern
Hier sind die Nullen ganz unter sich
Hier isses heute nicht besser als gestern
Und ein Morgen gibt es hier nicht
Hier hab ich meine letzten Freunde beleidigt
Harte Herzen zu Butter getanzt
Hier hab ich junge Pioniere vereidigt
Und Weihnachtsbäume gepflanzt.
(»Hier bin ich geborn«, 1995)

Das Publikum in den überfüllten Konzertsälen – vom Kesselhaus der Berliner Kulturbrauerei über den Tränenpalast bis
zu den Aberdutzenden vor ihrer finalen Abwicklung stehen-
den Kulturhäusern der untergegangenen Republik – bilden
den sentimentalen, selbstbewussten Chor.

Hier drehe ich meine Kreise / wie ein fest verankertes
Schiff / hier führt mich meine Reise / nicht weit, aber tief.

In Gundermanns Erfahrungen erkennt sich jeder und jede selbst. Biografien bestätigen sich gegenseitig. Über das, was gestern noch wichtig war, soll heute schon nicht mehr geredet werden, doch der Mann redet trotzdem darüber, zudem auf der Bühne stehend, und fasst das Ganze musikalisch auch noch schön in Form mit seiner 1992 gegründeten superben Band »Seilschaft« – und *Der Spiegel* lästert 1996 frei nach Goethe: »Hier sind sie Ostler, hier dürfen sie's sein.« (12/1996)

Gundermann gerät zum Kampfobjekt, je bekannter er wird. Er bietet nach nun gängiger Lesart guten Stoff zur Entzauberung, war nicht nur einige Jahre Mitglied der bösen Partei (1978–1984), sondern etwa zeitgleich auch inoffizieller Mitarbeiter der Staatssicherheit – beides aus der Überzeugung heraus, den Klassengegner zu bekämpfen. Am Ende standen Ordnungsverfahren, Rausschmiss und Streichung, was nichts daran änderte, dass später Beichten und Buße verlangt werden.

Er sei damals »der glühende Weltverbesserer, der Überzeugungstäter ohne Unrechtsgefühl« gewesen, schreibt die *Berliner Zeitung* (20.6.2008) zu seinem zehnten Todestag (»Ein Sachse mit Volksmusik«) und deutet an, warum es nicht gelang, ihn auf ewig in die Schmuddelecke zu verbannen. Er sei eben »selbst da auf seine Art aufrichtig« geblieben. Dass der Sozialismus Feinde hatte, interessiert wenig bis gar nicht, und auch nicht, warum ein in seiner Dimension paranoisch anmutender Horch- und Schnüffelapparat entstehen konnte. Sachlich geführte Debatten bleiben sowieso unerwünscht. Sie könnten in eine Analyse münden und die implizierte die Idee, dass Fehler nicht zweimal gemacht werden sollten.

Der Gescholtene jedenfalls verarbeitet derweil das Thema mit Spott. »Wir spielen Mensch ärgere dich nicht« und es mag sein, dass die Ironisierung der Idiotie die beste Art des Umgangs mit ihr ist. Mit Sicherheit aber hilft Lachen, wenn sich Kolonisatoren als Sieger der Geschichte aufspielen.

Sie sagen, du hast mich belauscht
Doch außer dir hat mir nie einer zugehört
Und schneller als das Wasser rauscht
Hab ich dir meine paar Geheimnisse diktiert
Sie sagen, du hast mich beschattet
Für deinen Schatten danke ich
Bei zu viel Sonne auf die Platte
Krieg ich doch nur 'n Sonnenstich.
(»Sieglinde«, 1993)

In Gundermanns Konzerten durfte gelacht werden, lachen
ist gesund. Zu viel Sonne auf der Platte, damals; doch heute
wird's richtig ernst, und das hat nichts mit Stasi zu tun.

Gott ist schon besoffen
Die Uhr zeigt fünf vor zwölf
Aber ich seh nicht mehr hin
Solange die Zeiger rücken
Solange die Räder klicken
Ist noch alles offen, ist noch alles drin (...)
Wir hetzen auf der Suche
Nach dem Futternapf
Wie Ratten durch das Labyrinth
Solange wir noch tanzen können
Und richtig echte Tränen flennen
Ist noch alles offen, ist noch alles drin.
(»Herzblatt«, 1993)

So ist die Lage, sie wird nicht einfacher, und der Sänger und
Songschreiber fehlt verdammt, und immer noch taucht die
Frage auf, was er wohl heute sagen würde zu der verflixten
Misere. Andreas Dresen bemerkte dazu zwar beim »Tribut
an Gundermann« 2008 in der überfüllten Berliner Colum-
biahalle, er wisse auch nicht, welche Lieder entstanden wären, »aber wir haben ja die alten, und die sind ja auch nicht
schlecht, oder ...?«

Nein, sie sind sogar sehr gut und passen immer noch, wenn sie nicht vom gesellschaftlichen Kontext, in dem sie entstanden sind, losgelöst werden. Das fällt zwar nicht ganz leicht angesichts der gestürmten Bilder, der geschleiften Denkmäler und der gelöschten Straßennamen – alles ist längst entsorgt, aber nicht vergessen.

> Zuerst komm ich in Schwarze Pumpe übern Berg
> Und da schimmert in der Sonne das nagelneue Kraftwerk
> Das sieht aus, als ob ein Ufo hier gelandet wär
> Es glänzt wie gelogen
> Und passt hier nicht richtig her.
> (»Straße nach Norden«, 1998)

Wie auch die neue Armee nicht herpasst in ein vormals friedliches Land, so dass sie ein Ufo bleiben möge, auch wenn nun etwa der Brigadestab der Panzergrenadiere zum einstigen »Klassenfeind« von der NVA (*Nordkurier*) nach Neubrandenburg gezogen ist.

> Am Lübbenauer Dreieck Lkw an Lkw
> Die gehören eigentlich zu einer feindlichen Armee
> So sah der Gegner aus in meinem Offiziersbewerberbuch
> Und nu kommen die vom Einsatz aus dem Oderbruch.

Die uniformierten Ossis von der Panzergrenadierbrigade 41 »Vorpommern« kommen weit herum, derweil ihr Kommandeur erklärt: »Das Risiko gehört zum Soldatenberuf.« Und der Irrsinn, der der »Wende« folgt, hat Methode.

»Ich war 'n Bergmann, weiter hab ich nüscht gelernt / Ich hab dieses Land in jedem Winter treu gewärmt / Die Lunge ist wien Sack mit Kohlebrocken voll / Im Herzen Asche in den Adern Alkohol«, beschreibt der Sänger das Ende seiner Arbeit als Baggerfahrer: »Ach meine Grube Brigitta ist pleite / Und die letzte Schicht lang schon verkauft / Und

mein Bagger der stirbt in der Heide / Und das Erdbeben hört
endlich auf.« (»Brigitta«, 1992)

Sein kommunistischer Idealismus, der ihn angesichts des
landschaftsverwüstenden Braunkohletagebaus auf einen
roten Ökotrip geführt hat, steigert sich in ein solidarisches
und also über allen Kleinmut erhabenes Credo: »Aber alle
oder keiner.« Der Mensch selbst entscheidet darüber, ob alles bleibt, wie es ist. Und die Sehnsucht nach einer besseren
Welt bleibt Bedingung für die Tat.

> Der Regen soll wieder seinen Bogen schlagen
> Zwischen schwarz und weiß wien bunter Arm
> Und das Rot darin soll nicht mehr so verlogen sein
> Und grün und gelb nicht mehr so arm
> Die Pilze sollen wieder in die Bomben kriechen
> Und die Bomben wieder inn Flugzeugbauch
> Das Loch im Himmel soll sich wieder schließen
> Und die Löcher in der Erde auch.
> (»Soll sein«, 1992)

Seine Lieder seien noch »so präsent«, meinte Conny Gundermann schon vor Jahren. Gundi habe »bestimmt gehofft,
dass seine Lieder etwas länger leben als er selbst, aber ...«
Ja, schon so lange halten sie und werden über viele weitere
Sommersonnenwenden halten.

Sieben Tage vor dem 21. Juni 1998 zog der Dichtersänger
in Krams noch einmal Bilanz, ahnungslos, was ihm selbst
bevorstand, doch unbedingt wissend, worauf es zukünftig
ankommen würde, so oder so.

»Auch im Leben eines Mannes gibt es eine Art Sommersonnenwende. Es ist sein 42. Geburtstag. Der Mann hat seinen höchsten Punkt erreicht, er weiß, höher hinauf wird es
nicht mehr gehen, und er scheint am Zenit zu verweilen und
zu überlegen, an diesem Punkt mit der besten Übersicht, ist
ein Blick zurück manchmal der bessere Blick nach vorn.«

Nachtrag

Im August 2018 wurde dann der mit Spannung erwartete Film von Andreas Dresen, Absolvent der Filmhochschule Konrad Wolf in Potsdam-Babelsberg, uraufgeführt. Die Resonanz im bürgerlichen Blätterwald fiel recht euphorisch aus, vor allem was die Leistung des Gundermann-Darstellers Alexander Scheer betraf. Beim Deutschen Filmpreis 2019 wurde »Gundermann« mit sechs Auszeichnungen, darunter als bester Spielfilm, für die beste Regie und den besten Hauptdarsteller, der erfolgreichste Wettbewerbsbeitrag.

Ungeachtet der Preise – und sicherlich auch der ästhetischen Umsetzung des Themas im Lausitzer Kohlerevier – blieb die Enttäuschung bei jenen nicht aus, die sich eine tiefgründige Darstellung einer besonders spannenden DDR-Biografie erhofft hatten. Doch zerbröselten die Illusionen der Wohlmeinenden wieder einmal unter der anscheinend unvermeidbaren Dramaturgie einer Stasi-IM-Geschichte.

»KOMM, WIR SCHLACHTEN DIE UHR«

Von den Schwierigkeiten eines differenzierten Umgangs mit der DDR-Kultur – unter Berücksichtigung des Films »Gundermann«

Der Kommunismus, das schwer zu machende Einfache, hat verloren, und das, obwohl er »vernünftig« ist und jeder ihn versteht, wie Bert Brecht meinte. Auch Gerhard Gundermann hat verloren. Zumindest lässt Regisseur Andreas Dresen in seiner Filmbiografie über den DDR-Liedermacher den Protagonisten resümieren: »Ich gehöre zu den Verlierern. Ich habe auf das richtige Pferd gesetzt, aber es hat nicht gewonnen.« Das Richtige blieb auf der Strecke und mit ihm das »Vernünftige«, um nicht zu sagen: die Vernunft.

Gerhard Gundermann spricht eine Erkenntnis von historischer Dimension gelassen aus. Würde sie Allgemeingut werden, dann gnade Gott dem aus der Zeit gefallenen alten Gaul namens »Kapitalismus«. Aus dessen Sicht hat das erste Rennen gefälligst auch das letzte gewesen und die Geschichte abgehakt, folglich jegliche Überlegung zu einem eventuellen Neustart Unsinn zu sein und der unterlegene Gaul als ein unterernährter Klepper zu erscheinen. So die Denkregeln. Alles andere als eine Anpassung an sie ist unzulässig und wird mit Verachtung und Ächtung nicht unter »lebenslänglich« bestraft.

Dieser nun über bald drei Jahrzehnte festgezurrte Zustand schließt Regelbruch zugunsten des unterlegenen Gauls nicht nur nicht aus, sondern verlangt geradezu nach ihm.

Am Ende, von dem viel zu viele gelernte DDR-Bürger gemeint hatten, es sei ein Anfang, ging alles sehr schnell. Die westdeutsche Treuhandanstalt übernahm am 1. März

Von der Bühne direkt auf Schicht: Gerhard Gundermann

1990 sämtliche volkseigenen Betriebe der DDR, 12 000 an der Zahl. Als Eigentümerin kreierte sie ab dann aus der Lamäng sich selbst als eine Behörde neuen Typs – zur Privatisierung einer ganzen Gesellschaft. Keine fünf Jahre später waren von den ursprünglich vier Millionen Industriearbeitsplätzen noch etwa ein Drittel übrig. Zudem hatte eine Treuhandtochter bis Ende 1995 etwa 380 000 Hektar genossenschaftlichen Bodens verkauft und 630 000 Hektar verpachtet. Feudalherren ante portas – die »Rückkehr der Altadligen« (*Der Spiegel* 14/1994) wurde Realität. Mehr als drei Viertel der auf LPG und Volksgütern Beschäftigten verloren ihren Job.

Nicht nur die Revolution ist keine, wenn sie die Eigentumsverhältnisse unangetastet lässt, auch die Konterrevolution nicht. Auf dem letzten Schriftstellerkongress der DDR (1.–3. März 1990) meinte Ronald M. Schernikau dazu: »Am 9. November 1989 hat in Deutschland die Konterrevolution gesiegt. Ich glaube nicht, dass man ohne diese Erkenntnis in der Zukunft wird Bücher schreiben können.«

Dass danach dann allerdings fast ausnahmslos Bücher mit einem Denkdogma entstanden, das die Konterrevolution zur Revolution erklärte, sorgte für allgemeine Verwirrtheit. In deren Folge entstand eine Bewusstseinslage, die – heute mehr denn je – dazu zwingt, so Schernikau 1990 mit Hellsicht, dass »wir uns wieder mit den ganz uninteressanten Fragen auseinanderzusetzen haben, etwa: Wie kommt die Scheiße in die Köpfe?«

Häufig nicht realisiert wird, dass seit 1990 mit dem politischen Change-Management sowie dem Wechsel der Eigentumsverhältnisse ein kultureller Abstieg einhergegangen ist. Die Beseitigung der ökonomischen Grundlagen für ziemlich viel an Interessantem, das die Lebensweise im Sozialismus ausmachte, sorgt für eine Entsorgung der »Kulturrevolution« und ebnet alles, was sich auf deren Grundlage entwickelt hat, nach und nach ein – bis zum Vergessen.

Ohne VEB keine »betriebszentrierte Arbeitswelt«. Die hatte immerhin »für die Bevölkerung zwischen 1945/49 und

1990 eine Rundumversorgung von den Kitas und Ferienheimen bis hin zu Feierabend- und Pflegeheimen sowie kulturelle Einrichtungen bereitgehalten«, konstatierte jüngst sogar Dierk Hoffmann, Leiter des »Forschungsprojekts zur Geschichte der Treuhandanstalt«. Die »sozialpolitischen, DDR-spezifischen Angebote« seien mit dem Staat »ersatzlos« weggefallen, und die daraus resultierende »Verlusterfahrung« erhöhte die »Anpassungsanforderungen an die ostdeutsche Bevölkerung«, so der Historiker, was bei den »langfristigen Folgen des Transformationsprozesses« unbedingt beachtet werden müsste. (*FAZ*, 17. 9. 2018)

Tatsächlich lebt die DDR-Kulturrevolution als kollektive Erfahrung, und wenn die Kleinbahn im mecklenburgischen Wesenberg heute den Ort passiert, wo früher das Kulturhaus Ernst Thälmann stand, schwärmen Einheimische immer noch von den Brigadefeiern. Oder sie berichten, dass sie mit der Schulklasse häufig ins Friedrich-Wolf-Theater von Neustrelitz gingen oder Allgemeinwissen im Unterricht oder im Studium – die ersten beiden Semester generell als Basis – ausgiebig vermittelt wurde.

Auch dass andere Werte als die materiellen Gewicht hatten, ist zu erfahren. Die Schauspielerin Angelica Domröse, eines der vielen Opfer in der Folge des weit wirkenden Biermann-Eklats von 1976, erzählt in ihrer Biografie, dass Geld nicht so wichtig war: »Ich mochte das an der DDR; sie war im Grunde eine prämonetäre Gesellschaft. Oder war sie eine postmonetäre Gesellschaft? Wie gut ich Ezio verstand, den Italiener, der zu uns an die Volksbühne kam. Die Mangelgesellschaft DDR war ihm völlig egal, er wollte mit Benno Besson Theater machen, und nur mit ihm, darum war er da, darum blieb er.«

Noch heute gilt als Allgemeinerfahrung, dass früher Haustüren selten abgeschlossen wurden und Solidarisches selbstverständlich war. Mehr Wir, weniger Ego, und tatsächlich ist es keine idealisierte Idylle, sondern die Sehnsucht nach einer Selbstverständlichkeit von Kultur, wenn

Gundermann singt: »Alte Fraun und Männer hocken auf ihren Bänken / Und Gott hat 'nen leichten warmen Regen zu verschenken / Straßen dampfen, Hasen mampfen / An so einem Abend im Frieden.« (»Brunhilde«) Überholen ohne einzuholen – das hat was mit Lebensqualität zu tun, ein uferloses Güterangebot nicht.

Neulich traf ich eine junge, landläufig als gebildet geltende Frau mit Abitur und Bachelor of Arts. Sie kannte Konrad Wolf nicht und auch nicht Christa Wolf, nicht »Ich war neunzehn«, den vielleicht wichtigsten deutschen Film, und auch nicht »Der geteilte Himmel«, das Lehrstück davon, wie eine neue Gesellschaft gehen lernen könnte. An ihr waren überhaupt die großen Kunstwerke des Ostens unbemerkt vorbeigezogen. Die Frage, wie es sein kann, dass die verschwundene DDR, die sie historisch als »Unrechtsstaat« einordnete, Kunst von einigem Rang hervorgebracht hat, stellte sich ihr nicht, Bildung hin oder her. DDR und Kultur denkt sich nicht zusammen. Wie für 99 Prozent der Wessis bereits zu BRD-Zeiten, die zeitlebens ihre sogenannten Brüder und Schwestern hinter dem Eisernen Vorhang bedauerten. Das Wort »Ossi« war zwar noch nicht bekannt, aber als Schablone in den West-Birnen längst verankert.

Daran hat sich bis heute wenig geändert, im Gegenteil, und so langsam dämmert die Erkenntnis, dass es nichts werden wird mit den blühenden Landschaften, von denen der dicke Kanzler geplappert hatte. Es wird nichts werden mit denselben Löhnen und Renten, von einer Anerkennung der Lebensleistung ganz zu schweigen oder der Rehabilitierung von Polikliniken, Krippen und einer Bildung für alle.

Auf Grundlage der Ungleichheit funktioniert der Bildersturm weiterhin prima, auch wenn sich seine Inhalte hie und da – bei anhaltender scherenschnittartiger Simplifizierung – erweitern. Das Materielle ist erledigt, die Denkmale sind geschleift, nur Lenins Kopf wird inzwischen als eine Art historisches Monstrum in Berlin noch einmal ausgestellt. Der Rest des Monuments, 1992 zunächst in 129 Teile zerlegt und aufs Land verfrachtet, liegt vergraben in der Ödnis einer Sandgrube. In Deutschland existiert kein Lenin mehr, kein Platz für Revolution, und selbst die Namen bekannter einheimischer Persönlichkeiten auf Straßenschildern und an Schulen wurden beseitigt.

Von den einst Tausenden Kulturhäusern und Arbeiterklubs, den in den Bezirken bis zum Schluss aktiven Ensembletheatern, den ungezählten Jugendklubs existieren nur noch wenige, und die, die es noch gibt, haben ihre Funktion grundsätzlich verändert: weg von der kulturellen Betätigung, hin zum Kulturkonsum.

Ideelles indes erweist sich als zäher. Es lässt sich schwer schleifen, auch weil es sich in den Köpfen befindet, und manch grober Propaganda-Keil nutzt sich schnell ab. Schweigende Klassenzimmer in dogmatisch verdichteter Kalter-Krieg-Atmosphäre laufen Gefahr, irgendwann zu langweilen und als Klischee kritisiert zu werden, das Leben der anderen mag in Hollywood prämiert werden, vom Winde in die Freiheit verwehte Ballons mit verschleppten Kindern an Bord erreichen vielleicht gerade noch die Herzen des werbesüchtigen Privatfernsehprekariats – letztlich bestätigen sie jedoch immer wieder nur das, was sowieso in des Wessis Fleisch und Blut übergangen ist. Er sieht den Film auf der Mattscheibe oder der Leinwand und im Betonkopf wird dazu automatisch zum tausendsten Mal das Totalitarismuszubehör als Sehhilfe eingespielt. Spot an, Hirn aus.

Einst verhöhnten die Westmedien – wenn sie überhaupt berichteten – Gundermann und sein Publikum. Und nu is sogar dieser ewige Ossi Gundermann von Springers Rolling Stone jeadelt als »einer der größten deutschen Liedermacher«?

Tatsächlich hat es Differenziertes nach wie vor schwer, 20 Jahre nach seinem Tod, bald 30 nach der DDR. Und für Andreas Dresen könnte dies eine Bürde gewesen sein, nachdem er 2008 erklärt hatte, er wolle die Biografie des Künstlers und Baggerfahrers verfilmen. Dass es schließlich über ein Jahrzehnt und mehrere Drehbuchentwürfe, sowie viele

Bittgänge zu potentiellen Förderern dauern würde, ahnte allerdings wohl selbst er nicht, der sich bemühte, wie er sagt, ein anderes Bild der DDR vorzustellen.

Das verfemte Land sollte – im krassen Gegensatz zu so manchem der herkömmlichen, dem westlichen Geschichtsbild angepassten Bilder – »so bunt und hippiesk wie möglich« gezeigt werden. In etwa also eine DDR als sich dem tatsächlich Gelebten annäherndes Gebilde, in dem der Schein das Sein überstrahlt und die schöne Form den hässlichen Inhalt relativiert – das kann nicht funktionieren.

Selbst die fesselnden Aufnahmen aus dem Lausitzer Revier, die sorgsam erspürte Alltäglichkeit von Liebes- und Kneipenleben können die Zwangsläufigkeit des Sozialismus-Bashings nicht verhindern. Es wickelt sich ab entlang des roten Stasi-Fadens, so dass das Schwarz-Weiß-Schema letztlich in jeder Einstellung lauert. Und wenn dann Bonzen und Idealisten, Obrigkeit und Untertanen, Böse und Gute als Karikaturen die schöne Kulisse betreten, passt sich in Dresens Konzept sogar der alte Antifaschist an und gibt das vorgestanzte Bild vom Dogmatiker.

Der Regisseur mag seiner Titelfigur Gundermann, »den auch im Osten Deutschlands nicht jeder, im Westen kaum einer kennt, ein Denkmal« (*FAZ*, 28. 8. 2018) gesetzt haben, aber leider nicht der DDR und folglich auch nicht dem Menschen Gundermann.

Gundermann ist ohne die DDR und das Danach nicht denkbar. Das endet auch nicht, bevor nicht ein neuer Sozialismus-Versuch anfängt. Ohne die Verteidigung des Versuchs, sogar auf deutschem Boden Sozialismus aufzubauen, ist auch die Idee einer zukünftig gerechten Gesellschaft mit Aussicht auf den Kommunismus nicht realisierbar – allen Widersprüchen in der DDR-Geschichte, Webfehlern, Dummheiten, Verboten, dem 11. ZK-Plenum und einer recht latenten Starrheit zum Trotz.

Der Traum eines solidarischen menschlichen Zusammenlebens, in dem die »schlecht verheilten Wunden von

Stiefeltritten, Schlägen, allem Gram« (Hannes Wader, »Schon morgen«) endgültig verschwinden, fehlt im Film, genauso wie auch Sozialismus und Kapitalismus fehlen. Doch ermöglicht erst die Betrachtung – meinetwegen auch von ausgesuchten Aspekten – einer Biografie vor dem Hintergrund der Gesellschaft, in der sie spielt, ihr Verstehen und dient zugleich dem selbstreflexiven Erkennen der Rezipienten. Dabei dreht sich gerade in Gundermanns Werk so ziemlich alles um diesen Traum, der indes in immer fernere Fernen zu rücken scheint, nicht nur in der Post-DDR.

Was also tun, wenn der Unterschied zwischen Arm und Reich sprungartig wächst, wie auch die Gegensätze zwischen Semiperipherie und Peripherie, Mann und Frau, wenn natürliche Lebensgrundlagen für jeden fühlbar – im Wortsinn – verwüstet werden? Wenn die Maschinen des VEB Kühlautomat in Berlin-Johannisthal, mittlerweile Teil des Düsseldorfer Multis GEA, die Skihalle in Dubai kühlen, wenn also die kapitalistische Produktion immer mehr und immer ungehemmter »die Springquellen alles Reichtums untergräbt: die Erde und den Arbeiter« (Karl Marx), und einige Handvoll Multimilliardäre über mehr Geld verfügen als der Rest der Menschheit, wenn Millionen verhungern und im Osten »viele in Armut abrutschen« (*Nordkurier*)? Dann sagt der Künstler erst recht, es wird Zeit.

Noch jagt der Holländermichel
Sein Floß höllenwärts
Wer steckt ihm endlich 'ne Sichel
In sein kaltes Herz.
(»Schwarze Galeere«)

Das Phänomen Gundermann – und auch dessen stetig wachsende Wirkung über den Tod hinaus – ist nicht erklärbar ohne die wundersame Symbiose der Verlierer auf und vor der Bühne, die lautet: Hier bin ich geboren, dazu stehe ich, hier hab ich junge Pioniere vereidigt und meine Leichen im Keller – und nun spielen wir alle zusammen Mensch ärgere dich nicht und feiern noch'n Fest, obwohl die Uhr schon längst fünf vor zwölf zeigt. Denn »solange die Zeiger rücken / Solange die Räder klicken / Ist noch alles drin.« (»Herzblatt«)

»Komm, wir schlachten die Uhr« und scheren uns nicht um den oktroyierten Zeitgeist mit seiner Kultur aus der Plastikflasche. Dagegensein bedeutet auch: Ignorieren des ganzen Mülls, der uns vergiften und zu »Plastic People« (Frank Zappa) machen soll. Mit Verweigerung und »mit 'm Lied fang ich erst mal an.« (»Soll sein«)

Es war einmal: Der Palast (geschlossen 19. September 1990)

»PROLETARIER SOLLTEN PALÄSTE HABEN«

Vor 40 Jahren wurde der Palast der Republik eröffnet. Keine 15 Jahre später war Schluss – mit ihm und mit der DDR

Hinter dem Palast der Republik in Richtung Osten: der Fernsehturm. Der steht noch, obwohl er in der DDR gebaut wurde. Von seiner Kuppel aus betrachtet sah »Der Palast« aus, als hätte ein langer, schneeweißer Ozeanriese am Ufer der Spree festgemacht: 180 Meter lang, 86 Meter breit, Durchschnittshöhe um 20 Meter – ein Vergnügungsdampfer mit einem Foyer, 11 000 Quadratmeter Fläche. Dann ein großer Saal für 5000 Besucher, 13 Kneipen, Cafés, Bars, Restaurants, ein Sitzungsraum mit 700 Plätzen. Hier tagte die Volkskammer, das Parlament des Landes. Ständige Ausstellung bedeutender Künstler, ein Theater, Workshops, Betriebsfeiern – alles unter einem Dach.

Der Palast, 1973 beschlossen, konzipiert von einem Team unter Chefarchitekt Heinz Graffunder, 1976 eröffnet, signalisierte eine »Zeitenwende«. Zugleich symbolisierte er einen dreifachen Epochenwechsel: Er ersetzte das Stadtschloss, in dem der Kaiser den Ersten Weltkrieg ausgebrütet hatte; von dem waren dann nach dem zweiten deutschen Raubzug (1939–45) nur noch Ruinen geblieben; bis am 23. April 1976 das gemeine Volk eingeladen wurde, sich in einem neuen Schloss breitzumachen.

»Auch die Proletarier sollten Paläste haben«, beschreibt die Schriftstellerin Daniela Dahn das emanzipatorische Konzept. Indem dieses Kultur für alle vorsah, musste es mit den Privilegien der überkommenen Klassengesellschaften brechen. Dahn: »Anknüpfend an die Volks- und Gewerkschaftshäuser der Weimarer Republik hat sich die

DDR nach den auch geistigen Verheerungen der Nazi-Herr-schaft die Idee der ›allseits gebildeten Persönlichkeit‹ etwas kosten lassen. Im Laufe der Jahre entstanden mehr als 1000 Kulturhäuser und 6000 Dorfklubs – ein beinahe flächen-deckendes Netz.« Für den Palast als Sahnehäubchen der Arbeiter-Kultstätten im Land wurden fast eine Milliarde DDR-Mark ausgegeben.

Das war. Ab Oktober 1990 wurde jegliche Finanzierung von der Bundesregierung gekappt. Heute lassen sich die noch existierenden Bauwerke an den Fingern einer Hand abzählen. Weg damit! Bringt doch kein Geld. Vor allem je-doch: Allein die visuelle Existenz jener steingewordenen Idee könnte Erinnerungen an bessere Tage wecken.

Zu denen gehören irgendwie auch die »Schlageraffen« inklusive deren »ganzer Schrott«, wie unser aller Udo Lin-denberg, der erste Besser-Wessi, seine ostdeutschen San-gesbrüder und -schwestern in seinem Appell an »Honi« Honecker abservierte, um selbst im »Palast« auftreten zu dürfen. Sei's drum – die Namensliste derer, die im Großen Saal konzertierten, spricht letztlich für Qualität: Harry Bela-fonte, Miriam Makeba, Mikis Theodorakis, Mercedes Sosa, Louis Moholo, Tangerine Dream – als erste Westberliner Band –, Latin Quarter, Tom Robinson, Santana, Herman van Veen, Hannes Wader, Helen Schneider, dann die vielen einheimischen Bands wie Pankow, Silly, Engerling, Puhdys, Karat, Stern Meißen, NO 55, Stefan Diestelmann, City.

Wolfgang Niedeckens Kölsche Gruppe BAP dagegen, die auf DDR-Tour gehen wollte, ließ 1984 ihren Palast-Auftritt bei »Rock für den Frieden« öffentlichkeitswirksam platzen: Sie sollten verzichten auf ihren eigens für die DDR geschrie-benen, »etwas unverschämten Song« (so Niedecken heute) »Deshalv spill mer he« (Deshalb spielen wir hier), in dem sie die Aufrüstung hüben wie drüben gleichsetzten.

Taten sie nicht. Inzwischen gehören das Lied wie auch die Palast-Stahlträger zum Alteisen. Von den »Kalten Kriegern in Ost und West« (BAP) blieben nur die mit den

US-Atombomben, gelagert auch auf deutschem Boden, von dem nun wieder Krieg ausgeht.

Im Palast spielt niemand mehr. Er ist, wie das Land, das ihn errichtete, in seiner physischen Gestalt vollständig entsorgt. Geschlossen nach einer lächerlichen »Asbest«-Panik im September 1990 existierte er keine 15 Jahre. Der Rest war Abwicklung. Nein, nicht der Idee.

Deutsche Geschichte: Zwei Bücher, zwei Romane, zwei Geächtete

GEÄCHTET

Über den Umgang mit Siegfried Lenz' »Der Überläufer«
(BRD, 1951/53) und Werner Bräunigs »Rummelplatz«
(DDR, 1964/65) – im Kalten Krieg und im Heute

Die Story hat es in sich. Sie handelt vom Umgang mit Literatur, von kaltem und heißem Verbot, den Fesseln des Opportunismus und den fatalen Folgen all dessen für die Entwicklung von Gesellschaften. Dass am Ende deren im Kapitalismus spielende Version die Zeiten überdauert, die im Sozialismus spielende jedoch zerstörerisch wirkt, entspricht dem jeweiligen Charakter der beiden Gesellschaftssysteme.

Es geht zunächst um das Manuskript »Der Überläufer« von Siegfried Lenz, geschrieben 1951, umgeschrieben 1952, verschwunden 1953, gefunden im Nachlass des im Oktober 2014 verstorbenen Schriftstellers, verlegt 2016 bei Hoffmann und Campe. Und es geht um Werner Bräunigs unvollendetes Werk »Rummelplatz«, entstanden ab 1959, auszugsweise vorabgedruckt in der DDR-Zeitschrift *Neue Deutsche Literatur* (10/1965), dem elften ZK-Plenum der SED im Dezember 1965 zum Opfer gefallen, 2007 erschienen im Aufbau-Verlag. Ein Nachdenken über die Story von den beiden Romanen drängt sich nicht nur auf, weil es unerwünscht ist.

Im Frühjahr 2016 belegte »Der Überläufer« wochenlang den Spitzenplatz der deutschen Literaturhitparade und wurde als »Sensation« (*Der Spiegel*) gefeiert. Jüngst (2. Februar 2017) wunderte sich die *FAZ* wieder einmal über »das erstaunliche Interesse« und führte dieses einerseits auf das historische Thema, anderseits auf Siegfried Lenz als einen Autoren zurück, »der populär schreibt, ohne trivial zu sein, politisch bewusst ohne Parteilichkeit«, ohne Anbiederung, immer bescheiden und höflich – kurz: auf jemanden, »der im gegenwärtigen Spektrum der deutschen Literatur fehlt«.

Der junge Lenz, der 1945 als Wehrmachtssoldat in Dänemark selbst desertierte, erzählt im 1951 entstandenen Originaltext die Geschichte von Walter Proska. Der schloss sich im Sommer 1944 in der Nazi-okkupierten Ukraine nach einem Partisanenangriff einer versprengten Gruppe deutscher Soldaten unter einem herrischen, sadistischen Unteroffizier an. Mancher gequälte und rundum lädierte Mitsoldat zweifelt und verzweifelt und stellt wie Proska die richtigen, doch verbotenen Fragen: die nach dem Verhältnis von Pflicht und Gewissen, nach dem wahren Feind, nach der Schuld des Einzelnen. Darauf steht im Krieg die Todesstrafe, und auch danach werden die Zweifel der Vergangenheit schnell entsorgt werden. Wie erst recht Proskas handfeste Schlussfolgerung: Ihm geht eine junge Partisanin nicht aus dem Kopf, und deswegen wechselt er die Seite. Dieser Stoff vom Überlaufen, so urteilt 1952 der vom Verlag Hoffmann und Campe bestellte Lektor, »hätte 1946 erscheinen können. Heute will es bekanntlich keiner mehr gewesen sein.«

Die Zeiten ändern sich rasant. Aufarbeitung wird Fremdwort, Restauration Dogma, Entnazifizierung ist passé, Antifaschismus gerät auf den Index. Die Nicht-Veröffentlichung von »Der Überläufer« – der Roman trug zunächst den Arbeitstitel »... da gibt's ein Wiederseh'n« – legt eine Zensurgewalt offen, die zuvorderst auf der Verlegerebene, das politische Klima spürend, ausgeübt wurde und die eine der veränderten Lage angepasste Selbstzensur hervorbringt.

Das Manuskript hätte 1952 veröffentlicht werden sollen. Der Lektor macht Ende 1951 lediglich kleinere, wie es scheint, eher zu vernachlässigende Anmerkungen: »Es geht mir nur um das Technische, das Handwerkliche«, schreibt er am 13. November. Lenz arbeitet also erneut am Text, strafft und konkretisiert und erweitert ihn schließlich um vier Kapitel. Diese entsprechen der modischen, gegen die DDR gerichteten Kalter-Krieg-Rhetorik.

Die hinzugefügten oder ausgebauten Passagen spielen in der »Sowjetischen Besatzungszone«, eine unterstellte staatliche Verfolgung Proskas wird allgegenwärtig, kafkaeske Wahnvorstellungen ziehen sich durch die Schilderung von Bedrückung und Angst. »[Die] beklemmende Enge der totalitären Herrschaftsstrukturen in der Ostzone mit ihrem alles durchdringenden System von Bespitzelung, ideologischer Indoktrinierung und Bevormundung« werde nunmehr »deutlich herausgearbeitet«, kommentiert nicht etwa der Lektor 1952, sondern 2016 der Kommentator im Roman-Nachspann.

Beim Begutachter von 1951 und 1952, so stellt sich später heraus, handelt es sich um einen ehemaligen SS-Mann, der – so die *FAZ* (3. März 2016) – »eine ziemlich dubiose Figur war« und »dem Regime gedient« habe. »Nach dem Krieg setzte er sich in den Westen ab und schlug sich mit freier Tätigkeit für Verlage durch.« Nur: Warum und von wem eingesetzt dominieren so viele »dubiose Figuren« das Nachkriegs-Westdeutschland und sorgen mit für dessen Prägung? Und: Wer setzt die Verdrängung von Faschismus und Holocaust als ideologischen Eckpfeiler der Restauration durch – auf Kosten auch von Literatur?

Die Fragen bleiben unbeliebt bis ins Heute. Ein Lektor wird zum Einzeltäter erklärt, also verschwindet die gesellschaftliche Wirklichkeit in Vergangenheit und Gegenwart hinter dem allzeit beliebten Vorhang, der Herrschaftsverhältnisse verbirgt. Dass der spätere Bestsellerautor Lenz das Manuskript schließlich beiseite legt und nicht darum kämpft, wird als bewundernswert und weise bewertet, obwohl der Autor lediglich die – nicht nur für ihn – ungünstigen Verhältnisse anerkennt, Widerstand dagegen als karriereschädigend einschätzt und letztlich den von ihm selbst kritisierten Opportunismus gegenüber der Macht praktiziert. Die Geschichte wird von den Besitzenden geschrieben, auch die der noch recht frischen Bonner Parlamentsdemokratie. »Der Überläufer« wandert in die Schublade, im Gegensatz zu inhaltlich weniger gewichtigen Nachfolgearbeiten.

Lenz' Hauptwerk »Deutschstunde« erscheint erst nach einem weiteren Wandel der Zeiten: Die restaurative Enge der Verdrängungs-BRD hatte sich in den Sechzigern zunehmend als Entwicklungshemmnis erwiesen. Die »Deutschstunde«, die 1954 spielt und in der ein junger Strafgefangener über die »Freuden der Pflicht« schreiben muss, erscheint 1968 und reflektiert nun doch noch über Verantwortung und Schuld – unendliche 23 Jahre nach der Befreiung vom deutschen Faschismus. Das Buch wird mehr als 2,2 Millionen Mal verkauft und wichtiger Teil einer überfälligen Bewältigungsliteratur. Diese hätte 15 Jahre zuvor mit dem »Überläufer« beginnen können. Offen bleibt, wie viele Künstler Ähnliches erleben mussten. Was gegenwärtig, wo zumindest die Fakten in Sachen Lenz auf dem Tisch liegen, niemanden mehr so recht zu interessieren scheint. Keine Aufregung, nirgends.

Für Aufregung sorgte dagegen – hüben wie drüben – 1965, in den Folgejahren und auch 2007, als Werner Bräunigs Werk endlich gedruckt vorliegt, der literarisch und politisch herausragende »Rummelplatz«. Der Umgang mit ihm hat tragische Züge von historischer Dimension. Er signalisiert nicht nur das nahende Ende des Bitterfelder Weges (»Greif zur Feder, Kumpel«), den Bräunig entscheidend mitgestaltet hatte, sondern markierte generell einen Bruch in der seit zwei Jahrzehnten geführten, durchweg von sozialistischen Idealen geprägten Diskussion über eine von Krieg und Ausbeutung freie Gesellschaft. Zuversicht schlug in anhaltendes, verunsicherndes Misstrauen um. »Wir [...] hatten ein sehr starkes Gefühl von der Gefahr, in die dieses Gemeinwesen geraten würde, wenn die Widersprüche nicht in produktiver Weise ausgetragen würden. Wir dachten, wenn nicht jetzt, dann ist es zu spät.« (Christa Wolf)

Bräunigs Roman schildert die Widersprüche, mit denen die neue Gesellschaft nach der faschistischen Barbarei zu tun hat, am Beispiel der sowjetischen Aktiengesellschaft (SAG) Wismut. Dort im Uranbergbau suchen hunderttausend oder mehr Menschen ihr Auskommen. Indem der Schriftsteller die unterschiedlichen Typen, Charaktere, sozialisiert inmitten von Krieg, Vernichtung, in der Menschenfeindlichkeit per se, auftreten lässt, bringt er die unvorstellbaren Mühen und Unwägbarkeiten des Aufbaus einer alternativen Gesellschaft auf die Bühne: DDR-Aufbau hautnah, nichts begradigt, wahr. Die Wismut AG lässt sich als eine Metapher für die frühe DDR lesen: »harte Arbeit, Mangelwirtschaft, Irrwege, alte Schächte, Rückschläge, Enge, Klaustrophobie. Bräunig schildert die Ereignisse ungeschönt und radikal.« (*Literaturkritik* 4/2007)

Die klügste Einordnung von »Rummelplatz« gelingt Christa Wolf. Sie hatte ihn bereits 1965 auf dem ZK-Plenum gegen Angriffe verteidigt und nennt den Roman, den sie 2006 wieder gelesen hatte, »wirklichkeitsgesättigte Prosa«. Und sie erinnert sich an den Geist des Aufbruchs – »die Atmosphäre jener Zeit«, die heutzutage in der Ellenbogengesellschaft kaum noch vorstellbar ist: »[d]er Lebensstoff, den wir als aufregend, neu, herausfordernd erlebten und dem wir mit unseren Büchern gerecht werden wollten.« Wolf selbst hatte mit »Der geteilte Himmel« einen faszinierenden, von Entwicklung durch Widerspruch und Zweifel getragenen Roman geschaffen, anknüpfend an das Brecht-Postulat, wonach die Köchin regieren lernen muss. Ohne diesen Anspruch wird es keinen Sozialismus geben. »Wir sind immer in Bewegung, also muss man da ein Antrieb sein, es muss eine Kraft wirken. Und wer nicht Antrieb ist, und wer nicht wirken will, und wer nicht wissen will, der bleibt immer Getriebener.« (Bräunig)

Als »Rummelplatz« vor nun zehn Jahren erschien, erfuhr er ob seiner literarischen Substanz einige positive Reaktionen, wurde aber zuvorderst als »Roman, der in der DDR nicht erscheinen konnte« vermarktet, galt so als weiterer Beleg für Totalitarismus und »Unrechtsstaat«. Dieser Lesart von Geschichte unterliegt mittlerweile die DDR-Kultur insgesamt. Wenn das System selbst der Fehler ist – wie sollen dann Fehlentwicklungen debattiert werden? Differenziertheit und Reflexion sind bestenfalls unerwünscht. Sozialismus hat nicht entwicklungsfähig und folglich auch nicht verbesserbar zu sein.

Warum indes die nach dem Mauerbau 1961 und der damit verbundenen Konsolidierung der DDR absehbar positiven Entwicklungen in Kultur und Wirtschaft seitens einer Mehrheit in der SED abgewürgt wurden, bleibt schwer nachvollziehbar. Unvoreingenommene Literaten, Ökonomen und Politikwissenschaftler sprechen von Machtkämpfen im Zuge der 1963 beschlossenen Umstrukturierung der Wirtschaft. Sie lief unter dem sperrigen Begriff »Neues Ökonomisches System der Planung und Leitung« (NÖS) und verlangte die unbedingte Förderung von Eigenverantwortung und von Leistung in den volkseigenen Betrieben. Dieses Vorhaben wiederum erforderte zwangsläufig mehr Expertenwissen, insbesondere junges, das absehbar den Einfluss von häufig überforderten Parteikadern Grenzen setzte. Die »Konservativen« (Jörg Roesler) in der SED vermochten es, das Plenum, das sich ursprünglich mit der Ökonomie befassen sollte, umzuwidmen in ein Zensurplenum für den Kulturbereich.

Neben »Rummelplatz« wurden nahezu die gesamte DEFA-Produktion von 1965 weggeschlossen, darunter »Das Kaninchen bin ich« (Regie: Kurt Maetzig) und »Spur der Steine« (Regie: Frank Beyer), sowie die Beat-Ächtung verschärft. Der Sack Kultur wurde geschlagen, der Esel Ökonomie war gemeint, die Warenproduktion unter Umgehung des Wertgesetzes nach sowjetischem Vorbild wurde nach und nach reetabliert, die NÖS-Pläne blieben auf der Strecke. Werner Bräunig, alkoholkrank und einsam, starb 1976 mit 42 Jahren an einer Lungenentzündung und den Folgen des elften Plenums.

Die Frage, was aus der DDR hätte werden können, wenn sie die Genesis ihrer Existenz – Einklang von individuellem Wollen und gesellschaftlichen Zielen – geachtet hätte, bleibt wichtig, doch weitgehend unerörtert. Nach Übernahme des

Ostens bestimmt der Kapitalismus auch die Sicht auf dessen Literatur, was Inhalte, Bedeutung und die Einordnung der Debatten über sie impliziert.

Nachdenken lässt sich nicht ächten. Auf der Hand liegt, warum im Fall Lenz Zensur nicht als Mittel zur Restauration der überkommenen Machtverhältnisse aus Kaisers, Weimarer und faschistischen Zeiten erklärt wird. Warum das dazugehörende Feindbild nicht angetastet werden darf, auch. Der Fall Bräunig liegt komplizierter, weil er aus sozialistischer Sicht unlogisch ist. Oder wer gräbt sich schon bewusst selber das Wasser ab? Empfehlenswerte Romane dazu liegen vor. Wie »Deutsche Demokratische Rechnung« (2015) von Dietmar Dath und André Müller seniors »Anne Willing« von 2007, der den programmatischen Untertitel »Die Wende vor der Wende« trägt.

Beginn der Wende (West): 2. Juni 1967 mit Schah und Lübke – und draußen schießt die Polizei

AM ENDE DER WENDE (WEST)

»Der anachronistische Zug« ruft nach »Freiheit und Democracy« und setzt diese mit Gewalt durch. Oder: Vom gescheiterten Versuch, in der BRD kulturelle Hegemonie zu erlangen

I.

Am Beginn der – bisher nicht als solche bezeichneten – Wende (West) steht ein Foto. Es zeigt ein plüschiges Wohnzimmer altdeutscher Art, samtbezogene Sessel und ein Sofa, Stehlampe mit Gelsenkirchener-Barock-Schirm vor schlichter Mustertapete, Tisch mit goldberandetem Kaffeeservice auf weißer Häkeldecke. Dass es sich um einen Raum im Schloss Bellevue zu Westberlin handelt, lassen allenfalls die beiden Promi-Ehepaare vermuten, die darin Platz genommen haben und nun versuchen, Höflichkeiten auszutauschen: der persische Kaiser Reza Pahlavi nebst Gattin Farah, geborene Diba, der bundesdeutsche Präsident Heinrich Lübke sowie dessen Gattin Wilhelmine, geborene Keuthen.

Die vier Personen repräsentieren, was längst vergangen schien: die Epoche der absolutistisch strukturierten Monarchien, einerseits der Schah-Diktatur im Iran, die nach dem von CIA und MI6 initiierten Putsch gegen den antifeudalen Präsidenten Mohammad Mossadegh 1953 wiedererrichtet worden war; andererseits in der Person Lübkes die der Architekten von Konzentrationslagern, deren Betreiber und Auftraggeber, die spätestens 1945 in den Orkus der Geschichte hätten gespült werden müssen.

II.

Vor 70 Jahren, »Frühling wurd's in deutschem Land / Über Asch und Trümmerwand / Flog ein erstes Birkengrün / Probweis, delikat und kühn«, schrieb Bertolt Brecht sein seherisches Gedicht »Der anachronistische Zug oder Freiheit und Democracy«. In 41 Vierzeilern erfasst der Dramatiker – lyrisch verdichtet –, was geschieht im Deutschland von 1947. Mehr als eine Vision: Indem sich die vermeintlich besiegten Gespenster des Untergangs hinter den unverbindlichen, weit interpretierbaren Begriffen »Freiheit« und »Demokratie« neu formieren, nähert sich die Zukunft der Vergangenheit an.

»Und der Blinde frug den Tauben / Was vorbeizog in den Stauben / Hinter einem Aufruf wie / Freiheit und Democracy.« Es sind die altbekannten Gestalten, zerlumpter Aufzug von Stehaufmännchen und -frauchen, von Klerus und Kapital, von deren Statthaltern und Mitläufern, die sich nunmehr anderen, angesagten Werten widmen. Nachfaschistisches Überlebenspostulat der Täter. Natürlich wissen die genau um ihren doppelzüngigen Opportunismus, wissen sehr wohl, dass »Freiheit« immer auch die Freiheit wovon und für wen impliziert; und warum sie »Democracy« auf Yankee-Amerikanisch aussprechen. Ja, so präsentiert sich die marschierende Restauration.

Hanns Eisler vertont den Text, Ernst Busch interpretiert ihn, wie es seine Art ist, markant, und er packt jene gehörige Portion Spott als sprachliches Mittel der Bloßstellung obendrauf, die der Dichter formuliert hatte. »Doch dem Kreuz dort auf dem Laken / Fehlen heute ein paar Haken / Da man mit den Zeiten lebt / Sind die Haken überklebt.«

III.

Die Uhr steht auf 16.30 Uhr an diesem 2. Juni 1967 im Schloss Bellevue. Vier Stunden später liegt ein Student in seinem Blut. Eine aus anderthalb Metern Entfernung abgefeuerte Polizeikugel hat ihn in den Hinterkopf getroffen. Benno

Ohnesorg, so heißt der 26-Jährige, stirbt wenig später – der zweite erschossene Demonstrant in der BRD-Geschichte nach dem 21-jährigen Philipp Müller, der am 11. Mai 1952 bei Protesten gegen die Remilitarisierung von der Polizei niedergestreckt worden war.

Die Einrichtung eines Ermittlungsausschusses war damals abgelehnt worden. Der sogenannte Rechtsstaat, der die Rechtsnachfolgerschaft des Nazireichs innehat und über entsprechend vorgebildetes Führungspersonal verfügt, bewahrt nur so lange den schönen Schein von Freiheit, wie dieser die Herrschaft ins rechte Licht rückt – und nicht ins unrechte. Sonst wird notfalls auch die Pistole gezogen. Doch im Gegensatz zu 1952, als der Kalte Krieg offensiv durchgesetzt wird, geht es 1967 um dessen Erhaltung und die Konservierung der ihn tragenden modrigen Kultur.

An diesem 2. Juni tritt die Wendegeneration West auf die politische Bühne; die kulturelle hat sie längst geentert, als sie die Haare wachsen ließ und Röcke anzog, »wo man alles sehen kann« (Franz Josef Degenhardt). Beat und Rock schufen künstlerische Gegenentwürfe zur flachen Unkultur der Heile-Welt-Seligkeit und verkörperten »zugleich einen alternativen Gesellschaftsentwurf«, so der Autor Peter Kemper (*FAZ*, 2. Mai 2017). Das gilt ebenso – oder doch zumindest immer mehr – für die anderen Künste, die sich aus ihrer puristischen Unterhaltungsfunktion befreien. Handkes »Publikumsbeschimpfung«, Fassbinders »Katzelmacher«, neues Theater, neues Kino, Pop-Art und Fluxus, und die Kunstakademien stehen Kopf während permanenter Happenings, Love-Ins und Teach-Ins.

Unglaubliche Experimente begleiten die Wende zur kulturellen Hegemonie des Antifaschismus. Die Protagonisten des Aufbruchs beanspruchen allesamt eben nicht jene widerliche »Gnade der späten Geburt«, die dann ein zum Bundeskanzler aufgestiegener ehemaliger Referent der deutschen Zyklon-B-Chemieindustrie für sich reklamiert. Sie wollen vielmehr der Geschichte auf den Grund gehen, die Gründe erfahren, wie das geschehen konnte, und fordern einen offenen Umgang mit den im Giftschrank der bundesdeutschen Gegenwart weggeschlossenen Verbrechen des Faschismus. Dass dieser Anspruch mit dem anachronistischen Aufzug und dessen Begrifflichkeit von »Freiheit und Democracy« nicht zu verwirklichen ist, stellt sich dann schnell heraus.

IV.

Die Chambers Brothers singen »Time Has Come Today«, und tatsächlich ist die Zeit reif, den Ritualen, Sitten und Gebräuchen von Kleinbürgertum und Bourgeoisie an den Kragen zu gehen. Die Lebensweise steht zur Disposition und diejenigen, die damit nicht umgehen können, zeigen sich erschüttert. Jedenfalls verursachen die experimentellen Gestaltungsversuche Kulturschocks. »Gammler«, »Beatnik«, »Hippie«, »Freak« zu sein – heute negativ besetzte Begriffe – ist mehr als eine Mode. Sie werden gelebt und wirken in die Gesellschaft. Natürlich erschüttern sie nicht die Herrschaftsverhältnisse, befördern jedoch deren Erkennen, Durchschauen, Entlarven – Voraussetzungen für das Credo »Fight the Power«. Runter vom Balkon, unterstützt den Vietcong.

Blutspenden für Vietnam bei der Evangelischen Studentengemeinde, die Hochschulen werden marxistisch, Schüler und Lehrlinge in Bewegung, als Vorhut der Gesamtarbeiterklasse sozusagen, marxistische Bildungsabende auf Matratzenlagern, Günter Wallraff als Hans Esser bei Springers *Bild*. Die Studie »Soldat 70« ruft zum antimilitaristischen Kampf innerhalb der Bundeswehr auf, der Kurzhaar-Erlass für Wehrpflichtige treibt Soldaten in Uniform zu Protesten auf die Straße, die Kommunisten erzielen unter Jungwählern zweistellige Wahlergebnisse, und die Stadtguerilla wird, wie Bonnie und Clyde im Film, von Sympathien begleitet, Hans und Grete rauschen im weißen BMW von Bank zu Bank. Frank Zappa auf Lokus, Rote Steine (Ton Steine Scherben) und Floh de Cologne auf Fehmarn, und Ernst Buschs

Arbeiter- und Spanienlieder liegen in den Schaufenstern der Plattenläden aus, die Brecht-Ächtung an bundesdeutschen Theatern fällt, derweil die SPD-Jungsozialisten von Stamokap (staatsmonopolistischer Kapitalismus) reden. Das alles verträgt sich nicht so richtig mit dem, was die Altvorderen unter Demokratie verstehen.

V.

1973 aktualisiert Franz Josef Degenhardt Brechts »Anachronistischen Zug« und karikiert die »Freiheit, die sie meinen«. Diesmal »wurd' es Herbst im Land / Über Smog und Glasbauwand / Flog das erste braune Laub / Schmutzig, welk, und wurde Staub.« Und der Liedermacher, von der SPD geächtet und von allen Fernsehmattscheiben verbannt, will sich schier schlapplachen über den Freiheitsbegriff der Anachronisten. Doch an sich gibt es schon nichts mehr zu lachen.

Die CDU verkündet »Keine Experimente«, und die regierende Sozialdemokratie besinnt sich des einst sie selbst treffenden »Sozialistengesetzes« und anderer Repressionen durch Bismarck, den Kaiser, die Weimarer Richter, Hitler. Im Februar 1972 holt das Establishment zum großen Schlag gegen die – mittlerweile arg zersplitterte – linke Massenkultur aus. Der »Radikalenerlass« oder »Extremistenbeschluss«, initiiert mit Zustimmung Willy Brandts, trifft alle und lähmt die Gesellschaft. »Bis Ende der achtziger Jahre mussten sich 3,5 Millionen Bewerber für den öffentlichen Dienst auf ihre Gesinnung überprüfen lassen, rund 10 000 ›Berufsverbote‹ wurden ausgesprochen«, bilanziert *Die Zeit* (11. Juli 2013). 3,5 Millionen Mal auf dem Prüfstand der »Verfassungsfeindlichkeit«. Einschüchterung, Anpassungsdruck, normierte Meinung, Mainstream-Sprech, Untertanen – geformt außerdem mit durchgängig praktizierten Überwachungspraktiken in der Privatindustrie, in den Medien ...

Der Wind dreht sich. Jene Blütenträume von Revolution, die »wir doch so geliebt haben«, so der politische

Hochstapler Daniel Cohn-Bendit, verwehen nach und nach. Die Maultrommel spielt man nicht mehr. Der kulturindustrielle Komplex betreibt eine erfolgreiche Doppelstrategie: Er macht die jungen Musiken Entertainment-kompatibel. Zugleich kramt er in der Schlager-Oldie-Kiste. Alles klar, die Andrea Doria sinkt nicht. Vielmehr obsiegen die der Zeit angepassten Aus-der-Zeit-Gefallenen, und irgendwann sind sogar die langen Haare out. Ade, kulturelle Dominanz, ade, Wende (West). Trotz SPD und Grundgesetz und alledem »drückt man uns mit Berufsverbot / Die Gurgel zu trotz alledem«, singt Hannes Wader und versucht, Hoffnung zu machen, »dass sich die Furcht / In Widerstand verwandeln wird / Trotz alledem.« Dafür reicht es nicht mehr.

1982 verkündet Kanzler Kohl als Ergänzung zur unrechtsstaatlichen Repression seine ganz spezielle »geistig-moralische Wende«. Die besteht aus einer weitreichenden Beliebigkeit, einer Kultur zur Massenverblödung mittels unsinnigen Konsums und Propagierung eines Egoismus mit neurotischen Zügen. Umgesetzt wird das Gesamtpaket per Privatfernsehen, erstmals ausgestrahlt ab Januar 1984 – auch in die DDR. Dessen genaue Wirkung auf die dortige, umgangssprachlich als »Wende« bezeichnete Privatisierung der wichtigsten Produktionsmittel sowie der genossenschaftlich organisierten Landwirtschaft ist bisher nicht erforscht.

VI.

2017, sieben Jahrzehnte nach Brechts »Anachronistischem Zug«, fünf nach Ohnesorgs Ermordung, hätte Farah Pahlavi so gerne ihre als Kaiserin zusammengekaufte, also geklaute, Sammlung zeitgenössischer Kunst in Berlin gezeigt, doch das Tehran Museum of Contemporary Art sagte die geplante Ausstellung ab. *Der Spiegel* (8/2017) zeigt ein Foto der Schah-Gattin 38 Jahre nach Sturz der Monarchie in ihrer Pariser Wohnung, vor sich ein Porträt des verblichenen Ehemanns, hinter sich ein prunkvoller Kerzenleuchter auf Holztäfelung.

Im Interview geht es dann um die Revision von Geschichte. Der Schah habe in Wirklichkeit jede Menge Gutes getan. »Da wurden viele Lügen erfunden und Dinge übertrieben.« Farah, die Weißwäscherin, zeigt sich ignorant – ganz wie damals, als die Journalistin und Kommunistin Ulrike Marie Meinhof einen offenen Brief veröffentlichte. Der beginnt mit der Anrede »Guten Tag, Frau Pahlavi« und stellt dann die Willkürherrschaft der Pahlavis bloß: Folter, Analphabetismus, Armut, Hunger, Elend, Terror, Unterdrückung einerseits – eine kunstsammelnde, juwelenbespickte Kaiserin andererseits. Jetzt sagt Frau Pahlavi: »Mein Mann arbeitete daran, das Land voranzubringen.« *Der Spiegel* lässt's geschehen und erwähnt nicht einmal den Meinhof-Brief, der – historisch betrachtet – einen Wendepunkt in der kulturpolitischen Entwicklung des restaurierten Westdeutschlands markiert hatte.

Ein Muster für die Zukunft. Vergessen oder verdrängt? Jedenfalls befindet sich der anachronistische Zug immer noch auf dem Weg durch die Lande und durch die Zeit. Eine wirkliche Wende setzt dessen finales Scheitern voraus.

III. INTERNATIONALISMUS

Namibia im März 1990: endlich unabhängig

Tod der Faschistenmacht: südfranzösische Gedenkstätte Mont-Mouchet für die Partisanen des Maquis

»PARTISANEN, KOMMT, NEHMT MICH MIT EUCH!«

Von Moskau nach Berlin, in den Wäldern, Sümpfen und Bergen Europas: »*Tod der Faschistenmacht!*« *Lieder vom gerechten Krieg und vom Widerstand*

Der Naziangriff traf das rote Riesenland völlig unvorbereitet. 3,2 Millionen deutsche Soldaten überschritten am 22. Juni 1941 frühmorgens die Westgrenze der Sowjetunion. Zwei Tage danach druckte die Zeitung *Iswestija* (Nachrichten) das Gedicht »Der heilige Krieg« von Wassili Lebedew-Kumatsch. Alexander Alexandrow vertonte es umgehend. Am 26. Juni wurde es uraufgeführt – und zu einem musikalischen Monument des Trotzalledem. Das pathetische, mit einem strengen, vom ganzen Orchester getragenen Vierviertelstakkato unterlegte Werk würde die Rote Armee bis nach Berlin begleiten:

Steh auf, steh auf, du Riesenland!
Heraus zur großen Schlacht!
Den Nazihorden Widerstand!
Tod der Faschistenmacht!

»Der heilige Krieg« war die gesungene, später von Ernst Busch – Übersetzung: Stephan Hermlin – auch auf Deutsch rezitierte Aufforderung zum kollektiven Aufstand. Es bestärkte die per se überlegene Moral derjenigen, die im Recht waren und denen eine historische Rolle aufgezwungen worden war: die Welt zu befreien von den »Würgern«, den »Peinigern und Plünderern«, den »Mördern der Ideen« – »die müssen untergehn«.

Es breche über sie der Zorn
Wie finstre Flut herein
Das soll der Krieg des Volkes
Der Krieg der Menschheit sein.

Lieder spiegeln immer die Zeit, in der sie entstehen. Sie sind
Teil der Geschichte und handeln von ihr und den Lehren aus
ihr. Das macht sie kostbar. »Der Heilige Krieg« ist Zorn pur:
über diese zu verdammenden Aggressoren, die urplötzlich
alles gefährden, was als sicher galt; Zorn aber auch über
das eigene Unvermögen, die Blitzkrieger zu stoppen und
zurückzuschlagen. Steh auf! Das Lied vermag es, diese Wut
in Energie umzuwandeln.

»Schtiminja«

An der Front werden die Menschen hart, meinte der Schriftsteller Ilja Ehrenburg 1943 – »hart und doppelt empfind-
sam«. Der Soldat erwarte »eine lebendige menschliche
Stimme«, die den Glauben an das Überleben und das Leben
stützt. Die russische Lyrik ist berühmt für ihre Tiefe, Melancholie, Sehnsucht und Hoffnung selbst in dunkelster Nacht.
Das Gedicht »Wart auf mich« von Konstantin Simonow erzählt davon wie kaum ein zweites. Vertont von Matwei Blan-
ter sagt es denen zu Hause, »was am Leben mich erhält«.

Wart auf mich, ich komm zurück! / Ja – zum Trotz dem Tod
Der mich hundert-, tausendfach / Tag und Nacht bedroht.
Für die Freiheit meines Lands / Rings umdröhnt, umblitzt.
Kämpfend fühl ich, wie im Kampf / Mich Dein Warten
schützt.

Nachdem Ernst Busch (1900–1980), der bedeutendste deutsche Sänger des vergangenen Jahrhunderts, Ende April 1945
von Rotarmisten aus dem Zuchthaus Brandenburg befreit

worden war, traf er in Berlin zwei alte Bekannte. »Sie kamen mit ihrer Gitarre und einer Menge neuer sowjetischer Lieder. Ein Lied hat mich besonders tief berührt, ›Schtiminja‹ (Wart auf mich).« Später trägt der Arbeitersänger Busch in einer Brecht-Inszenierung der »Winterschlacht um Moskau« eine Mahnung für künftige Generationen vor:

Rotarmisten! / Das war die Division
Die als erste Einzug halten sollte
In Moskau. Sie ist nicht mehr.
Für Feinde führt kein Weg nach Moskau.
Den Freunden aber öffnen wir das Herz!

Angela Merkel müsste das Stück, das der spätere DDR-Kulturminister Johannes R. Becher 1941 im sowjetischen Exil schrieb (Musik: Hanns Eisler), aus ihrer FDJ-Zeit kennen. Dass die politische Führerin eines großspurigen Deutschland nunmehr den »unbekannten Soldaten« – und nicht die Befreier vom Faschismus – ehrt, zeugt von Verdrängung. Auch im Berlin von 2015 wird der Sound des sowjetischen Widerstehens in Hinterstübchen zu hören sein oder von den russischen Familien im Treptower Park zelebriert werden, die ihrer ermordeten Vorfahren aus dem Großen Vaterländischen Krieg gedenken. Alte Volkslieder, Songs für die Ewigkeit, offiziell ignoriert.

Dabei wären sie in diesen kriegerischen Zeiten so wichtig wie die Canzoni der Partisanen – zuvorderst das so unfassbar zuversichtliche italienische »Bella ciao«, tausendfach interpretiert in vielen Sprachen. Der trotzige Mutmacher an sich.

Partisanen, kommt, nehmt mich mit euch
Denn ich spür, der Tod ist nah
Und die Leute, sie gehen vorüber
Sehn die kleine Blume stehn.
Diese Blume, so sagen alle
O bella ciao, bella ciao, bella ciao, ciao, ciao

Ist die Blume des Partisanen
Der für unsre Freiheit starb.

»Zog nit keyn mol«

Europa kennt viele Tage, an denen der Befreiung vom Hitlerfaschismus gedacht wird. Rom am 4. Juni 1944, Paris, Belgrad, Auschwitz, Budapest, Prag, schließlich Berlin im Mai 1945. Sich erinnern daran bedeutet auch: Musik denken – so seltsam es angesichts der Grauen klingen mag, Lieder waren immer Begleiter des Widerstands, des gerechten Kriegs gegen die Okkupanten und Menschenvernichter.

In Vilnius waren es Tausende, die aus dem Ghetto in die Wälder und Sümpfe gegangen waren. Ein Foto aus dem Juli 1944 zeigt zehn von ihnen, bewaffnet, sieben Männer, drei Frauen. Sie stehen in der befreiten Stadt, in der sie gelebt hatten und die sie verließen auf der Flucht vor der Holocaust-Maschinerie, die die litauische Metropole am 23. Juni 1941 erreicht hatte. Etwa 220 000 Menschen – 95 Prozent der jüdischen Bevölkerung des Landes – fielen ihr zum Opfer; die Partisanen aber hatten überlebt. »Al telchu kazon latevach«, hatte Abba Kovner von der linkszionistischen Organisation Hashomer Hatzair gefordert, und sie waren ihm gefolgt: Geht nicht wie Schafe zu eurem Schlachter, kämpft um euer Leben.

»Zog nit keyn mol« (Sag nicht niemals), auch als »Partisaner himn« (Partisanenhymne) bekannt, geschrieben von Hirsch Glik (1922–1944), war schon im Ghetto zu einer Melodie des sowjetischen Komponisten Dmitri Pokrass gesungen worden – es wurde zum vielleicht wichtigsten jiddischen Lied der Partisanen, die zusammen mit der Roten Armee Vilnius befreiten.

Sage niemals, dass du den letzten Weg gehst
Wenn auch bleierner Himmel den blauen Tag verdeckt.

Kommen wird noch unsere erträumte Stunde
Dröhnen wird unser Schritt: Wir sind da.

»*Schtil, di nacht iz oysgeschternt*«

Zu seinem Lied »Schtil, di nacht iz oysgeschternt« kompo-
nierte der feinfühlige Poet Glik – er fiel kurz vor der Befreiung im Kampf gegen die Deutschen – eine Melodie, die in
ihrer zerrissenen Schönheit aus verhaltener Zuversicht und
dunklem Hoffen tiefe Sehnsüchte weckt: »Still, die Nacht ist
voller Sterne« erzählt von der Widerstandskämpferin Vitka
Kempner (1920–2012), die nahe Vilnius einen deutschen Mu-
nitionszug gestoppt hatte.

> Ein Mädchen mit einem samtenen Gesicht
> Hält auf die Karawane der Feinde.
> Gezielt, geschossen und getroffen [...].
> Am nächsten Tag aus dem Wald gekrochen
> Mit Schneegirlanden auf den Haaren
> Ermutigt von einem kleinen Sieg
> Für unsere neue, freie Generation.

Offensichtlich sei, meint Hiki Haya aus Tel Aviv, dass die
Musik »einen großen Einfluss« auf diejenigen hatte, die »aus
den Schtetlech in die Wälder und Sümpfe gingen, in die sich
die Naziwehrmacht nicht hineintraute«. Hiki Haya, die aus
Vilnius stammt und sich heute in einer Gedenkassoziation
von Juden aus Vilnius und Israel engagiert: »Allen Widrigkeiten zum Trotz spielte Musik eine entscheidende Rolle.«
Die jungen Leute hatten beschlossen zu kämpfen, »selbst
wenn sie sterben müssten – der Tod hatte sie auch vorher
erwartet«.

Ob in Litauen am 9. Mai die alten Lieder öffentlich gesungen werden? Der Antisowjetismus, der nach der Unabhängigkeit des Landes 1990 zur Staatsideologie erhoben

wurde, entwickelt sich im Zeichen des Ukraine-Krieges zu Russenphobie, und schon am »Tag des Sieges« vor fünf Jahren war Kriegsveteranen und Mitgliedern der jüdischen und russischen Gemeinden ein »Marsch des Friedens« auf dem Gediminas-Prospekt in Vilnius verboten worden. Er musste in Seitenstraßen ausweichen.

»Na juriš«

Wird in den Staaten des ehemaligen Jugoslawien gesungen werden? »Freiheit und Einheit« – die Losung der mächtigen, von Josip Broz Tito geführten Partisanenbewegung im Zweiten Weltkrieg, scheint vergessen; der Vielvölkerstaat ist zerstückelt wie die serbokroatische Sprache. Mihajlo Buvac aus dem bosnischen Zenica, inzwischen Rentner, kennt die Lieder aus seiner Jugend. Das Besondere an ihnen sei, sagt er, dass »fast alle nicht etwa die Deutschen verfluchen, sondern vor allem den Mut und die Kampfbereitschaft der Partisanen für die Einheit und Freiheit des Landes ermuntern«.

Zu uns, ihr geknechteten Brüder
Wir wollen die Freiheit wieder!
Trotz Hunger und Beben zum besseren Leben!
Zum Sturme, hohei, Partisan
Uns leuchtet die Freiheit voran!

Als populärste Songs gelten »Na juriš« (Zum Sturme) und »Bilecanka«, das im herzegowinischen Konzentrationslager Bileca entstand, geschrieben vom inhaftierten Slowenen Milan Apih. Nur, wovon erzählt es heute, fragt der Kulturwissenschaftler Mitja Velikonja, »wenn darin von ›Vaterland‹ gesungen wird? Von Slowenien? Von Jugoslawien?« In Slowenien wird nicht gefeiert. Von dort reisen indes Tausende Bewohner alljährlich nach Belgrad und besuchen Titos Mausoleum, das »Haus der Blumen«, das nunmehr Kuća cvijeća (bosnisch/kroatisch) Kuća cveća/Кyħа цвeħа (serbisch), Hiša cvetja (slowenisch), Кyќа на цвeќeтo (mazedonisch) heißt.

Rasch packten wir die Gewehre
Gingen von zu Hause in den Wald
Als unser Feind wollte
Dass wir Sklaven würden.
Die ersten Schüsse der Partisanen
Wecken den Widerstand des Volkes.
Wenn die Gewehre und Bajonette weg sind
Wird unser Weg frei sein.

Kroatien gedenkt der Befreiung des KZ Jasenovac nur halbherzig. In dem Lager wurden von den kroatischen Ustascha-Faschisten Hunderttausende Juden, Roma und Serben ermordet. »Die Gedenkstätte hatte im alten Jugoslawien bis zu 600 000 Besucher jährlich. Die Geschichte des Vernichtungslagers war integriert in die Geschichte des antifaschistischen Kampfes der Völker Jugoslawiens. Und heute? Gerade einmal 8000 Besucher kommen noch pro Jahr nach Jasenovac.« So der Historiker Eberhard Rondholz.

»La Complainte du partisan«

Mit Blick auf Frankreich bedauert die Autorin Florence Hervé, dass sich in der dortigen Gedenkkultur »La Complainte du partisan« aus dem Jahr 1943 leider nicht dauerhaft als wohl eindrucksvollstes Partisanenlied etabliert hat. Bei Gedenkveranstaltungen der Résistance werde meist der musikalisch (Anna Marly) in seiner melancholischen Monotonität zwar überzeugende, doch in seinen Worten (Joseph Kessel, Maurice Druon) eher martialische »Le Chant des partisans« (Das Lied der Partisanen) zelebriert.

Die Raben im Tal fliegen krächzend herbei heute wieder.
Dort ragt Pfahl an Pfahl: Jeder Galgen trägt zwei unsrer
Brüder.
Alarm, Partisan! Und vor Tag noch büßt der Feind manch
Verbrechen:
Bald greifen wir an – viele Opfer, Freund um Freund,
musst du rächen!

Die »Klage des Partisanen« sei dagegen ein mehr poetisches
Werk, erzähle von Einsamkeit, Trauer, auch Verzweiflung,
von ständiger Gefahr und Flucht – und damit von der durchaus elenden Wirklichkeit des Partisanendaseins. Geschrieben von Emmanuel d'Astier (Text) und Anna Marly (Musik),
die es auch interpretierte, wurde das Chanson schnell populär im besetzten Frankreich – über BBC-London empfangen
in den unwirtlichen Bergen und Wäldern des Maquis.

Gestern waren wir noch drei
Nur ich bleibe übrig
Und ich drehe mich im Kreise
In den Gefängnissen der Grenzen.
Der Wind bläst über den Gräbern
Die Freiheit wird wiederkommen
Man wird uns vergessen
Und wir werden wieder in den Schatten treten.

Ende der sechziger Jahre, zu Zeiten des Aufbegehrens,
machten Versionen von Leonard Cohen und Joan Baez das
Lied weltberühmt. Später, mit dem stetigen Abschwung der
Proteste gegen Krieg und Unterdrückung, legten sich dann
wieder die Schatten des Vergessens auf »The Partisan«.

DAMALS IN DER BIPOLARITÄT

Aus der Geschichte des »proletarischen Internationalismus«: mosambikanische Vertragsarbeiter in der DDR

I.

Mit der Wende der DDR zum Kapitalismus endete auch der antikapitalistische Weg Mosambiks. Während die westdeutschen Banken im Juli 1990 ihr Herrschaftsgebiet mittels Einführung der D-Mark auf den Osten ausdehnten, nahmen zeitgleich in Rom »Bandidos armados« (bewaffnete Banditen), als die sie im Südosten Afrikas verachtet wurden, am Verhandlungstisch Platz: Unter Moderation der katholischen Kirche präsentierte sich die Renamo (Resistência Nacional Moçambicana, dt. Nationale Widerstandsbewegung Mosambiks) als Siegerin der Geschichte, derweil die Sieger aus der alten BRD bereits an der Mär vom »Unrechtsstaat DDR« bastelten. Darin wiederum sollte Mosambik eine Rolle spielen.

II.

Die DDR verfügte über enge Beziehungen zur marxistisch orientierten Befreiungsbewegung Frelimo (Frente de Libertação de Moçambique, dt. Mosambikanische Befreiungsfront) bereits in den sechziger Jahren. 1975, nach dem Sturz der nahezu 500-jährigen Kolonialherrschaft Portugals und der hastigen Flucht zehntausender weißer Geschäftsleute, Siedler und Spezialisten, wurde die Zusammenarbeit der beiden Länder zum Zwang, den die Geschichte diktierte. Er ergab sich aus der geopolitischen Konstellation. Die Alternative, mit der sich Mosambik konfrontiert sah, lautete: tatsächliche Unabhängigkeit oder Rückkehr in koloniale Strukturen, vielleicht subtilere, aber letztlich doch koloniale.

Krieg und andere Katastrophen: Bei Maputo/Mosambik 1991

Die Frelimo entschied sich für »Independência« und damit den »proletarischen Internationalismus«, jenes auf die Unterdrückten der »Dritten Welt« ausgedehnte kommunistische Prinzip einer grenzenlosen Solidarität des Proletariats. Es wurde am 24. Februar 1979 manifest, als in Maputo Präsident Samora Machel und Regierungschef Erich Honecker einen Freundschaftsvertrag zwischen ihren Ländern unterzeichneten. Die Folgen: Insgesamt 20 141 Mosambikaner arbeiteten und lernten zwischen 1979 und 1989/90 in 242 Betrieben der DDR. Von »einem der weltweit größten Arbeitsimmigrationsprojekte« spricht diesbezüglich Professor Ulrich van der Heyden, Afrika- und Kolonialhistoriker und einer der Herausgeber des Ende 2014 erschienenen Sammelbandes »Mosambikanische Vertragsarbeiter in der DDR-Wirtschaft«.

Der Vertrag basierte auf einer Rechnung in »beiderseitigem Interesse«: Der chronische Arbeitskräftemangel, mit dem die DDR-Wirtschaft zu tun hatte, sollte ebenso verringert werden wie der wachsende politische und ökonomische Druck, dem sich die Volksrepublik im Jahr vier nach ihrer Unabhängigkeit ausgesetzt sah. Das Vorhaben funktionierte im Rahmen der Möglichkeiten zunächst recht gut. Bereits im Jahr des Vertragsabschlusses wurden die ersten 447 Arbeiter im Braunkohlerevier von Senftenberg und Lauchhammer angelernt und eingesetzt. Ziel war es, sie zu qualifizieren, um mit ihnen zeitnah die Produktion in der von einer Minenkatastrophe hart getroffenen Steinkohleregion um Moatize/ Provinz Sofala wieder aufzunehmen.

Zudem entsandte die DDR Fachleute zur Unterstützung des Aufbaus – in genanntem Fall aus dem Zwickauer Revier. Etwa 1000 FDJ-Freundschaftsbrigadisten, »Cooperandos« genannt, vermittelten Knowhow in der Landwirtschaft, im Gesundheits- und Bildungswesen. Anfang der achtziger Jahre wurde eine komplette Textilfabrik geliefert. Sie steht bis heute unausgepackt in der Nähe von Mosambiks Hauptstadt Maputo – Symbol des globalen Regime-change von der Bipolarität antagonistischer Gesellschaftssysteme zur unipolaren imperialistischen Dominanz.

III.

Seit Anfang der achtziger Jahre verkomplizierte sich die Lage Mosambiks rasend schnell. Die Renamo-Banden sorgten für eine weitgehende Unregierbarkeit, indem sie gezielt und erfolgreich endlosen Schrecken verbreiteten, Infrastruktur zerstörten, Sozialeinrichtungen brandschatzten, wahllos Menschen ermordeten und massenhaft Kinder und Frauen verschleppten und missbrauchten. Die mehr als 22 000 Bewaffnete zählenden Contras, gegründet 1976 von ehemaligen Kollaborateuren der portugiesischen Herrscher, unterstützt und trainiert von den Rassistenstaaten Südafrika und Rhodesien, verfolgten skrupellos ihr Ziel, den »Kommunismus zu stoppen«.

Im Dezember 1984 wurden acht »Cooperandos«, Landwirtschaftsexperten aus einer LPG bei Jena, nahe Unango/ Provinz Niassa bei einem Angriff erschossen – ein harter Rückschlag für den Internationalismus und eine Zäsur für den Versuch, einen strikt antikolonialistischen Staat am Indischen Ozean aufzubauen. Die DDR zog etwa tausend Berater und Helfer ab.

Die Kampfbedingungen für marxistische Kräfte hatten sich weltweit verschlechtert. Trotz der anhaltenden Unterstützung der »Bruderländer« mehrten sich Hinweise auf schwindende ökonomische Potenzen des europäischen Sozialismus – auf politische sowieso. Auch war von den antiimperialistischen Solidaritätsbewegungen in den hochentwickelten Ländern des Kapitals nicht mehr viel zu erwarten. Viele changierten von rot nach grün und wurden beliebig.

Und der Gegner rüstete auf. Bereits 1980 war Renamo-Führer Afonso Dhlakama nicht nur in Bonn, sondern auch anderen westlichen Metropolen empfangen worden, während seine Kämpfer in Südafrika trainierten. Pretoria nahm die Frelimo-Regierung zudem in den ökonomischen

Würgegriff und beschränkte die Zahl der in südafrikanischen Minen beschäftigten Wanderarbeiter aus Mosambik von 118 000 (1975) auf 45 000 (1983) – ein schwerer ökonomischer Rückschlag für die betroffenen Familien und für den Frontstaat zur Apartheid. Am 19. Oktober 1986 dann kam Präsident Samora Machel bei einem Flugzeugabsturz ums Leben. Vermutlich war die Maschine mittels eines durch das Civil Cooperation Bureau, einer südafrikanischen Killerorganisation, manipulierten Funkfeuers fehlgeleitet worden.

IV.

Die Mosambikaner, die laut der abgeschlossenen Verträge bis zu fünf, ab 1988 bis zu zehn Jahre in der DDR bleiben sollten, wurden zunächst in Maputo auf das Gastland vorbereitet. Wichtigste Voraussetzung für die Entsendung war ein mindestens vierjähriger Schulbesuch. Die Analphabetenquote lag 1975 bei 70 Prozent. Die Vertragsarbeiter absolvierten in der DDR zunächst 200 Stunden Deutschunterricht und wurden in verschiedenen Produktionsbereichen in Industrie und Landwirtschaft angelernt, ausgebildet, als Arbeiter und Facharbeiter eingesetzt. Sie sollten in Arbeitskollektive einbezogen sein. Zudem besuchten insgesamt 900 mosambikanische Jugendliche die »Schule der Freundschaft« in Staßfurt zwecks Berufsausbildung.

Bezahlt wurden die Arbeiter nach den üblichen Tarifen, ein Teil des Gehalts wurde später nach Maputo überwiesen und diente zur Tilgung der wachsenden Auslandsschulden Mosambiks. Das einbehaltene Geld sollte nach Rückkehr ausgezahlt werden, was bis heute nicht geschah. Das sorgt für anhaltende Proteste der »Madgermanes« genannten (abgeleitet von »Made in Germany«) ehemaligen Vertragsarbeiter, der sich gegen die aktuellen Regierungen in Maputo und Berlin richtet.

Die DDR blieb nicht nur bei ihnen in guter Erinnerung. Die Mehrheit der Mosambikaner äußerte sich positiv und zufrieden über ihre Zeit dort. Darauf deuten die Aussagen und Erfahrungsberichte der für das Buch interviewten oder schreibenden Arbeitsimmigranten, die auf etwa 100 Seiten ausführlich zu Wort kommen, hin. Das Leben sei jedenfalls sicherer gewesen, wird berichtet. Man habe sich ohne Furcht bewegen können.

Eine Umfrage des – nicht unbedingt neutralen – Bundesministeriums für Arbeit und Soziales vom November/Dezember 1990 erbrachte ein »durchaus überraschend positives Ergebnis«. Demnach war lediglich jeder achte Befragte »eher unzufrieden« mit seinem Leben als Vertragsarbeiter. Zwei Drittel charakterisierten das Verhalten der Deutschen, mit denen sie im Betrieb zu tun hatten, als »eher kollegial«, so die Autorin Anne Mavanga.

V.

»Eine großangelegte Idee, die an der Realität scheiterte«, sei die Zusammenarbeit gewesen, bewertete van der Heyden während der Buchpräsentation in der Berliner »Helle Panke« Ende Februar.

»Realität« – das waren weniger die Probleme, die bei einem Projekt dieser Größe und kulturellen Brisanz voraussehbar auftreten. Abertausende Menschen aus einem anderen Kulturkreis auf solidarischer Basis zu integrieren in die Arbeits- und Lebenswelt eines fremden Landes war mehr als eine Herausforderung, zumal es die DDR selbst mit einigem Mangel und vielen Mängeln zu tun hatte.

Das Land rangierte zwar unter den Top Ten der hochindustrialisierten Staaten der Welt, trotzdem kam es häufig zu Versorgungsengpässen. Vor allem gab es einen hohen Fehlbestand an Wohnraum. Insofern waren die Ressentiments, die in der Bevölkerung entstehen würden, wenn neu errichtete Plattenbauten zu Heimen für Vertragsarbeiter umgewidmet wurden, programmiert. Jenseits von Idealismus und Moral wurden Vorurteile, Neid und Egoismus geweckt oder wiedererweckt, auch weil zu wenig vorhandene Ware unter noch mehr Menschen als vorher verteilt wurde – zumal die dazugekommenen Konsumenten an der Hautfarbe erkennbar waren.

Die Schwierigkeiten gefährdeten indes zu keinem Zeitpunkt das Gesamtprojekt. Rassistisch motivierte Übergriffe blieben die absolute Ausnahme, wovon nicht nur Erfahrungsberichte von Mosambikanern zeugen, sondern – interessanterweise – die Unterlagen des Ministeriums für Staatssicherheit, bei denen landläufig davon ausgegangen wird, sie seien gründlich und umfassend. Für das vorliegende Buch wurden sie dann auch ausgewertet – im Gegensatz übrigens zu anderen, geschichtsrevisionistischen Veröffentlichungen. »Kein einziger Autor fand den Weg in die Gauck-Behörde«, sagt van der Heyden – ein Phänomen angesichts des sonstigen Eifers im Umgang mit Stasi-Akten.

In der Nach-DDR-BRD ist ein vernunftgeprägter Umgang mit der Geschichte des realsozialistischen Deutschlands unerwünscht. Bewertet wird »häufig pauschal und ohne sich offensichtlich der Mühe zu unterziehen, Recherchen anzustellen«, meint Ralf Straßburg, ehemals Referent des für die Vertragsarbeiter zuständigen Ministeriums. Obwohl er seit nunmehr bald 25 Jahren die Praxis der Geschichtswissenschaften verfolge, die DDR moralisch zu demontieren, habe ihn regelrecht »entsetzt«, so van der Heyden, wie sich Verleger und Autoren mit dem Thema Mosambik beschäftigten, »ohne den geringsten Beleg« anzuführen. Immer wieder vorgetragene Behauptungen, wonach die DDR-Gesellschaft keine Solidarität mit der Dritten Welt geübt habe, ausländerfeindlich oder gar rassistisch gewesen sei, gehörten »ins Reich der Legenden«.

VI.

Der »zweiten deutschen Diktatur« (Joachim Gauck) wurden im vergangenen Vierteljahrhundert der kapitalistischen Restaurierung nicht nur jegliches internationalistische Motiv abgesprochen und das proklamierte Ideal »Völkerfreundschaft« als demagogisch abgewertet. Es wird zudem unterstellt, die DDR habe neokolonialistische Ausbeutung betrieben und zugleich rassistische Tendenzen in Teilen ihrer Bevölkerung befördert. Rostock-Lichtenhagen, Rudolstadt und neuerdings Pegida und Tröglitz stünden dafür. Die soziale Deklassierung und menschliche Abqualifizierung in den versprochenen »blühenden Landschaften« interessieren weniger.

Die Wahrheit wird allgemein der Ideologie der Sieger angepasst – nur sei die Frage gestattet: Welche Weltanschauung vertritt die Rosa-Luxemburg-Stiftung? Am neuesten Linkspartei-Modell »Unrechtsstaat« schraubten über die Jahre viele Konstrukteure mit, und die parteinahe Stiftung arbeitete sich nicht nur am »Mythos Antifaschismus« in der DDR ab, sondern auch am Internationalismus. »Bruderland ist abgebrannt« hieß die von ihr gesponserte Ausstellung zu den Vertragsarbeitern – ein unappetitlicher Titel in memoriam Weltkrieg Zwei. Sie lieferte eine »verzerrte Darstellung der Lebens- und Arbeitswelt«, so die Herausgeber des Sammelbandes. Für den hatte die Stiftung natürlich keinen Zuschuss übrig.

Dabei ist das Buch so etwas wie ein Geschenk. Entgegen aller zeitgeistigen Widrigkeiten gehen die Autoren das Thema wissenschaftlich an, stellen es in den historischen Kontext, nehmen eine sachliche Quellenanalyse vor und nutzen die Fakten. Ausführliche Zeitzeugenaussagen sorgen für eine empirische Verdichtung der Darstellung.

VII.

Bilanz des »Bürgerkrieg« genannten Grauens in Mosambik: 900 000 Tote, fünf Millionen Binnenflüchtlinge. 1992 wurde in Rom ein »Friedensabkommen« unterzeichnet, auf dessen Basis ein Mehrparteiensystem nach westlichem Vorbild eingerichtet wurde – eine »Demokratie«, die Renamo selbstverständlich einschloss.

Die Bandidos, seit über zehn Jahren zu einer, sogar manchenorts im Westen, eher unbeliebten Partei mutiert, entscheiden in Mosambik immer noch über Krieg und Frieden. So zog sich Dhlakama im April 2013 nach mehreren Wahlniederlagen erneut in die Gorongosa-Berge zurück, sein ehemaliges Hauptquartier im Busch, kündigte den 1992er-Vertrag auf und ließ seine Leute Polizeistationen, Busse und Militärdepots überfallen. Inzwischen existiert zwar ein provisorischer Waffenstillstand, doch hatte der 62-jährige Renamo-Boss erfolgreich gezeigt, dass mit ihm gerechnet werden muss. »Afonso Dhlakama – ein Leben als Kämpfer«, titelte heroisierend die *Deutsche Welle* (25.10.2013).

Die Geschichte der mosambikanischen Vertragsarbeiter in der DDR spielt in einer anderen Zeit. Mosambik steht, trotz Wachstumsraten, heute auf Rang 178 (von 187) der UN-Entwicklungsskala (HDI), erstellt nach dem erreichten Standard bei Bildung, Ausbildung, Lebenserwartung. Von den 242 Betrieben der DDR, in denen mosambikanische Vertragsarbeiter beschäftigt waren, existieren heute noch 67; in sechs von ihnen arbeiten Mosambikaner.

Ulrich van der Heyden, Wolfgang Semmler, Ralf Straßburg (Hg.): Mosambikanische Vertragsarbeiter in der DDR-Wirtschaft. Hintergründe, Verlauf Folgen. Reihe: Die DDR und die Dritte Welt, Band 10, LIT-Verlag, Berlin u. a. 2014, 352 S.

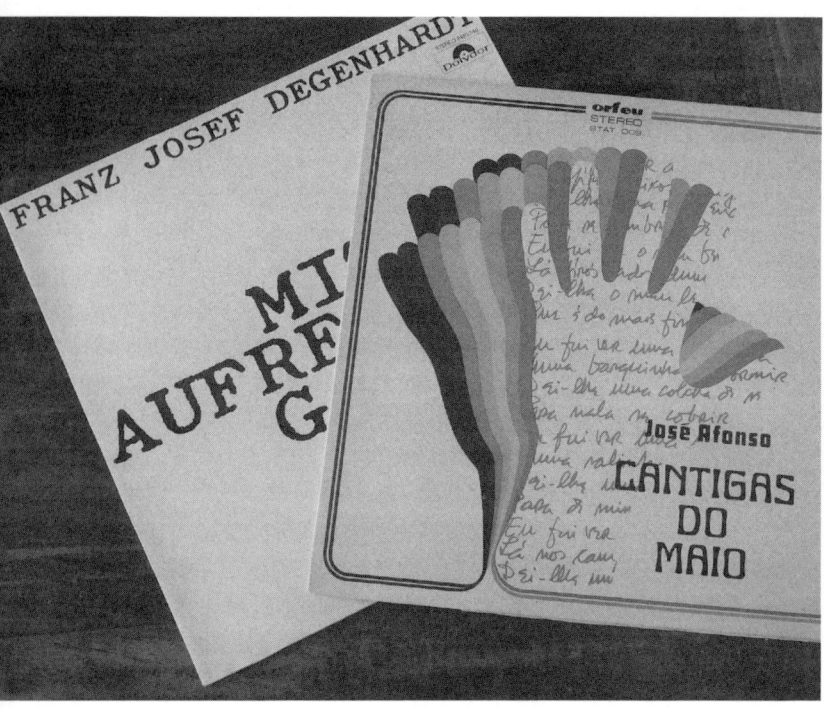

Weltweiter Übergang zum Sozialismus? »Grândola« auf Vinyl

25. APRIL 1974, O.20 UHR: GRÂNDOLA, VILA MORENA

José Afonso und Franz Josef Degenhardt sangen von der portugiesischen Revolution: Zwei historische Vinylscheiben erzählen die Geschichte einer untergegangenen Epoche

Vor mir liegen zwei Schallplatten, schwarzes Vinyl aus der Epoche des weltweiten Übergangs vom Kapitalismus zum Sozialismus, also jener leningestützten Vorstellung, nach der die drei »Hauptströme« des weltrevolutionären Prozesses – sozialistische Länder, Arbeiterbewegung des Kapitalismus, nationale Befreiungsbewegungen des Trikont – dem historisch überholten Imperialismus den Garaus bereiten würden.

Grândola, vila morena
Stadt der Sonne, Stadt der Brüder,
Grândola, vila morena
Grândola, du Stadt der Lieder.

Nun kreist die erste Scheibe in 33 Umdrehungen pro Minute auf dem Plattenteller: »Cantigas do Maio« (Gesänge aus dem Mai) von José »Zeca« Afonso. Das Knirschen und Knistern hat nicht, wie zu vermuten, mit Vinylabnutzung zu tun. Im Gegenteil. Mit ihm beginnt etwas Taufrisches, ein in Portugal lange verbotenes Lied, das Lied von der Stadt Grândola. Das leise Knirschen und Knistern wird zum schleppenden Rhythmus, träge und zäh wie lustlos Marschierende, ermatteter Tritt von Tagelöhnern, immer stärker und lauter, bis der Sänger mit trauriger Stimme »Grândola, vila Morena« darauf singt, und »Terra da fraternidade«, eine Terz höher, »O povo eçquem mais ordena. Dentro de ti ó cidade:

245

Grândola, dunkle Stadt, Ort der Brüderlichkeit, das Volk hat wieder zu bestimmen in dir, du Stadt.«José Afonso stimmt es solo an, ruhig, ja gelassen, einfacher Melodiebogen, doch von einer Melancholie durchwirkt, so tief, unvorstellbar fast die Sehnsucht, die in ihr schwingt wie beim Fado (Schicksal), den Afonso schon als 17-jähriger aufführte – zu Hause in Coimbra, wo er Geschichte und Philosophie studierte, und später in der portugiesischen Kolonie Mosambik, Schicksalsgesang, der Welt hoffnungsloses Leid beklagend.

Grândola, du Stadt der Lieder
Auf den Plätzen, in den Straßen
Stehen Freunde, stehen Brüder
Grândola gehört den Massen.

Eine andere Stimme wiederholt die letzte Zeile, »Grândola gehört den Massen«, ein heller Fastsopran, dessen Satz von vielen Sängern unterstützt wird, herb, düster zunächst, dann entschlossen, zumindest steigert sich das Volumen, Männerchor, Saisonarbeiter auf dem Land des Latifundienbesitzers, Korkeichen schälend, Getreide erntend, Oliven pflückend, dabei singend in alter Tradition – Arbeitslied, der Vorgabe des Sängers folgend, überkommener Wechselgesang zwar, doch auch neu, im Stil des portugiesischen »Canto livre« (Freier Gesang), in dem die mehrstimmig vorgetragene Weiterentwicklung der Dramaturgie Bewusstseinsentwicklung anzeigt, ein mächtiger A-cappella-Gesang, doch immer weiter unterlegt von dem tristen Kolonnentritt. Der entfernt sich nach sechs Vierzeilern langsam, verliert sich in der Ferne, in der Unendlichkeit trockener, abgeernteter Flächen. Ende des Drei-Minuten-Lieds, ein einfaches, kleines Stück von ungeheurer, großartiger Wirkung: Aufruf zur Veränderung der politischen Weltkarte.

Grândola, vila morena
Viele Hände, die sich fassen

Solidarität und Freiheit
Geht der Ruf durch deine Straßen.

0.20 Uhr zeigt die Uhr im Studio der katholischen Radio-
station »Renascença« (Wiedergeburt), keine halbe Stunde
nach Mitternacht des 25. April 1974 ertönt das verabredete
Zeichen. Schon vorher hatte sich die Nadel in die Rille ge-
graben, war das historische Magnetband produziert worden,
die Strophen jeweils unterbrochen vom rezitierten Text –
das verabredete akustische Signal zum Aufstand. Zwei re-
gimeoppositionelle Journalisten, Carlos Albino und Manuel
Tomaz, haben alles bis ins Detail vorbereitet. Albinos Kontakte zur klandestinen Bewegung der Streitkräfte Portugals (MFA) aus der Zeit seines eigenen, verhassten Militär-
dienstes machen ihn und Tomaz, einen Hörfunkkollegen,
der aus Mosambik ins Herz der Kolonialmacht gekommen
ist, zu Schlüsselfiguren der Revolution. Die MFA-Truppen
werden zunächst Lissabon nehmen, um dann in den folgenden Stunden und Tagen das faschistische Regime des
Salazar-Nachfolgers Marcelo Caetano zum Teufel zu jagen,
eine Terrorherrschaft stürzen, die die portugiesische Gesellschaft seit bald einem halben Jahrhundert lähmt, wie
in Blei gegossen das Land und die Kolonien, bewacht von
gefürchteten Geheimdienstfolterern der PIDE, Angst und
Einschüchterung verbreitend, den gebeugten Gang und Vor-
sicht als Lebenseinstellung erzwingend. Grândola erhebt
sich, das Lied wirkt.

Geht der Ruf durch deine Straßen
Gleich und gleich sind unsre Schritte
Grândola, vila morena
Gleich und gleich durch deine Mitte.

José Afonso trug Grândola erstmals am 29. März 1973 vor.
5000 Menschen sangen mit beim ersten portugiesischen
Liederfestival. Seitdem ist es verboten, wie die neuen

Volkslieder des Mikis Theodorakis in Griechenland. Wie die neuen Volkslieder des Katalanen Lluis Llach in Spanien. Sie wirken in den letzten faschistischen Diktaturen Europas als Kraftspender auf dem langen Marsch des Widerstands, bedeuten eine »kurze Rast in einem quellenkühlen Tal«. (Franz Josef Degenhardt 1968: »Für Mikis Theodorakis«) Und die griechischen Obristen, die spanischen Herren Generäle mit ihrem Caudillo, die portugiesischen Mumien wanken. »Wie ihr großer weißer Vater, dieser Völkermörder Johnson, löschen sie das Licht nicht mehr bei Nacht.« (Degenhardt) Grândola, also Portugal, los, mach den Anfang!

Deine Kraft und euer Wille
Sind so alt wie unsre Träume
Grândola, vila morena
Alt wie deine Schattenbäume.

Genau 30 Jahre liegt »Grândola« nun zurück, fast ein Dritteljahrhundert verklungen, das Lied über die Stadt im Alentejo, gelegen an der Strecke von Lissabon in die Algarve – ein Name nur, und doch Metapher für das Land, für dessen Herrschaft in Angola, Mosambik, Guinea-Bissao, im Golf von Guinea, in Macau, in Ost-Timor. Die zerlumpten Massen der Unterdrückten dort, die glitzernden Oasen für Reiche am Atlantischen ebenso wie am Indischen Ozean, wo im »Polana«, dem Luxushotel von Lourenço Marques, dunkelhäutige Frauen auf die Zimmer bestellt werden. Lourenço Marques wird bald seinen Kolonialistennamen aus dem 16. Jahrhundert ablegen und 1975 zu Maputo werden.

Vor mir liegt nun das Foto von irgendwann zwischen dem 25. April und dem 1. Mai 1974, José Afonso und die ganze hochkarätige Liedermacherschar, vertrieben vom Faschismus, kehren zurück aus dem Exil. Die Freude der Menschengruppe lässt sich nicht in Worte fassen, zeugt sie doch von jenem äußerst seltenen Gleichklang aus persönlichem und gesellschaftlichem Empfinden, von vollendeter

Vergangenheit und anbrechender Zukunft, von Trauer und Hoffnung.

Alt wie deine Schattenbäume
Grândola, du Stadt der Brüder
Grândola, und deine Lieder
Sind jetzt nicht mehr nur noch Träume.

Franz Josef Degenhardt übertrug die portugiesischen Worte von »Grândola« ins Deutsche schon bald nach der »Nelkenrevolution« und sang sie auch. Singer-Songwriter wie José Afonso, damals trefflich »Liedermacher« genannt, ein Begriff, dem heute der Makel des Verstaubten angedichtet wird. Nun kreist die zweite Vinylrarität auf meinem Plattenteller. »Mit aufrechtem Gang« nannte sie »Väterchen Franz«, zu Beginn der Sechziger Pate an der neuen deutschen Liedermacherkrippe, seine doppelte Langspielrille in Beatles-weißem Album-Cover mit schwarzen Schreibmaschinenlettern drauf, eine historische Scheibe deswegen, weil sie exakt jenen historischen Wendepunkt einfängt, an dem die Epoche zu kippen scheint und sich doch noch einmal fängt. Jene kurze Zeitspanne zwischen Chile und Portugal, zwischen dem 11. September 1973 und dem 25. April 1974, zwischen putschenden Faschistengenerälen und putschenden Antifa-Massen in Uniform. »Station Chile« wurde am 31. Mai 1974 beim Victor-Jara-Gedächtniskonzert in der Essener Gruga-Halle aufgenommen. Da überstrahlte der 25. April schon die chilenische Nacht, und Degenhardt rotzt trotzig trotz der schweren Niederlage für den weltweiten Sozialismus in Chile noch einmal das tragische »Venceremos« in den Saal.
»Wir werden siegen« wird nicht Wirklichkeit werden. Der Sänger und Dichter ahnt es noch nicht. Er und alle historischen Optimisten werden 1980 noch mit Nicaragua und Simbabwe feiern können. Die nationalen Befreiungsbewegungen scheinen erneut die Epochedefinition zu bestätigen. Ein letztes Mal.

Die vom Westen installierten »bandidos armados« genannten konterrevolutionären Truppen in Mosambik und Angola destabilisieren die befreiten Ex-Kolonien. Sie werden die sozialistischen Blütenträume der Freiheitskräfte MPLA und Frelimo zerstören. Degenhardt weiß noch nichts von Afghanistan und den bevorstehenden Niederlagen. Vielleicht ahnt er die bitteren Deformationen des Realsozialismus, singt dazu nicht, kein öffentliches Wort, niemals.

Noch immer ist das Vergangene nicht tot. Es ist nicht einmal vergangen. Degenhardt interpretiert Erich Weinerts Emigranten-Choral und erinnert an den Kampf dagegen im »Zündschnüre-Song«, dem Lied zu seinem gleichnamigen, trocken-humorigen, also phantastisch milieustimmigen Ruhrgebietsroman über den antifaschistischen Jugendwiderstand 1944 – warum wird die »Zündschnüre«-Fernsehverfilmung eigentlich nicht mehr gezeigt heute? Dieselbe Frage betrifft des Sängers Lieder, jene Wegbegleiter in den Kämpfen und auf den Festen der Vergangenheit und auch der Gegenwart, auf alle Fälle der Zukunft, gemieden von den Rundfunkanstalten und Fernsehsendern des deutschen Westens. Damals aus gutem Grund – hundertpro – siehe die Beispiele, siehe Portugal, Spanien, Griechenland, siehe Afonso, Llach, Theodorakis.

Die historisch-dialektische Epochebestimmung scheint sich Mitte der siebziger Jahre ihren Weg zu bahnen – trotz des Berufsverbots, jener Bruchstelle einer progressiven BRD-Entwicklung, von der Degenhardt in seiner »Belehrung nach Punkten« singt. Die BRD bleibt dem preußischen Beamtenrecht ebenso verpflichtet wie der »freiheitlich-demokratischen Grundordnung«, die sich mit den Jahren auch in Portugal, Griechenland und Spanien, den letzten drei Gewaltherrschaften auf europäischem Boden, etablieren wird: Nein, der nationalen Befreiung folgt die soziale nicht zwangsläufig. Die internationale Sozialdemokratie leistet im Zusammenspiel mit den Bourgeoisien ganze Arbeit, unterstützt auch vom Mangel an Sozialismus im Sozialismus.

Franz Josef Degenhardt, der Geschichtschronist, berichtet derweil von der Menschlichkeit und davon, wie es damals war mit dem neuen Leben in »Wolgograd«, Stadt der Befreiung Deutschlands vom Faschismus, die früher »Stalingrad« hieß. Und singt vom portugiesischen April. Beide werden nie zusammenkommen, sagt uns die Geschichte. Bis jetzt. »Grândola«, das letzte Lied »Mit aufrechtem Gang«, klingt knisternd und knirschend aus. Nein, nicht von zerkratztem Vinyl. Es sind die wieder geknechteten Landarbeiter des Alentejo.

Historisches Vinyl 1 inklusive »Grândola«: »Cantigas do Maio«
(1929–1987), Orfeu, STAT 009
Historisches Vinyl 2 inklusive »Grândola«: »Mit aufrechtem
Gang« von Franz Josef Degenhardt, Polydor, 2459240

Auf der Festung La Cabaña, Havanna 2005: Ulises Estrada Lescaille

13 MONATE MIT TANIA

Aus der DDR nach Kuba: Gespräch mit Ulises Estrada Lescaille über seine Geliebte Tamara Bunke, über Ernesto Che Guevara und die strengen Regeln der Konspiration
Nachtrag: Letzte Begegnung mit Ulises auf der Buchmesse in Havanna

Wenn man mir meinen ›Negrito‹ bis zu meiner Rückkehr nicht wegschnappt, dann heirate ich ... Ob es gleich mulatitos gibt, weiß ich noch nicht, ist aber sehr gut möglich. Wie er aussieht: Flaco, alto, bastante negro, tipicamente cubano; muy muy cariñoso (schlank, groß, ziemlich dunkel, typisch kubanisch: sehr, sehr lieb). Seid Ihr einverstanden??? Ach, ich habe das Wichtigste vergessen: Muy revolucionario y quiere tambien una mujer muy revolucionaria. (Er ist sehr revolutionär und will eine Frau haben, die auch sehr revolutionär ist.) Er wird Euch bestimmt bald schreiben.
(Brief von Tamara Bunke an ihre Eltern in der DDR, 11. April 1964, Kuba).

Der Mann, den »Tania la Guerrillera« meinte, schrieb nicht. Er erfuhr erst nach dem Tod seiner Geliebten von deren Brief. Ulises Estrada Lescaille arbeitete damals beim kubanischen Geheimdienst und geriet mit jedem Hinweis auf seine Person in Gefahr aufzufliegen. Er durfte seine Identität nicht preisgeben.

Ulises Estrada Lescaille, geboren 1934 in Santiago de Cuba, von Haus aus Journalist, war fast zwei Jahrzehnte in den kubanischen Streitkräften tätig. Als er Tamara Bunke kennenlernte, war er verheiratet und hatte zwei Kinder. Die Ehe wurde geschieden. 1970 heiratete Ulises erneut. Er vertrat Kuba als Botschafter in mehreren Ländern und ist heute Direktor der kubanischen Zeitschrift *Tricontinental*. Für Juni 2003 ist die Veröffentlichung seines Buches »Tania: Mit Che Guevara im bolivianischen Untergrund« bei Ocean Press (Australien) vorgesehen.

Tamara Bunke, 1937 in Argentinien geboren, 1952 mit den Eltern in die DDR gekommen, ging 1961 nach Kuba, das Zwischenstation auf ihrem Weg zurück nach Argentinien sein sollte. Könnten Sie zunächst sagen, wann und wo Sie Tamara Bunke kennengelernt haben?

Ich arbeitete damals zusammen mit dem Comandante Manuel Pinero etwa seit 1961 im kubanischen Geheimdienst. In demselben Maße, wie sich die Solidarität von Kuba mit den revolutionären Bewegungen verstärkte, entstand eine Einheit innerhalb dieses Geheimdienstes, die sich ausschließlich mit den Beziehungen zu diesen Befreiungsbewegungen beschäftigte. Der Leiter dieser Einheit war der Hauptmann Orlando Pantocha, der im kubanischen Revolutionskrieg an der Seite von Che Guevara gekämpft hatte und der später dann im Guerillakampf in Bolivien fiel. Ich wurde zum stellvertretenden Chef dieser Abteilung ernannt. Wir arbeiteten eng mit dem Che zusammen, denn obwohl die Grundlinien der internationalistischen Politik Kubas von Fidel bestimmt wurden, war der Che der wesentlichste Handlungsträger. Pinero war derjenige, der die einzelnen Aktionen ausführte. Alle, die wir Pinero unterstanden, beschäftigten uns also mit dieser praktischen internationalistischen Politik Kubas.

Und im Rahmen dieser Aufgabenstellung wurden Sie mit Tamara Bunke konfrontiert?

Der Che hatte Pinero beauftragt, eine Argentinierin zu suchen, die die politischen und moralischen Eigenschaften besitzen sollte, um einen illegalen Auftrag in Lateinamerika durchzuführen. Che hatte Tamara in Berlin kennengelernt, zu Beginn der Revolution, als er einen Vertrag mit der DDR unterzeichnete. Später hatte er sie zu verschiedenen Gelegenheiten wiedergetroffen, als sie mit Delegationen der Freien Deutschen Jugend Kuba besuchte. Sie begegnete ihm auch bei freiwilligen Arbeitseinsätzen und Veranstaltungen der argentinischen Gemeinschaft auf Kuba. Er dachte selbst, dass Tamara eventuell die Bedingungen erfüllen könnte, um solche Aufträge zu übernehmen. Wir hatten uns wegen dieser Angelegenheit mit drei Argentinierinnen beschäftigt, die in Kuba lebten. Tamara war die am besten Geeignete. Wir haben den Che darüber informiert, und er hat es bestätigt. Also habe ich Tamara kennengelernt, als Pinero sie einlud in sein Haus. Und ich war dann an der Seite von Pinero bei den ersten Gesprächen mit Tamara überhaupt.

Worum ging es bei diesen Gesprächen?
Es wurde ihr ganz allgemein dargelegt, dass es sich um einen gefährlichen Einsatz handeln würde. Sie solle die revolutionären Bewegungen unterstützen in einem Land Lateinamerikas unter einer anderen Identität. Wir wiesen ausdrücklich auf die Risiken hin, die das mit sich brachte, aber Tamara ließ Pinero praktisch gar nicht ausreden und fragte: Comandante, wann geht der Einsatz los?

Wie kam Tamara eigentlich zu ihrem Namen, unter dem sie berühmt wurde?
Wir sagten ihr zuerst, dass sie nicht mehr Tamara heißt: Von jetzt an musst du unter einem Pseudonym auftreten. Auch die kubanischen Genossen, die mit dir zusammenarbeiten werden, dürfen nicht wissen, wie du heißt und wer du bist, sie werden dich nur unter deinem Pseudonym kennen. Daraufhin erwähnte sie den Decknamen Tania im Andenken an eine sowjetische Partisanin, die im Großen Vaterländischen Krieg ermordet worden war. Ich begann dann von diesem Tage an, mit ihr zusammenzuarbeiten. In der ersten Zeit erklärten wir ihr Grundlagen. Sie arbeitete damals im Bildungsministerium. Sie war Dolmetscherin für

das Ministerium der Streitkräfte, arbeitete mit dem ICAP zusammen, dem kubanischen Institut für Völkerfreundschaft, das Zentrum der Solidarität Kubas mit den revolutionären Bewegungen und den Völkern – wir arbeiteten dagegen verdeckt. Oder um es etwas netter auszudrücken: geheim.

Was bedeutete das konkret für die Person, die nun Tania geworden war?

Wir sagten ihr gleich zu Anfang, sie müsste alle Beziehungen, die sie in Kuba hatte, abbrechen. Sie war außerdem Milizionärin. Sie nahm ständig an freiwilligen Arbeitseinsätzen teil, und wir mussten sie ganz strikt von diesen Bereichen trennen – schon deshalb, damit später, wenn sie ins Ausland gehen würde, niemand fragt, wo ist eigentlich Tamara? Wir baten sie darum, nicht mehr Milizuniform zu tragen, denn das fiel schon auf: eine Ausländerin in Milizuniform mit der Pistole am Gurt. Das war der Beginn der Beziehung zu ihr. Die Zeit der Ausbildung dauerte etwas mehr als ein Jahr. Sie wurde auf allen notwendigen operativen Gebieten geschult und erhielt auch eine militärische Ausbildung für den Fall, dass sie sich irgendwann während ihres Auftrags an bewaffneten Guerillakämpfen beteiligen müsste. Sie wurde als Funkerin ausgebildet – hier sei am Rande bemerkt, dass die Funkausbildung an Geräten stattfand, die von der CIA nach Kuba eingeschleust worden waren. Die Sprengstoffausbildung wurde ebenfalls mit Sprengmitteln ausgeführt, die wir CIA-Agenten abgenommen hatten.

Tania wurde also umfassend ausgebildet?

Wenn die lateinamerikanischen Revolutionäre, die ermordet wurden, die gefangengenommen und gefoltert wurden, alle vorher solch eine Ausbildung erfahren hätten, wie sie Tania bekam, dann wären sicher noch etliche von ihnen am Leben und würden weiter kämpfen. Ein Beweis dafür ist, dass Tamara fast vier Jahre in Bolivien tätig war und in den höchsten Kreisen der bolivianischen Bourgeoisie verkehrte, sogar mit Kontakten zum bolivianischen Staatspräsidenten. Das war Ergebnis der Arbeit unserer ganzen Gruppe. Es war aber natürlich auch Ergebnis der Klugheit, Intention, Klarheit und Entschlossenheit, mit der Tania arbeitete.

Wie würden Sie Tania einschätzen?
Eine Frau mit den erwähnten Eigenschaften, zudem mit einem umfassenden Begriff bewusster Disziplin, wohlgemerkt: bewusster. Wenn ein Soldat in die Streitkräfte eintritt, ist das erste, was man ihm beibringt: marschieren. Damit Befehle von ihm ausgeführt werden, ohne dass er dabei denkt. In diesem Sinne war Tamara kein Soldat. Sie hat über alles diskutiert, was ihr beigebracht wurde, über alles, was sie nicht verstand oder wo sie anderer Meinung war. Wir mussten sie in jedem einzelnen Punkt überzeugen, bis sie sagte, ja, gut, ihr habt recht. Und manchmal hatte sie auch recht. Deshalb war ihre Ausbildung so vollständig.

Während Tanias Ausbildung entstand ein besonderes Verhältnis zwischen ihr und Ihnen ...
Wir trafen uns jeden Tag, jeden Abend, manchmal bis in die frühen Morgenstunden. Die Arbeit war sehr intensiv, denn der Che wünschte, dass sie so schnell wie möglich ins Ausland gehen sollte. Auf diese Weise entstand eine sehr intime Beziehung zwischen uns beiden. Sie sagte mir, du kennst mein ganzes Leben, aber ich weiß überhaupt nichts von dir. Das stimmte auch, denn es gab bei unserer Arbeit ein Prinzip der genauen Abgrenzung von Informationen, das wir nicht durchbrechen konnten. Ich hab' es dann doch durchbrochen und Tania von mir erzählt, von meinen Erfahrungen im Kampf gegen Batista, ich habe sie bekannt gemacht mit meinen beiden kleinen Töchtern, und diese so enge Beziehung führte dazu, dass wir uns ineinander verliebten. Ich wusste, dass ich in sie verliebt war, und mir war bewusst, dass ich das nicht durfte. Was ich nicht wusste, war, dass sie sich auch in mich verliebt hatte – bis wir eines

Abends im Gespräch dazu kamen, es uns gegenseitig zu gestehen. Wir bauten schließlich eine Beziehung auf, die gegen sämtliche Regeln war. Das geschah bis zu dem Moment, in dem Tamara sagte, es gehe so nicht weiter. Wir müssten es Pinero erzählen.

Wie reagierten Sie in diesem Konflikt zwischen Gefühl und Pflicht?
Ich war einverstanden und sagte, gut, ich rede mit Pinero. Nein, sagte sie, sie wollte das machen. Ich erwiderte, dass ich es sei, der mit Pinero reden wird, und sie erwiderte: typisch kubanischer Machismo. Ich habe dann mit Pinero gesprochen. Er war in heller Aufregung. Ich hatte die Normen verletzt... Doch letztlich überzeugte er sich davon, dass es eine reine, ehrliche und tiefe Liebe war. Gut, in Ordnung, meinte er schließlich, aber es darf niemand weiter erfahren. Doch da war noch ein anderer Genosse, der natürlich mitbekam, dass sich die Art unserer Beziehung verändert hatte, und eines Tages mussten wir auch ihn einweihen, wiederum mit der Verpflichtung, dass er es niemandem weitererzählt. Und wenn Pinero ihn fragen würde, dass er dann auch dem sagen sollte, er wüsste nichts. So setzte sich das fort bis zu dem Abend, als wir sie verabschiedeten.

Wie lange haben Sie zusammengelebt?
13 Monate etwa in den Jahren 1963 und 1964.

Erinnern Sie sich an den Abschied?
Ich verabschiedete mich mit einem Gedicht für sie: »Adios werde ich sagen, weil ich denke, dass du mir bleibst, dass du zurückkommst. Ein Abschied aus Pflichterfüllung entfernt niemals, vereint nur noch mehr.« Sie las es sich durch, dann musste ich das Blatt wieder an mich nehmen. Sie durfte es natürlich nicht mitnehmen. Am nächsten Tag fuhr ich mit ihr zum Flughafen. Sie reiste mit falschen argentinischen Papieren nach Prag. Die Tschechen haben nie erfahren, welche Arbeit wir dort machten. Der tschechische Geheimdienst hat

uns sehr geholfen bei der Unterstützung für revolutionäre Bewegungen, so wie uns auch der Geheimdienst der DDR geholfen hat. Aber über unsere konkreten Einzelaktionen haben sie nie etwas erfahren. Sie wussten auch nicht, dass der Che, als wir ihn aus Afrika herausgeholt hatten, eine ganze Weile in Prag war.

Haben Sie noch Kontakt zu Tamara gehabt?
Durch ihre Briefe habe ich von ihr gehört. Der Che ging in den Kongo. Ich wurde beauftragt, dasselbe zu tun. In dieser Zeit war ich völlig losgelöst von den Aufgaben, die Tamara in Bolivien zu erfüllen hatte. Ich erhielt Nachricht von ihr über den Mitarbeiter, der Kontakt zu ihr hielt. Ich hörte einiges, doch das Prinzip der Abschottung der Information hat verhindert, dass ich mehr erfuhr.

Wann und wo haben Sie von Tanias Tod Ende August 1967 erfahren?
Ich war in irgendeinem afrikanischen Land. Dort las ich in einer Zeitung, dass im Guerillakampf eine Frau gefallen war. Da wusste ich natürlich, dass es sich um Tania handelte, denn sie war die einzige Frau in dieser Gruppe. Ich setzte mich mit Kuba in Verbindung, und mir wurde bestätigt, dass sie es war. Auch als der Che starb, war ich außerhalb Kubas. Es war für mich ein schwerer Schlag, obwohl wir bei der Arbeit, die wir damals leisteten, immer mit dem Tod rechnen mussten.

Tamaras Mutter Nadja Bunke, als russische Jüdin unter dem Namen Nadzieja Bider geboren, starb am 7. Februar 2003. Wie haben Sie Tanias Mutter kennengelernt?
Nadja wurde 1966 nach Kuba eingeladen. Wir waren nicht mehr in der Lage, ihr weiter Briefe von Tamara zu schicken, also wurde sie mit ihrem Mann Erich nach Kuba eingeladen, und unser Genosse Ariel, der die Verbindung zu Tania in Bolivien aufrechterhielt – Juan Carletero mit bürgerlichem

Namen, um auch dieses Geheimnis zu lüften –, redete mit ihnen. Er erläuterte den Eltern, dass Tania einen speziellen Auftrag der Streitkräfte zu erledigen hatte. Das einzige, was die beiden fragten, war, ob sie am Leben und in Sicherheit wäre. Damals wurde ja gesagt. Nach den Ereignissen des Jahres 67 haben wir wiederum Nadja und Erich eingeladen. Sie hatten ein Gespräch mit Fidel und anderen Führern der Revolution. Dann sagten wir ihnen die ganze Wahrheit, dass Tamara mit Che im Guerillakampf gefallen war. Nadja stellte bei unserer Begegnung fest, dass ich der Mann war, über den ihr Tania in einem Brief geschrieben hatte. Sie nahm mich mit sehr großer Herzlichkeit auf. Danach begann sie den zweiten Teil des Buches »Tania la Guerrillera« zu schreiben, und ich beteiligte mich daran. Wir wohnten im »Havanna Libre«. Sie hatte das Hotelzimmer gegenüber und klopfte ständig an die Tür, setzte sich dann neben mich, und sobald die Seite fertig war, riss sie sie mir aus der Maschine, um durchzulesen, was ich geschrieben hatte. Übrigens hatte Tamara diesen Charakterzug von Nadja geerbt: Nadja fing sofort an zu kritisieren, womit sie nicht einverstanden war.

Nadja Bunke trat bis zu ihrem Tode entschieden allen Unterstellungen entgegen, wonach Tania für ausländische Geheimdienste wie den KGB gearbeitet hatte.
Tamara war keine Spionin. Sie war eine lateinamerikanische internationalistische Kämpferin. Sie hat nicht als Deutsche gekämpft, sondern als Lateinamerikanerin, denn sie hatte ihre argentinischen Wurzeln nie vergessen. Und so, wie ich hier jetzt von Tamara erzählt habe, könnte ich auch über andere internationalistische Kämpferinnen reden, die ebensowenig Spioninnen waren. Um den Feind kennenzulernen, muss man in seine Reihen eindringen. Tamara ging von Kuba nach Lateinamerika, um für die Revolution zu kämpfen und nicht um irgendeinen Spionageauftrag auszuführen. Wir Revolutionäre lieben das Leben. Oft wird gesagt, Revolutionäre kämpfen, um für die Revolution zu

sterben. Das ist falsch. Wir Revolutionäre kämpfen, um für die Revolution zu leben.

Neben dem Spionagevorwurf wurde immer wieder eine Liebesgeschichte von Hollywood-Format zwischen Che und Tania kolportiert. Nadja klagte mehrfach gegen diese Unterstellung und bekam recht. Allerdings brachte sie dabei nie Tanias wirklichen Geliebten ins Gespräch. Warum nicht?

Weil es nicht ging. Als ich erfuhr, dass sie es schließlich doch öffentlich gesagt hatte, versuchte ich vergeblich, den Druck der Granma anzuhalten. Und sie sagte mir danach, es sei notwendig gewesen. Ich stritt mich heftig mit ihr. Als wir das Buch geschrieben hatten, erschien es unter den Namen von zwei kubanischen Journalistinnen. Mein Name wurde nicht erwähnt, weil jeder, der das Buch las, sofort gewusst hätte, womit ich mich beschäftigte. Es war ein Sicherheitsproblem. Vor ein paar Jahren erschien dann eine Neuausgabe mit meinem Namen, denn inzwischen ist für mich die Geheimhaltung aufgehoben. Was nun die unterstellte Liebe von Tania zum Che angeht, kann ich nur sagen, dass es sich dabei um eine der vielen Erfindungen handelt, die sich Schreiber ausgedacht haben, um Geld zu verdienen. Andere versuchten auf diesem Weg, das Ansehen vom Che und Tania zu beschädigen, und wiederum andere, wie ein argentinischer Romancier, handelten einfach aus Dummheit. Dieser Romanschreiber kam zu mir nach Hause, damit ich ihm erzählen sollte von der Liebesbeziehung von Tania und Che in Prag, dabei waren die beiden niemals gleichzeitig in Prag gewesen. Es geht um Verleumdung. Nadja musste für die Wahrheit kämpfen. Sie hat ein Drittel ihres Lebens der Verteidigung des beispielhaften Lebens ihrer Tochter gewidmet. Ich weiß nicht, wer Tania nach dem Tod von Erich und Nadja gegen die Lügen verteidigen wird.

Übersetzung: Thomas Leinhos

Ulises Estrada Lescaille (Damaso José Lescaille Tabares), geboren 11.12.1934 in Santiago de Cuba, war ein Revolutionär, Geheimdienstler, Diplomat und Journalist. Er vertrat sein Land als Botschaft in Jamaica, Algerien, Südjemen, Mauretanien und der Westsahara. Als Jugendlicher im klandestinen Kampf gegen die Batista-Diktatur gehörte er nach der Revolution zu den Gründern des kubanischen Geheimdienstes. Er begleitete Ernesto Che Guevara im Unabhängigkeitskampf von Guinea-Bissáu und bildete Tamara Bunke alias Tania la Guerrillera in Vorbereitung ihres Einsatzes in Bolivien aus. Tania sollte den Boden bereiten für den Guerillakampf Che Guevaras. Dieser wurde dann am 9. Oktober 1967 ermordet. Tania starb am 31. August 1967.

Das exklusive Interview mit ihm wurde 2003 geführt, als sich Ulises Estrada in Berlin aufhielt, um an der Beerdigung von Tamaras Mutter Nadzieja (Nadja) Bunke teilzunehmen. Ich traf Ulises dann zwei Jahre danach, als seine Biografie über Tania la Guerrillera erschien, noch einmal auf der Buchmesse in Havanna, wo ich ihn – auf der Festung »La Cabana« hoch über dem Hafen und der Skyline Havannas im Hintergrund – erneut sprechen konnte.

Der charismatische Mann zeigte sich noch immer sehr zuversichtlich, nicht nur, was die Zukunft der drei Kontinente der Südhalbkugel anging – Lateinamerika, Afrika, Asien:

»Ches Traum ist aktueller denn je. Ich glaube auch, Che hat die Welt, in der wir leben und die wir erleben, vorausgesehen. Er hat uns zudem den Weg gezeigt, wie wir damit umgehen können. Zwei, drei, viele Vietnams zu schaffen, war nicht einfach eine Losung von Che, sondern ein Ausdruck seiner revolutionären Gedanken, mit denen er den Völkern gesagt hat: Nur durch den Kampf gelangt man zur Emanzipation. Dieser Kampf muss weitergehen bis zum Sieg.«

Ulises Estrada verstarb am 26. Januar 2014 in Havanna. Über das Leben von Nadja Bunke drehte Heidi Specogna den sehenswerten Dokumentarfilm »Zeit der roten Nelken« (Schweiz/Deutschland 2003).

PERSONENREGISTER

QUELLEN

I. Unterwegs
»De cara al pueblo«: junge Welt, 17. 7. 2004
Pornos und Gartenzwerge: Unsere Zeit, 2. 2. 1990
So nah, so fern: junge Welt, 3. 5. 2003/11. 11. 2006
Das hätte Erich nicht hingekriegt: teilweise erschienen in der taz, 4. 5. 2002
Tom Hanks in Ironhut City: junge Welt, 3. 3. 2012
Der Riss: junge Welt, 24. 3. 2012
Der Sound der Orte: Melodie & Rhythmus 4/2015
Prima Klima: junge Welt, 24. 6. 2006
Abschied von der Landstraße: junge Welt, 25. 11. 2017
Der letzte Hippie: Melodie & Rhythmus 4/2017

II. Kulturrevolution
Ein deutsches Schicksal: Unsere Zeit, 27. 4. 1990
Zurück zum Original: junge Welt, 10. 4. 2012
»Kleines Fenster zur Welt«: junge Welt, 21. 2. 2003
»Etwas ganz Großes tun«: Melodie & Rhythmus 2/2013
Oben – Nicht abgehoben: Melodie & Rhythmus 6/2012
Die Brecht-Interpretin: Melodie & Rhythmus 4/2017
Erinnerung für die Zukunft: junge Welt, 21. 6. 2018
»Komm, wir schlachten die Uhr«: Melodie & Rhythmus 1/2019
»Proletarier sollten Paläste haben«: Melodie & Rhythmus 2/2016
Geächtet: Melodie & Rhythmus 3/2017
Am Ende der Wende (West): Melodie & Rhythmus 3/2017

III. Internationalismus
»Partisanen, kommt, nehmt mich mit euch!«: Melodie & Rhythmus 3/2015
Damals in der Bipolarität: junge Welt, 11. 7. 2015
25. April 1974, 0.20 Uhr: Grândola, Vila Morena: junge Welt, 24. 4. 2004
13 Monate mit Tania: junge Welt, 22. 3. 2003/17. 2. 2005

Verlag Neues Leben –
eine Marke der Eulenspiegel Verlagsgruppe Buchverlage

ISBN 978-3-355-01885-2

1. Auflage 2019
© Eulenspiegel Verlagsgruppe Buchverlage GmbH, Berlin
Alle Rechte der Verbreitung vorbehalten.
Ohne ausdrückliche Genehmigung des Verlages ist es nicht
gestattet, dieses Werk oder Teile daraus auf fotomechanischem
Weg zu vervielfältigen oder in Datenbanken aufzunehmen.

Umschlaggestaltung: Buchgut, Berlin
unter Verwendung von Fotos von Gerd Schumann
Druck und Bindung: buchdruckerei.de, Berlin

www.eulenspiegel.com